U0577970

〔唐〕魏徵 等撰

點校本
二十四史
修訂本

# 隋書

第二册

卷一三至卷二一

中華書局

2019 年 1 月第 1 版　　2025 年 5 月第 4 次印刷

ISBN 978-7-101-13628-9

# 隋書卷十三

## 志第八

### 音樂上

夫音本乎太始，而生於人心，隨物感動，播於形氣。形氣既著，協於律呂，宮商克諧，名之爲樂。樂者，樂也。聖人因百姓樂己之德，正之以六律，文之以五聲，詠之以九歌，舞之以八佾。實升平之冠帶，王化之源本。記曰：「感於物而動，故形於聲。」夫人者，兩儀之播氣，而性情之所起也，恣其流湎，往而不歸。是以五帝作樂，三王制禮，標舉人倫，削平淫放。其用之也，動天地，感鬼神，格祖考，諧邦國。樹風成化，象德昭功，啓萬物之情，通天下之志。若夫升降有則，宮商垂範。禮逾其制，則尊卑乖，樂失其序，則親疎亂。禮定其象，樂平其心，外敬內和，合情飾貌，猶陰陽以成化，若日月以爲明也。

記曰：「大夫無故不撤懸，士無故不撤琴瑟。」聖人造樂，導迎和氣，惡情屏退，善心興起。伊耆有葦籥之音，伏犧有網罟之詠，葛天八闋，神農五弦，事與功偕，其來已尚。黃帝樂曰咸池，帝嚳曰六英，帝顓頊曰五莖，帝堯曰大章，帝舜曰簫韶，禹曰大夏，殷湯曰護，武王曰武，周公曰勺。教之以風賦，弘之以孝友，大禮與天地同節，大樂與天地同和，禮意風猷，樂情膏潤。傳曰：「如有王者，必世而後仁。」成、康化致升平，刑厝而不用也。古者天子聽政，公卿獻詩，秦人有作，罕聞斯道。漢高祖時，叔孫通爰定篇章，用祀宗廟。唐山夫人能楚聲，又造房中之樂。武帝裁音律之響，定郊丘之祭，頗雜謳謡，非全雅什。漢明帝時，樂有四品：一曰大予樂，郊廟上陵之所用焉。則易所謂「先王作樂崇德，殷薦之上帝，以配祖考」者也。二曰雅頌樂，辟雍饗射之所用焉。則孝經所謂「移風易俗，莫善於樂」者也。三曰黃門鼓吹樂，天子宴羣臣之所用焉。則詩所謂「坎坎鼓我，蹲蹲儛我」者也。其四曰短簫鐃歌樂，軍中之所用焉。黃帝時，岐伯所造，以建武揚德，風敵勵兵，則周官所謂「王師大捷，則令凱歌」者也。又採百官詩頌，以爲登歌，十月吉辰，始用蒸祭。董卓之亂，正聲咸蕩。漢雅樂郎杜夔，能曉樂事，八音七始，靡不兼該。魏武平荆州，得夔，使其刊定雅律。魏有先代古樂，自夔始也。自此迄晉，用相因循，永嘉之寇，盡淪胡、羯。於是樂人南奔，穆皇羅鍾磬，苻堅北敗，孝武獲登歌。晉氏不綱，魏圖將霸，道武克中山，太武平統萬，或得其宮懸，或收其古樂，于時經營是迫，雅器斯寢。孝文頗爲詩歌，以勗在位，謠俗流傳，布諸音律。大臣馳騁漢、魏，旁羅宋、齊，功成奮豫，代有制作。莫不各揚廟舞，自造郊歌，宣暢功德，輝光當世，而移風易俗，浸以陵夷。

梁武帝本自諸生，博通前載，未及下車，意先風雅，爰詔凡百，各陳所聞。帝又自糾擿前違，裁成一代。周太祖發跡關、隴，躬安戎狄，羣臣請功成之樂，式遵周舊，依三材而命管，承六典而揮文。而下武之聲，豈姬人之唱，登歌之奏，叶鮮卑之音，情動於中，亦人心不能已也。昔仲尼返魯，風雅斯正，所謂有其藝而無其時。高祖受命惟新，八州同貫，制氏全出於胡人，迎神猶帶於邊曲。及顏、何驟請，頗涉雅音，而繼想聞韶，去之彌遠。若夫二南斯理，八風揚節，順序旁通，妖淫屏棄，宮徵流唱，翺翔率舞，弘仁義之道，安性命之真，君子益厚，小人無悔，非大樂之懿，其孰能與於此者哉！是以舜詠南風而虞帝昌，紂歌北鄙而殷王滅。大樂不紊，則王政在焉。故録其不相因襲，以備于志。周官大司樂一千三百三十九人。漢郊廟及武樂，三百八十人。煬帝矜奢，頗翫淫曲，御史大夫裴蘊，揣知帝情，奏括周、齊、梁、陳樂工子弟，及人間善聲調者，凡三百餘人，並付太樂。倡優獶雜，咸來萃止。其哀管新聲，淫弦巧奏，皆出鄴城之下，高齊之舊曲云。

梁氏之初，樂緣齊舊。武帝思弘古樂，天監元年，遂下詔訪百寮曰：「夫聲音之道，與政通矣，所以移風易俗，明貴辨賤。而韶、護之稱空傳，咸、英之實靡託，魏晉以來，陵替滋甚。遂使雅鄭混淆，鍾石斯謬，天人缺九變之節，朝醼失四懸之儀。朕昧旦坐朝，思求厥旨，而舊事匪存，未獲釐正，寤寐有懷，所爲歎息。卿等學術通明，可陳其所見。」於是散騎常侍、尚書僕射沈約奏答曰：「竊以秦代滅學，樂經殘亡。至于漢武帝時，河間獻王與毛生等，共採周官及諸子言樂事者，以作樂記。其內史丞王定，傳授常山王禹。劉向校書，得樂記二十三篇，與禹不同。向別録有樂歌詩四篇、趙氏雅琴七篇、師氏雅琴八篇、龍氏雅琴百六篇。唯此而已。晉中經簿，無復樂書，別録所載，已復亡逸。案漢初典章滅絕，諸儒捃拾溝渠牆壁之間，得片簡遺文，與禮事相關者，即編次以爲禮，皆非聖人之言。月令取呂氏春秋，中庸、表記、防記、緇衣皆取子思子，樂記取公孫尼子，檀弓殘雜，又非方幅典誥之書也。禮既是行己經邦之切，故前儒不得不補綴以備事用。樂書事大而用緩，自非逢欽明之主，制作之君，不見詳議。漢氏以來，主非欽明，樂既非人臣急事，故言者寡。陛下以至聖之德，應樂推之符，實宜作樂崇德，殷薦上帝。而樂書淪亡，尋案無所。宜選諸生，分令尋討經史百家，凡樂事無小大，皆別纂録。乃委一舊學，撰爲樂書，以起千載絕文，以定大梁之樂。使五英懷慚，六莖興愧。」

是時對樂者七十八家，咸多引流略，浩蕩其詞，皆言樂之宜改，不言改樂之法。帝既素善鍾律，詳悉舊事，遂自制定禮樂。又立爲四器，名之爲通。通受聲廣九寸，宣聲長九尺，臨岳高一寸二分。每通皆施三絃。一曰玄英通：應鍾絃，用一百四十二絲，長四尺七寸四分差强；黄鍾絃，用二百七十絲，長九尺；大呂絃，用二百五十二絲，長八尺四寸三分差弱。二曰青陽通：太簇絃，用二百四十絲，長八尺；夾鍾絃，用二百二十四絲，長七尺五寸弱；姑洗絃，用二百一十四絲，長七尺一寸一分强〔一〕。三曰朱明通：中呂絃，用一百九十九絲，長六尺六寸六分弱；蕤賓絃，用一百八十九絲，長六尺三寸二分强；林鍾絃，用一百八十絲，長六尺〔二〕。四曰白藏通：夷則絃，用一百六十八絲，長五尺六寸二分弱；南呂絃，用一百六十絲，長五尺三寸二分大强；無射絃，用一百四十九絲〔三〕，長四尺九寸九分强〔四〕。因以通聲，轉推月氣，悉無差違，而還相得中。又制爲十二笛，黄鍾笛長三尺八寸，大呂笛長三尺六寸，太簇笛長三尺四寸，夾鍾笛長三尺二寸，姑洗笛長三尺一寸，中呂笛長二尺九寸，蕤賓笛長二尺八寸，林鍾笛長二尺七寸，夷則笛長二尺六寸，南呂笛長二尺五寸，無射笛長二尺四寸，應鍾笛長二尺三寸。用笛以寫通聲，飲古夾鍾玉律并周代古鍾〔五〕，並皆不差。於是被以八音，施以七聲，莫不和韻。

是時北中郎司馬何佟之上言：「案周禮『王出入則奏王夏，尸出入則奏肆夏，牲出入則奏昭夏』。今樂府之夏，唯變王夏爲皇夏，蓋緣秦、漢以來稱皇故也。而齊氏仍宋儀注，迎神奏昭夏，皇帝出入奏永至，牲出入更奏引牲之樂。其爲舛謬，莫斯之甚。請下禮局改正。」周捨議，以爲：「禮『王入奏王夏』，大祭祀與朝會，其用樂一也。而漢制，皇帝在廟，奏永至樂，朝會之日，別有皇夏。二樂有異，於禮爲乖，宜除永至，還用皇夏。又禮『尸出入奏肆夏』，『賓入大門奏肆夏』，則所設唯在人神，其與迎牲之樂，不可濫也。宋季失禮，頓虧舊則，神入廟門，遂奏昭夏，乃以牲牢之樂，用接祖考之靈。斯皆前代之深疵，當今所宜改也。」時議又以爲：「周禮云『若樂六變，天神皆降』，神居上玄，去還怳忽，降則自至，迎則無所。可改迎爲降，而送依前式。又周禮云『若樂八變，則地祇皆出，可得而禮』，地宜依舊爲迎神。」並從之。又以明堂設樂，大略與南郊不殊，惟壇堂異名，而無就燎之位。明堂則徧歌五帝，其餘同於郊式焉。

初宋、齊代，祀天地，祭宗廟，准漢祠太一后土，盡用宮懸。又太常任昉，亦據王肅議云：「周官『以六律、五聲、八音、六舞大合樂，以致鬼神，以和邦國，以諧兆庶，以安賓客，以悅遠人』。是謂六同，一時皆作。今六代舞，獨分用之，不厭人心。」遂依肅議，祀祭郊廟，備六代樂。至是帝曰：「周官分樂饗祀，虞書止鳴兩懸，求之於古，無宮懸之議。何事人禮縟，事神禮簡也。天子襲衮，而至敬不文，觀天下之物，無可以稱其德者，則以少爲貴矣。大合樂者，是使六律與五聲克諧，八音與萬舞合節耳。豈謂致鬼神祇用六代樂也？其後即言『分樂序之，以祭以享』。此乃曉然可明，肅則失其旨矣。推檢載籍，初無郊禋宗廟徧舞六代之文。唯明堂位曰：『禘祀周公於太廟，朱干玉戚，冕而舞大武，皮弁素積，裼而舞大夏。納夷蠻之樂於太廟，言廣魯於天下也。』夫祭尚於敬，無使樂繁禮黷。是以季氏逮闇而祭，繼之以燭，有司跛倚。其爲不敬大矣。他日祭，子路與焉，質明而始，晏朝而退。孔子聞之，曰：『誰謂由也不知禮乎？』若依肅議，郊既有迎送之樂，又有登歌，各頌功德，徧以六代，繼之出入，方待樂終。此則乖於仲尼韙晏朝之意矣。」於是不備宮懸，不徧舞六代，逐所應須。即設懸，則非宮非軒，非判非特，宜以至敬所應施用耳。宗廟省迎送之樂，以其閟宮靈宅也。

齊永明中，舞人冠幘並簪筆，帝曰：「筆笏蓋以記事受言，舞不受言，何事簪筆？豈有身服朝衣，而足綦讌履？」於是去筆。

又晉及宋、齊，懸鍾磬大准相似，皆十六架。黃鍾之宮：北方，北面，編磬起西〔六〕，其東編鍾，其東衡大於鎛，不知何代所作。其東鎛鍾。太簇之宮：東方，西面，起北。蕤賓之宮：南方，北面，起東。姑洗之宮：西方，東面，起南。所次皆如北面。設建鼓於四隅，懸内四面，各有柷敔。帝曰：「著晉、宋史者，皆言太元、元嘉四年〔七〕，四廂金石大備。今檢樂府，止有黃鍾、姑洗、蕤賓、太蔟四格而已。六律不具，何謂四廂？備樂之文，其義焉在？」於是除去衡鍾，設十二鎛鍾，各依辰位，而應其律。每一鎛鍾，則設編鍾磬各一虡，合三十六架。植建鼓於四隅。元正大會備用之。

乃定郊禋宗廟及三朝之樂，以武舞爲大壯舞，取易云「大者壯也」，「正大而天地之情可見也」。以文舞爲大觀舞，取易云「大觀在上」，「觀天之神道而四時不忒也」。國樂以「雅」爲稱，取詩序云「言天下之事，形四方之風，謂之雅。雅者，正也」。止乎十二，則天數也。乃去階步之樂，增撤食之雅焉。衆官出入，宋元徽三年儀注奏肅咸樂，齊及梁初亦同。至是改爲俊雅，取禮記「司徒論選士之秀者而升之學〔八〕，曰俊士」也。二郊、太廟、明堂、三朝同用焉。皇帝出入，宋孝建二年秋起居注奏永至，齊及梁初亦同。至是改爲皇雅，取詩「皇矣上帝，臨下有赫」也。二郊、太廟同用。皇太子出入，奏胤雅，取詩「君子萬年，永錫爾胤」也。王公出入，奏寅雅，取尚書周官「二公弘化〔九〕，寅亮天地」也。上壽酒，奏介雅，取詩「君子萬年，介爾景福」也。食舉，奏需雅，取易「雲上於天，需，君子以飲食宴樂」也。撤饌，奏雍雅，取禮記「大饗客出以雍撤」也。並三朝用之。牲出入，宋元徽二年儀注奏引牲，齊及梁初亦同。至是改爲滌雅，取禮記「帝牛必在滌三月」也。薦毛血，宋元徽三年儀注奏嘉薦，齊及梁初亦同。至是改爲牷雅，取春秋左氏傳「牲牷肥腯」也。

北郊、明堂、太廟並同用。降神及迎送，宋元徽三年儀注奏昭夏，齊及梁初亦同。至是改爲諴雅，取尚書「至諴感神」也。皇帝飲福酒，宋元徽三年儀注奏嘉祚，至齊不改，梁初，改爲永祚。至是改爲獻雅，取禮記祭統「尸飲五，君洗玉爵獻卿」〔一〇〕。今之福酒，亦古獻之義也。北郊、明堂、太廟同用。就燎位，宋元徽三年儀注奏昭遠，齊及梁不改。就埋位，齊永明六年儀注奏隸幽。至是燎埋俱奏禋雅，取周禮大宗伯「以禋祀祀昊天上帝」也。其辭並沈約所製。今列其歌詩二十曲云〔一一〕。

俊雅，歌詩三曲，四言：

設官分職，髦俊攸俟。髦俊伊何？貴德尚齒。唐乂咸事，周寧多士。區區衞國，猶賴君子。漢之得人，帝猷乃理。

開我八襲，闢我九重。珩佩流響，纓紱有容。袞衣前邁，列辟雲從。義兼東序，事美西雍。分階等肅，異列齊恭。

重列北上，分庭異陛。百司揚職，九賓相禮。齊宋舅甥，魯衞兄弟。思皇藹藹，羣龍濟濟。我有嘉賓，實惟愷悌。

皇雅，三曲，五言：

帝德實廣運，車書靡不賓。執瑁朝羣后，垂旒御百神。八荒重譯至，萬國婉來親。

華蓋拂紫微，勾陳繞太一〔二〕。容裔被緹組，參差羅罕畢。星回照以爛，天行徐且謐。清蹕朝萬寓，端冕臨正陽。青絇黄金繶，衮衣文繡裳。既散華蟲采，復流日月光。

胤雅，一曲，四言：

自昔殷代，哲王迭有。降及周成，惟器是守。上天乃眷，大梁既受。灼灼重明，仰承元首。體乾作貳，命服斯九。置保置師，居前居後。前星北耀，克隆萬壽。

寅雅，一曲，三言：

禮莫違，樂具舉。延藩辟，朝帝所。執桓蒲，列齊莒。垂衮毳，紛容與。升有儀，降有序。齊簪紱，忘笑語。始矜嚴，終酣醑。

介雅，三曲，五言：

百福四象初，萬壽三元始。拜獻惟衮職，同心協卿士。北極永無窮，南山何足擬。壽隨百禮洽，慶與三朝升。惟皇集繁祉，景福互相仍。申錫永無遺，穰簡必來應。百味既含馨，六飲莫能尚。玉罍信湛湛，金卮頗搖漾。敬舉發天和，祥祉流嘉貺。

需雅，八曲，七言：

實體平心待和味，庶羞百品多爲貴。或鼎或鼒宣九沸，楚桂胡鹽芼芳卉。加籩列俎彫且蔚。

五味九變兼六和，令芳甘旨庶且多。三危之露九期禾，圓案方丈粲星羅。皇舉斯樂同山河。

九州上腴非一族，玄芝碧樹壽華木。終朝采之不盈掬，用拂腥羶和九穀。既甘且飫致遐福。

人欲所大味爲先，興和盡敬咸在旃。碧鱗朱尾獻嘉鮮，紅毛緑翼墜輕翾。臣拜稽首萬斯年。

擊鍾以俟惟大國，況乃御天流至德。侑食斯舉揚盛則，其禮不僭儀不忒。風猷所被深且塞。

膳夫奉職獻芳滋，不麛不夭咸以時。調甘適苦別澠、淄，其德不爽受福釐。於焉逸豫永無期。

備味斯饗惟至聖，咸降人神禮爲盛。或風或雅流歌詠，負鼎言歸啓殷命。悠悠四海同茲慶。

道我六穗羅八珍，洪鼎自爨匪勞薪。荆包海物必來陳，滑甘滫瀡味和神。以斯至德被無垠。

雍雅，三曲，四言：

明明在上，其儀有序。終事靡𠍁，收鉶撤俎。乃升乃降，和樂備舉。天德莫違，人謀是與。敬行禮達，茲焉𧭈語。

我餕惟阜，我肴孔庶。嘉味既充，食旨斯飫。屬厭無爽，沖和在御。擊壤齊歡，懷生等豫。蒸庶乃粒，實由仁恕。

百司警列，皇在在陛。既飫且醑，卒食成禮。其容穆穆，其儀濟濟。凡百庶僚，莫不愷悌。奄有萬國，抑由天啓。

滌雅，一曲，四言：

將修盛禮，其儀孔熾。有腯斯牲，國門是置。不黎不瘠，靡𠍁靡忌。呈肌獻體，永言昭事。俯休皇德，仰綏靈志。百福具膺，嘉祥允洎。駿奔伊在，慶覃遐嗣。

牷雅，一曲，四言：

反本興敬，復古昭誠。禮容宿設，祀事孔明。華俎待獻，崇碑麗牲。充哉繭握，肅矣簪纓。其膋既啓，我豆既盈。庖丁遊刃，葛盧驗聲。多祉攸集，景福來并。

諴雅，一曲，三言：南郊降神用。

懷忽慌，瞻浩蕩。盡誠絜，致虔想。出杳冥，降無象。皇情肅，具僚仰。人禮盛，神途敞。僾明靈，申敬饗。感蒼極，洞玄壤。

誠雅，一曲，三言：北郊迎神用。

地德溥，崐丘峻。揚羽翟，鼓應朄。出尊祇，展誠信。招海瀆，羅岳鎮。惟福祉，咸昭晉。

誠雅，一曲，四言：南北郊、明堂、太廟送神同用。

我有明德，馨非稷黍。牲玉孔備，嘉薦惟旅。金懸宿設，和樂具舉。禮達幽明，敬行罇俎。鼓鍾云送，遐福是與。

獻雅，一曲，四言：

神宮肅肅，天儀穆穆。禮獻既同，膺此釐福。我有馨明，無愧史祝。

禋雅，一曲，四言：就燎。

紫宮昭焕，太一微玄。降臨下土，尊高上天。載陳珪璧，式備牲牷。雲孤清引，栒虡高懸。俯昭象物，仰致高煙。肅彼靈祉，咸達皇虔。

禋雅，一曲，四言：就埋。

盛樂斯舉，協徵調宮。靈饗慶洽，祉積化融。八變有序，三獻已終。坎牲瘞玉，酬德報功。振垂成呂，投壤生風。道無虛致，事由感通。於皇盛烈，比祚華嵩。

普通中，薦蔬之後，改諸雅歌，敕蕭子雲製詞。既無牲牢，遂省滌雅、牷雅云。

南郊，舞奏黄鍾，取陽始化也。北郊，舞奏林鍾，取陰始化也。明堂、宗廟，所尚者敬，蕤賓是爲敬之名，復有陰主之義，故同奏焉。其南北郊、明堂、宗廟之禮，加有登歌。今又列其歌詩一十八曲云。

南郊皇帝初獻奏登歌，二曲，三言：

暾既明，禮告成。惟聖祖，主上靈。爵已獻，罍又盈。息羽籥，展歌聲。僾如在，結皇情。

禮容盛，樽俎列。玄酒陳，陶匏設。獻清旨，致虔絜。王既升，樂已闋。降蒼昊，垂芳烈。

北郊皇帝初獻奏登歌，二曲，四言：

方壇既埳，地祇已出。盛典弗諐，羣望咸秩。乃升乃獻，敬成禮卒。靈降無兆，神饗載謐。允矣嘉祚，其升如日。

至哉坤元，實惟厚載。躬茲奠饗，誠交顯晦。或升或降，摇珠動佩。德表成物，慶流皇代。純嘏不諐，祺福是賚。

宗廟皇帝初獻奏登歌，七曲，四言：

功高禮洽，道尊樂備。三獻具舉，百司在位。誠敬罔諐，幽明同致。茫茫億兆，無思不遂。蓋之如天，容之如地。

殷兆玉筐，周始邠王。於赫文祖，基我大梁。肇土七十，奄有四方。帝軒百祀，人思未忘。永言聖烈，祚我無疆。

有夏多罪，殷人塗炭。四海倒懸，十室思亂。自天命我，殲凶殄難。既躍乃飛，言登天漢。爰饗爰祀，福祿攸贊。

犧象既飾，罍俎斯具。我鬱載馨，黃流乃注。峩峩卿士，駿奔是務。佩上鳴堦，纓還拂樹。悠悠億兆，天臨日煦。

猗與至德，光被黔首。鑄鎔蒼昊，甄陶區有。肅恭三獻，對揚萬壽。比屋可封，含生無咎。匪徒七百，天長地久。

有命自天，於皇后帝。悠悠四海，莫不來祭。繁祉具膺，八神聳衞。福至有兆，慶來無際。播此餘休，于彼荒裔。

祀典昭潔，我禮莫違。八簋充室，六龍解騑。神宮肅肅，靈寢微微。嘉薦既饗，景福攸歸。至德光被，洪祚載輝。

明堂徧歌五帝登歌，五曲，四言：

歌青帝辭：

帝居在震，龍德司春。開元布澤，含和尚仁。羣居既散，歲云陽止。飭農分地，人粒惟始。雕梁繡栱，丹楹玉墀。靈威以降，百福來綏。

歌赤帝辭：

炎光在離，火爲威德。執禮昭訓，持衡受則。靡草既凋，温風以至。嘉薦惟旅，時羞孔備。齊醍在堂，笙鏞在下。匪惟七百，無絶終始。

歌黄帝辭：

鬱彼中壇，含靈闡化。迴環氣象，輪無輟駕。布德焉在，四序將收。音宫數五，飯稷驂駵。宅屏居中，旁臨外宇。升爲帝尊，降爲神主。

歌白帝辭：

神在秋方，帝居西皓。允兹金德，裁成萬寶。鴻來雀化，參見火邪。幕無玄鳥，菊有黄華。載列笙磬，式陳彝俎。靈罔常懷，惟德是與。

歌黑帝辭：

德盛乎水，玄冥紀節。陰降陽騰，氣凝象閉。司智莅坎，駕鐵衣玄。祁寒坼地，晷度迴天。悠悠四海，駿奔奉職。祚我無疆，永隆人極。

太祖太夫人廟舞歌：

閟宮肅肅，清廟濟濟。於穆夫人，固天攸啓。祚我梁德，膺斯盛禮。文榌達嚮，重檐丹陛。飾我俎彝，絜我粢盛〔一三〕。躬事奠饗，推尊盡敬。悠悠萬國，具承茲慶。大孝追遠，兆庶攸詠。

太祖太夫人廟登歌：

光流者遠，禮貴彌申〔一四〕。嘉饗云備，盛典必陳。追養自本，立愛惟親。皇情乃慕，帝服來尊。駕齊六轡，旂耀三辰。感茲霜露，事彼冬春。以斯孝德，永被蒸民。

大壯舞奏夷則，大觀舞奏姑洗，取其月王也。二郊、明堂、太廟、三朝並同用。今亦列其歌詩二曲云。

大壯舞歌，一曲，四言：

高高在上，實愛斯人〔一五〕。眷求聖德，大拯彝倫。率土方燎，如火在薪。慄慄黔首，暮不及晨。朱光啓耀，兆發穹旻。我皇鬱起，龍躍漢津。言屆牧野，電激雷震。闕鞏之甲，彭濮之人。或貔或武，漂杵浮輪。我邦雖舊，其命惟新。六伐乃止，七德必陳。君臨萬國，遂撫八寅。

大觀舞歌，一曲，四言：

皇矣帝烈，大哉興聖。奄有四方，受天明命。居上不怠，臨下唯敬。舉無愆則，動無失正。物從其本，人遂其性。昭播九功，肅齊八柄。寬以惠下，德以爲政。三趾晨儀，重輪夕映。棧壑忘阻，梯山匪夐。如日有恒，與天無竟。載陳金石，式流舞詠。咸英韶夏，於兹比盛。

相和五引：

角引：

萌生觸發，歲在春。咸池始奏，德尚仁。沾滯以息，和且均。

徵引：

執衡司事，宅離方。滔滔夏日，火德昌。八音備舉，樂無疆。

宫引：

八音資始，君五聲。興此和樂，感百精。優遊律吕，被咸英。

商引：

司秋紀兑，奏西音。激揚鍾石，和瑟琴。風流福被，樂愔愔。

羽引：

玄英紀運，冬冰折。物爲音本，和且悦。窮高測深，長無絶。

普通中，薦蔬以後，敕蕭子雲改諸歌辭爲相和引，則依五音宫商角徵羽爲第次，非隨月次也。

舊三朝設樂有登歌，以其頌祖宗之功烈，非君臣之所獻也，於是去之。三朝，第一，奏相和五引；第二，衆官入，奏俊雅；第三，皇帝入閤，奏皇雅；第四，皇太子發西中華門，奏胤雅；第五，皇帝進，王公發足；第六，王公降殿，同奏寅雅；第七，皇帝入儲變服；第八，皇帝變服出儲，同奏皇雅；第九，公卿上壽酒，奏介雅；第十，太子入預會，奏胤雅；十一，皇帝食舉，奏需雅；十二，撤食，奏雍雅；十三，設大壯武舞；十四，設大觀文舞；十五，設雅歌五曲；十六，設俳伎；十七，設鼙舞；十八，設鐸舞；十九，設拂舞；二十，設巾舞并白紵；二十一，設舞盤伎；二十二，設舞輪伎；二十三，設刺長追花幢伎；二十四，設受猾伎；二十五，設車輪折脰伎；二十六，設長蹻伎；二十七，設須彌山、黃山、三峽等伎；二十八，設跳鈴伎；二十九，設跳劍伎；三十，設擲倒伎；三十一，設擲倒案伎；三十二，設青絲幢伎；三十三，設一繖花幢伎；三十四，設雷幢伎；三十五，設金輪幢伎；三十六，設白獸幢伎；三十七，設擲蹻伎；三十八，設獮猴幢伎；三十九，設啄木幢伎；四十，設五案幢呪願伎；四十一，設辟邪伎；四十二，設青紫鹿伎；四十三，設白武伎，作訖，將白鹿來迎下；四十四，設寺子導安息孔雀〔一六〕、鳳凰、文鹿胡舞登連上雲樂歌舞伎；四十五，設緣高絙伎；四十六，設變黃龍弄龜伎；四十七，皇太子起，奏胤雅；四十八，衆官出，奏俊雅；四十九，皇帝興，奏皇雅。

自宋、齊已來，三朝有鳳凰銜書伎。至是乃下詔曰：「朕君臨南面，道風蓋闕，嘉祥時至，爲媿已多。假令巢侔軒閣，集同昌户，猶當顧循寡德，推而不居。況於名實頓爽，自欺耳目。一日元會，太樂奏鳳凰銜書伎，至乃舍人受書，升殿跪奏。誠復興乎前代，率由自遠，内省懷慙，彌與事篤。可罷之。」

天監四年，掌賓禮賀瑒，請議皇太子元會出入所奏。帝命别制養德之樂。瑒謂宜名元雅，迎送二傅亦同用之。取禮「一有元良，萬國以貞」之義。明山賓、嚴植之及徐勉等，以爲周有九夏，梁有十二雅。此並則天數，爲一代之曲。今加一雅，便成十三。瑒又疑東宫所奏舞，帝下其議。瑒以爲，天子爲樂，以賞諸侯之有德者。觀其舞，知其德。況皇儲養德春宫，式瞻攸屬。謂宜備大壯、大觀二舞，以宣文武之德。帝從之。於是改皇太子樂爲元貞，奏二舞。是時禮樂制度，粲然有序。其後臺城淪没，簡文帝受制於侯景。景以簡文女溧陽公主爲妃，請帝及主母范淑妃宴于西州，奏梁所常用樂。景儀同索超世亦在宴筵。帝潸然屑涕。景興曰：「陛下何不樂也？」帝强笑曰：「丞相言索超世聞此以爲何聲？」景曰：「臣且不知，何獨超世？」自此樂府不修，風雅咸盡矣。及王僧辯破侯景，諸樂並送荆州。經亂，工器頗闕，元帝詔有司補綴纔備。荆州陷没，周人不知采用，工人有知音者，並入關中，隨例没爲奴婢。

鼓吹，宋、齊並用漢曲，又充庭用十六曲。高祖乃去四曲，留其十二，合四時也。更制新歌，以述功德。其第一，漢曲朱鷺改爲木紀謝，言齊謝梁升也。第二，漢曲思悲翁改爲賢首山，言武帝破魏軍於司部，肇王迹也。第三，漢曲艾如張改爲桐柏山，言武帝牧司，王業彌章也。第四，漢曲上之回改爲道亡，言東昏喪道，義師起樊、鄧也。第五，漢曲擁離改爲忱威，言破加湖元勳也〔一七〕。第六，漢曲戰城南改爲漢東流，言義師克魯山城也。第七，漢曲巫山高改爲鶴樓峻，言平郢城，兵威無敵也。第八，漢曲上陵改爲昏主恣淫慝，言東昏政亂，武帝起義，平九江、姑熟，大破朱雀，伐罪弔人也。第九，漢曲將進酒改爲石首局，言義師平京城，仍廢昏，定大事也。第十，漢曲有所思改爲期運集，言武帝應籙受禪，德盛化遠也。十一，漢曲芳樹改爲於穆，言大梁闡運，君臣和樂，休祚方遠也。十二，漢曲上邪改爲惟大梁，言梁德廣運，仁化洽也。

天監七年，將有事太廟。詔曰：「禮云『齋日不樂』，今親奉始出宮，振作鼓吹。外可詳議。」八座丞郎參議，請輿駕始出，鼓吹從而不作，還宮如常儀。帝從之，遂以定制。

初武帝之在雍鎮，有童謠云：「襄陽白銅蹄，反縛揚州兒。」識者言，白銅謂金，蹄謂馬也〔一八〕。白，金色也。及義師之興，實以鐵騎，揚州之士，皆面縛，果如謠言。故即位之後，更造新聲，帝自爲之詞三曲，又令沈約爲三曲，以被絃管。帝既篤敬佛法，又制善哉、大樂、大歡〔一九〕、天道、仙道、神王、龍王、滅過惡、除愛水、斷苦輪等十篇〔二〇〕，名爲正樂，皆述佛法。又有法樂、童子伎、童子倚歌、梵唄，設無遮大會則爲之。

陳初，武帝詔求宋、齊故事。太常卿周弘讓奏曰：「齊氏承宋，咸用元徽舊式，宗祀朝饗，奏樂俱同，唯北郊之禮，頗有增益。皇帝入壝門，奏永至；飲福酒，奏嘉胙；太尉亞獻，奏凱容；埋牲，奏隸幽；帝還便殿，奏休成；衆官並出，奏肅成〔二一〕。此乃元徽所闕，永明六年之所加也。唯送神之樂，宋孝建二年秋起居注云『奏肆夏』，永明中，改奏昭夏。」帝遂依之。是時並用梁樂，唯改七室舞辭，今列之云。

皇祖步兵府君神室奏凱容舞辭：

於赫皇祖，宮牆高嶷。邁彼厥初，成茲峻極。縵樂簡簡，閟寢翼翼。裸饗若存，惟靈靡測。

皇祖正員府君神室奏凱容舞辭：

昭哉上德，浚彼洪源。道光前訓，慶流後昆。神猷緬邈，清廟斯存。以享以祀，惟祖惟尊。

皇祖懷安府君神室奏凱容舞辭：

選辰崇饗，飾禮嚴敬。靡愛牲牢，兼馨粢盛。明明列祖，龍光遠映。肇我王風，形斯舞詠。

皇高祖安成府君神室奏凱容舞辭：

道遥積慶，德遠昌基。永言祖武，致享從思。九章停列，八舞迴墀。靈其降止，百福來綏。

皇曾祖太常府君神室奏凱容舞辭：

肇迹帝基〔三〕，義標鴻篆。恭惟載德，瓊源方闡。享薦三清，筵陳四璉。增我堂構，式敷帝典。

皇祖景皇帝神室奏景德凱容舞辭：

皇祖執德，長發其祥。顯仁藏用，懷道韜光。寧斯閟寢，合此蕭薌。永昭貽厥，還符翦商。

皇考高祖武皇帝神室奏武德舞辭：

烝哉聖祖，撫運升離。道周經緯，功格玄祇。方軒邁扈，比舜陵嬀。緝熙是詠，欽明在斯。雲雷遘屯，圖南共舉。大定揚越，震威衡楚。四奧宅心，九疇還敍。景星出翼，非雲入呂。德暢容辭，慶昭羽綴。於穆清廟，載揚徽烈。嘉玉既陳，豐盛斯潔。是將是享，鴻猷無絶。

天嘉元年，文帝始定圓丘、明堂及宗廟樂。都官尚書到仲舉權奏：「衆官入出，皆奏肅成。牲入出，奏引犧。上毛血，奏嘉薦。迎送神，奏昭夏。皇帝入壇，奏永至。皇帝升陛，奏登歌。皇帝初獻及太尉亞獻、光祿勳終獻，並奏宣烈。皇帝飲福酒，奏嘉胙。就燎位，奏昭遠。還便殿，奏休成。」

至太建元年，定三朝之樂[一三]，採梁故事：第一，奏相和五引，各隨王月，則先奏其鍾。唯衆官入，奏俊雅，林鍾作，太簇參應之，取其臣道也。鼓吹作。皇帝出閤，奏皇雅，黃鍾作，太簇、夾鍾、姑洗、大呂皆應之。鼓吹作。皇太子入至十字陛，奏胤雅，太簇作，南呂參應之，取其二月少陽也。皇帝延王公登，奏寅雅，夷則作，夾鍾應之，取其月法也。皇帝入宁變服，奏皇雅，黃鍾作，林鍾參應之。鼓吹作。皇帝出宁及升座，皆奏皇雅，並如變服之作。上壽酒，奏介雅，太簇作，南呂參應之，取其陽氣盛長，萬物輻湊也。食舉，奏需雅，蕤賓作，大呂參應之，取火主於禮，所謂「食我以禮」也。撤饌，奏雍雅，無射作，中呂參應之，取其津潤已竭也。武舞奏大壯，夷則作，夾鍾參應之，七月金始王，取其堅斷也。鼓吹引而去來。文舞奏大觀，姑洗作，應鍾參應之，三月萬物必榮，取其布惠者也。鼓吹引而去來。衆官出，奏俊雅，蕤賓作，林鍾、夷則、南呂、無射、應鍾、太簇參應之。鼓吹作。皇帝起，奏皇雅，黄鍾作，林鍾、夷則、南呂、無射參應之。鼓吹作。祠用宋曲，宴准梁樂，蓋取人神不雜也。制曰：「可。」

五年，詔尚書左丞劉平、儀曹郎張崖〔一四〕，定南北郊及明堂儀注。改天嘉中所用齊樂，盡以「韶」爲名。工就位定，協律校尉舉麾，太樂令跪贊云：「奏懋韶之樂。」降神，奏通韶；牲入出，奏絜韶；帝入壇及還便殿，奏穆韶。帝初再拜，舞七德，工執干楯，曲終復綴。出就懸東，繼舞九序，工執羽籥。獻爵於天神及太祖之座，奏登歌。帝飲福酒，奏嘉韶；就望燎，奏報韶。

至六年十一月，侍中、尚書左僕射、建昌侯徐陵，儀曹郎中沈罕，奏來年元會儀注，稱舍人蔡景歷奉勑，先會一日，太樂展宮懸、高絙、五案於殿庭。客入，奏相和五引。帝出，黄門侍郎舉麾於殿上，掌故應之，舉於階下，奏康韶之樂。詔延王公登，奏變韶。奉珪璧訖，初引下殿，奏亦如之。帝興，入便殿，奏穆韶。更衣又出，奏亦如之。帝舉酒，奏綏韶。進膳，奏侑韶。帝御茶果，太常丞跪請進舞七德，繼之九序。其鼓吹雜伎，取晉、宋之舊，微更附益。舊元會有黄龍變文康〔一五〕、師子之類，太建初定制，皆除之。至是蔡景歷奏，悉復設焉。其制，鼓吹一部十六人，則簫十三人，笳二人，鼓一人。東宮一部，降三人，簫減二人，笳減一人。諸王一部，又降一人，減簫一。庶姓一部，又降一人，復減簫一。

及後主嗣位，耽荒於酒，視朝之外，多在宴筵。尤重聲樂，遣宮女習北方簫鼓，謂之代北，酒酣則奏之。又於清樂中造黃鸝留及玉樹後庭花、金釵兩臂垂等曲〔二六〕，與幸臣等製其歌詞，綺豔相高，極於輕薄。男女唱和，其音甚哀。

## 校勘記

〔一〕姑洗絃用二百一十四絲長七尺一寸一分强　「二百一十四」，原作「一百四十二」。按，本書卷一六律曆志上引梁武帝鍾律緯說：「制爲四器，黃鍾之絃二百七十絲，長九尺，以次三分損益其一，以生十二律之絃絲數及絃長。」依「三分損益法」計算，黃鍾絃長九尺，則林鍾絃長六尺。而三十倍各絃的長度，即產生各絃的絲數（取整數）。參見本條末所附十二律絃長的算式。「三分損一」即取三分之二，「三分益一」即取一又三分之一。以現在計算的結果比對志中所列的兩種數字，可以看出其中一項微有差異：南呂絃長五尺三寸三分，原作「五尺三寸二分大强」；另四項有訛誤：姑洗絃用二百一十四絲（二百一十三强），原作「一百四十二絲」（這是應鍾絃的絲數）；林鍾絃長六尺，原作「六尺四寸」；無射絃用一百四十九絲，原作「一百二十九絲」；無射絃長四尺九寸九分强，原作「四尺九寸一分强」。今據以改正。

| | |
|---|---|
| 黄鍾 | 9 尺 |
| 林鍾 | $9\times\frac{2}{3}=6$ 尺 |
| 太簇 | $6\times1\frac{1}{3}=8$ 尺 |
| 南吕 | $8\times\frac{2}{3}=5\frac{1}{3}=5.33$ 尺 |
| 姑洗 | $5\frac{1}{3}\times1\frac{1}{3}=7\frac{1}{9}=7.11$ 尺 |
| 應鍾 | $7\frac{1}{9}\times\frac{2}{3}=4\frac{20}{27}=4.74$ 尺 |
| 蕤賓 | $4\frac{20}{27}\times1\frac{1}{3}=6\frac{26}{81}=6.32$ 尺 |
| 大吕 | $6\frac{26}{81}\times1\frac{1}{3}=8\frac{104}{243}=8.43$ 尺 |
| 夷則 | $8\frac{104}{243}\times\frac{2}{3}=5\frac{451}{729}=5.62$ 尺 |
| 夾鍾 | $5\frac{451}{729}\times1\frac{1}{3}=7\frac{1075}{2187}=7.49$ 尺 |
| 無射 | $7\frac{1075}{2187}\times\frac{2}{3}=4\frac{6524}{6561}=4.99$ 尺 |
| 中吕 | $4\frac{6524}{6561}\times1\frac{1}{3}=6\frac{12974}{19683}=6.66$ 尺 |

〔二〕長六尺 「六尺」，原作「六尺四寸」，今改正。參見上條校勘記。

〔三〕無射絃用一百四十九絲 「一百四十九」，原作「一百二十九」，今改正。參見本卷校勘記〔一〕。

〔四〕長四尺九寸九分强 「九分」，原作「一分」，據通典卷一四三樂三歷代製造、册府卷五六六掌禮部作樂改。參見本卷校勘記〔一〕。

〔五〕飲古夾鍾玉律并周代古鍾 「夾」字原闕，據本書卷一六律曆志上、通典卷一四三樂三歷代製造補。

〔六〕北方北面編磬起西 「北面」，從以下所言東方西面起北、南方北面起東、西方東面起南來看，疑應作「南面」。

〔七〕著晉宋史者皆言太元元嘉四年　通典卷一四四樂四樂懸無「宋」、「元嘉」，作「著晉史者皆言太元四年」。

〔八〕司徒論選士之秀者而升之學　「秀」，原作「序」，據宋本樂府詩集卷一四燕射歌辭俊雅三首引隋書樂志、通典卷一四二樂二歷代沿革下改。按，「司徒論選士之秀者而升之學」，語見禮記王制。

〔九〕二公弘化　「二公」，原作「三公」，據南監本改。宋本樂府詩集卷一四燕射歌辭寅雅引隋書樂志、宋本通典卷一四二樂二歷代沿革下作「貳公」。按，尚書周官：「貳公弘化。」

〔一〇〕君洗玉爵獻卿　「君」字原闕，據宋本樂府詩集卷三郊廟歌辭獻雅引隋書樂志補。按，「君洗玉爵獻卿」，語見禮記祭統。

〔一一〕今列其歌詩二十曲云　「二十」，疑誤。以下合計爲三十曲。

〔一二〕勾陳繞太一　「繞」，原作「統」，據宋甲本、大德本、汲本改。宋本藝文類聚卷四三樂部三歌、宋本樂府詩集卷三郊廟歌辭梁雅樂歌亦作「繞」。

〔一三〕絜我粢盛　「絜」，原作「挈」，據宋甲本改。南監本、北監本、汲本、殿本作「潔」。

〔一四〕禮貴彌申　「申」，原作「巾」，據宋本樂府詩集卷九郊廟歌辭梁宗廟登歌七首改。

〔一五〕實愛斯人　「斯」，原作「期」，據宋甲本、至順本、南監本、北監本、汲本、殿本改。

〔一六〕設寺子導安息孔雀　「導」，原作「遵」，據宋本樂府詩集卷五一清商曲辭上雲樂引隋書樂志、陳暘樂書卷一八七改。

〔一七〕言破加湖元勳也　宋本樂府詩集卷二〇鼓吹曲辭桐柏山引隋書樂志「元勳」下有「建」字。

〔一八〕白銅謂金蹄謂馬也　「謂金蹄」三字原闕，據通典卷一四二樂二歷代沿革下、册府卷五六六掌禮部作樂補。此句，宋本樂府詩集卷四八清商曲辭襄陽蹋銅蹄引隋書樂志作「白銅蹄謂金蹄，爲馬也」。

〔一九〕大歡　「歡」，通典卷一四二樂二歷代沿革下作「勸」。

〔二〇〕斷苦輪　「輪」，原作「轉」，據通典卷一四二樂二歷代沿革下、册府卷五六六掌禮部作樂改。

〔二一〕奏肅成　「成」，北宋本、明本通典卷一四二樂二歷代沿革下作「咸」。下文到仲舉所奏「衆官入出，皆奏肅成」同。

〔二二〕肇迹帝基　「帝」，宋甲本、宋本樂府詩集卷九郊廟歌辭陳太廟舞辭凱容舞作「締」。

〔二三〕定三朝之樂　「朝」，原作「廟」，據上文及通典卷一四二樂二歷代沿革下改。

〔二四〕張崖　原作「張崔」，據通典卷一四二樂二歷代沿革下、册府卷五六六掌禮部作樂改。按張崖，陳書卷三三有傳。

〔二五〕文康　原作「文鹿」，據册府卷五六六掌禮部作樂改。「文康」指文康舞。

〔二六〕金釵兩臂垂　「臂」，宋本樂府詩集卷四七清商曲辭玉樹後庭花引隋書樂志作「鬢」。

# 隋書卷十四

## 志第九

### 音樂中

齊神武霸跡肇創，遷都于鄴，猶曰人臣，故咸遵魏典。及文宣初禪，尚未改舊章。宮懸，各設十二鎛鍾於其辰位，四面並設編鍾磬各一簨簴，合二十架，設建鼓於四隅。郊廟朝會同用之。其後將有創革，尚藥典御祖珽自言〔一〕，舊在洛下，曉知舊樂，上書曰：「魏氏來自雲、朔，肇有諸華，樂操土風，未移其俗。至道武帝皇始元年，破慕容寶于中山，獲晉樂器，不知采用，皆委棄之。天興初，吏部郎鄧彥海奏上廟樂，創制宮懸，而鍾管不備。樂章既闕，雜以簸邏迴歌。初用八佾，作皇始之舞。至太武帝平河西，得沮渠蒙遜之伎，賓嘉大禮，皆雜用焉。此聲所興，蓋苻堅之末，呂光出平西域，得胡戎之樂，因又改變，雜以秦聲，所謂秦漢樂也。至永熙中，録尚書長孫承業共臣先人太常卿瑩等，斟酌繕修，戎華兼采，至於鍾律，煥然大備。自古相襲，損益可知，今之創制，請以爲准。」珽因采魏安豐王延明及信都芳等所著樂説，而定正聲。始具宮懸之器，仍雜西涼之曲，樂名廣成，而舞不立號，所謂「洛陽舊樂」者也。

武成之時，始定四郊、宗廟、三朝之樂。羣臣入出，奏肆夏。牲入出，薦毛血，並奏昭夏。迎送神及皇帝初獻、禮五方上帝，並奏高明之樂，爲覆燾之舞。皇帝入壇門及升壇飲福酒，就燎位，還便殿，並奏皇夏。以高祖配饗，奏武德之樂，爲昭烈之舞。裸地，奏登歌。其四時祭廟及禘祫皇六世祖司空、五世祖吏部尚書、高祖秦州刺史、曾祖太尉武貞公、祖文穆皇帝諸神室，並奏始基之樂，爲恢祚之舞。高祖神武皇帝神室，奏武德之樂，爲昭烈之舞。文襄皇帝神室，奏文德之樂，爲宣政之舞。顯祖文宣皇帝神室，奏文正之樂，爲光大之舞。肅宗孝昭皇帝神室，奏文明之樂，爲休德之舞。其入出之儀，同四郊之禮。今列其辭云。

大禘圜丘及北郊歌辭：

夕牲，羣臣入門，奏肆夏樂辭：

肇應靈序，奄字黎人。乃朝萬國，爰徵百神。祇展方望，幽顯咸臻。禮崇聲協，贊列珪陳。翼差鱗次，端笏垂紳。來趨動色，式贊天人。

迎神奏高明樂辭：登歌辭同。

惟神監矣，北郊云：「惟祇監矣。」皇靈肅止。圓璧展事，北郊云：「方琮展事。」成文即始。北郊云：「即陰成理。」士備八能，樂合六變。北郊云：「樂合八變。」風湊伊雅，光華襲薦。宸衞騰景，靈駕霏煙。嚴壇生白，綺席凝玄。

牲出入，奏昭夏辭：

剛柔設位，惟皇配之。言肅其禮，念暢在兹。飾牲舉獸，載歌且舞。既捨伊腯，致精靈府。物色惟典，齋沐加恭。宗族咸暨，罔不率從。

薦毛血，奏昭夏辭：羣臣出，奏肆夏，進熟，羣臣入，奏肆夏，辭同初入。

展禮上月，肅事應時。藾栗爲用，交暢有期。弓矢斯發，瓮簝將事。圓神致祀，北郊云：「方祇致祀。」率由先志。和以鑾刀，臭以血膋。致哉敬矣，厥義孔高。

進熟，皇帝入門，奏皇夏辭：

帝敬昭宣，皇誠肅致。玉帛齊軌，屏攝咸次。三垓上列，北郊云：「重垓上列。」四陛旁升。北郊云：「分陛旁升。」龍陳萬騎，鳳動千乘。神儀天藹，晬容離曜。金根停軫，奉光先導。

皇帝升丘，奏皇夏辭：壇上登歌辭同。

紫壇雲曖，北郊云：「層壇雲曖。」紺幄霞褰。北郊云：「嚴幄霞褰。」我其陟止，載致其虔。百靈竦聽，萬國咸仰。人神咫尺，玄應肹蠁。

皇帝初獻，奏高明樂辭：

上下眷，旁午從。爵以質，獻以恭。咸斯暢，樂惟雍。孝敬闡，臨萬邦。

皇帝奠爵訖，奏高明樂、覆燾之舞辭：

自天子之，會昌神道。丘陵肅事，北郊云：「方澤祇事。」克光天保。九關洞開，百靈環列。八樽呈備，五聲投節。

皇帝獻太祖配饗神座，奏武德之樂、昭烈之舞辭：皇帝小退，當昊天上帝神座前，奏皇夏，辭同上皇夏。

配神登聖，主極尊靈。敬宣昭燭，咸達窅冥。禮弘化定，樂贊功成。穰穰介福，下被羣生。

皇帝飲福酒，奏皇夏之樂：皇帝詣東陛，還便坐，又奏皇夏，辭同初入門。

皇心緬且感，吉蠲奉至誠。赫哉光盛德，乾巛詔百靈。報福歸昌運，承祐播休明。風雲馳九域，龍蛟躍四溟。浮幕呈光氣，儷象燭華精。護武方知恥，韶夏僅同聲。

送神，降丘南陛，奏高明樂辭：皇帝之望燎位，又奏皇夏，辭同上皇夏。

獻享畢，懸佾周。神之駕，將上遊。北郊云：「將下遊。」超斗極，北郊云：「超荒極。」絕河流。北郊云：「憩崑丘。」懷萬國，寧九州。欣帝道，心顧留。帀上下，荷皇休。

紫壇既燎，奏昭夏樂辭：皇帝自望燎還本位，奏皇夏，辭同上皇夏。

玄黃覆載，元首照臨。合德致禮，有契其心。敬申事闋，潔誠云報。玉帛載升，北郊云：「牲玉載陳。」棫樸斯燎。寥廓幽曖，播以馨香。皇靈惟監，降福無疆。

皇帝還便殿，奏皇夏辭：羣臣出，奏肆夏，辭同上肆夏。祠感帝用圜丘辭。

天大親嚴，匪敬伊孝。永言肆饗，宸明增耀。陽丘既暢，北郊云：「陰澤云暢。」大典逾光。乃安斯息，欽若舊章。天迴地旋，鳴鑾引警。且萬且億，皇曆惟永。

五郊迎氣樂辭：

青帝降神，奏高明樂辭：

歲云獻，谷風歸。斗東指，雁北飛。電鞭激，雷車遽。虹旌靡，青龍馭。和氣洽，具物滋。翻降止，應帝期。

赤帝降神，奏高明樂辭：

婺女司旦，中呂宣。朱精御節，離景延。根荄俊茂，溫風發。柘火風水，應炎月。執衡長物，德孔昭。赤旂霞曳，會今朝。

黃帝降神，奏高明樂辭：

居中币五運，乘衡畢四時。含養資羣物，協德固皇基。嘽緩契王風，持載符君德。良辰動靈駕，承祀昌邦國。

白帝降神，奏高明樂辭：

風凉露降，馳景颺寒精。山川搖落，平秩在西成。蓋藏成積，蒸人被嘉祉。從享來儀，鴻休溢千祀。

黑帝降神，奏高明樂辭：

虹藏雉化，告寒。冰壯地坼，年殫。日次月紀，方極。九州萬邦，獻力。叶光是紀，歲窮。微陽潛兆，方融。天子赫赫，明聖。享神降福，惟敬。

祠五帝於明堂樂歌辭：

先祀一日，夕牲，羣官入自門，奏肆夏：

國陽崇祀，嚴恭有聞〔二〕。荒華胥暨，樂我大君。冕瑞有列，禽帛恭敍。羣后師師，威儀容與。執禮辨物，司樂考章。率由靡墜，休有烈光。

太祝令迎神，奏高明樂、覆燾舞辭：

祖德光，國圖昌。衹上帝，禮四方。闢紫宮，洞華闕。龍獸奮，風雲發。飛朱雀，從玄武。攜日月，帶雷雨。耀宇內，溢區中。眷帝道，感皇風。帝道康，皇風扇。粢盛列，椒糈薦。神且寧，會五精。歸福禄，幸閶亭。

太祖配饗，奏武德樂、昭烈舞辭：五方天帝奏高明之樂、覆燾之舞，辭同迎氣。

我惟我祖，自天之命。道被歸仁，時屯啓聖。運鍾千祀，授手萬姓。夷兇掩虐，匡頹翼正。載經載營，庶土咸寧〔三〕。九功以洽，七德兼盈。丹書入告，玄玉來呈。露甘泉白，雲郁河清。聲教咸往，舟車畢會。仁加有形，化洽無外。嚴親惟重，陟配惟大。既祐斯歌，率土攸賴。

牲出入，奏昭夏樂辭：

孝饗不匱，精絜臨年。滌牢委溢，形色博牷。于以用之，言承歆祀。肅肅威儀，敢不敬止。載飾載省，維牛維羊。明神有察，保兹萬方。

薦血毛，奏昭夏辭：羣臣出，奏肆夏，進熟，羣臣入，奏肆夏，同上肆夏辭。

我將宗祀，夤獻厥誠。鞠躬如在，側聽無聲。薦色斯純，呈氣斯臭。有滌有濯，惟神其祐。五方來格，一人多祉。明德惟馨，於穆不已。

進熟，皇帝入門，奏皇夏辭：皇帝升壇，奏皇夏，辭同。

象乾上構，儀巛下基。集靈崇祖，永言孝思。室陳簠豆，庭羅懸佾。夙夜畏威，保茲貞吉。舞貴其夜，歌重其升。降斯百禄，惟饗惟應〔四〕。

皇帝初獻，奏高明樂、覆燾舞辭：

度几筵，闢牖户。禮上帝，感皇祖。酌惟絜，滌以清。薦心款，達神明。

皇帝祼獻，奏高明樂、覆燾舞辭：

帝精來降，應我明德。禮殫義展，流祉邦國。既受多祉，實資孝敬。祀竭其誠，荷天休命。

皇帝飲福酒，奏皇夏辭：

恭祀洽，盛禮宣。英猷爛層景，廣澤同深泉。上靈鍾百福，羣神歸萬年。月軌咸梯岫，日域盡浮川。瑞鳥飛玄扈，潛鱗躍翠漣。皇家膺寶曆，兩地復參天。

太祝送神，奏高明樂、覆燾舞辭：

青陽奏，發朱明。歌西皓，唱玄冥。大禮罄，廣樂成。神心懌，將遠征。飾龍駕，矯鳳旍。指閶闔，憩層城。出温谷，邁炎庭。跨西汜，過北溟。忽萬億，耀光精。比電騖，與雷行。嗟皇道，懷萬靈。固王業，震天聲。

皇帝還便殿，奏皇夏辭：

文物備矣，聲明有章。登薦唯肅，禮邈前王。鬯齊云終，折旋告罄。穆穆旒冕，藴誠畢敬。屯衞按部，鑾蹕迴途。暫留紫殿，將及清都。

享廟樂辭：

先祀一日，夕牲，羣臣入，奏肆夏辭：

霜凄雨暢，烝哉帝心。有敬其祀，肅事惟歆。昭昭車服，濟濟衣簪。鞠躬貢酎，磬折奉琛。差以五列，和以八音。式祗王度，如玉如金。

迎神奏高明登歌樂辭：

日卜惟吉，辰擇其良。奕奕清廟，黼黻周張。大呂爲角，應鍾爲羽。路鼗陰竹，德歌昭舞。祀事孔明，百神允穆。神心乃顧，保茲介福。

牲出入，奏昭夏樂辭：

大祀云事，獻奠有儀。既歌既展，贊顧迎犧。執從伊竦，芻飾惟慄。俟用於庭，將升於室。且握且騂，以致其誠。惠我貽頌，降祉千齡。

薦血毛，奏昭夏辭：三公出，奏肆夏，進熟，羣臣入，奏肆夏，辭同。

愐彼遐慨，悠然永思。留連七享，纏綿四時。神升魄沈，靡聞靡見。陰陽載俟，臭聲兼薦。祖考其鑒，言萃王休。降神敷錫，百福是由。

進熟，皇帝入北門，奏皇夏樂辭：

齊居嚴殿，夙駕層闈。車輅垂彩，旒衮騰輝。聳誠載仰，翹心有慕。洞洞自形，斤斤表步。閟宫有邃，神道依俙。孝心緬邈，爰屬爰依。

太祝祼地，奏登歌樂辭：皇帝詣東陛，奏皇夏，升殿，又奏皇夏，辭同。

太室窅窅，神居宿設。鬱鬯惟芬，珪璋惟絜。彝斝應時，龍蒲代用。藉茅無咎，福禄攸降。端感會事，儼思脩禮。齊齊勿勿，俄俄濟濟。

皇帝升殿，殿上作登歌樂辭：

我祠我祖，永惟厥先。炎農肇聖，靈祉蟬聯。霸圖中造，帝業方宣。道昌基構，撫運承天。奄家六合，爰光八埏。尊神致禮，孝思惟纏。寒來暑反，惕薦在年〔五〕。匪敬伊慕，備物不愆。設簴設業，鞉鼓填填。辟公在位，有容伊虔。登歌啓佾，下管應懸。厥容無爽，幽明肅然。誠帀厚地，和達穹玄。既調風雨，載協山川。周庭有列，湯孫永延。教聲惟被，邁後光前。

皇帝初獻皇祖司空公神室，奏始基樂、恢祚舞辭：

克明克俊，祖武惟昌。業弘營土，聲被海方。有流厥德，終耀其光。明神幽贊，景祚攸長。

皇帝初獻皇祖吏部尚書神室，奏始基樂、恢祚舞辭：

顯允盛德，隆我前構。瑶源瀰瀉，瓊根愈秀。誕惟有族，丕緒克茂。大業崇新，洪基增舊。

皇帝初獻皇祖秦州使君神室，奏始基樂、恢祚舞辭：

祖德丕顯，明喆知機。豹變東國，鵲起西歸。禮申官次，命改朝衣。敬思孝享，多福無違。

皇帝獻太祖太尉武貞公神室，奏始基樂、恢祚舞辭：

兆靈有業，潛德無聲。韜光戢耀，貫幽洞冥。道弘舒卷，施博藏行。緬追歲事，夜遽不寧。

皇帝獻皇祖文穆皇帝神室，奏始基樂、恢祚舞辭：

皇皇祖德，穆穆其風。語嘿自己，明叡在躬。荷天之錫，聖表克隆。高山作矣，寶祚其崇。離光旦旦，載焕載融。感薦惟永，神保無窮。

皇帝獻高祖神武皇帝神室，奏武德樂、昭烈舞辭：

天造草昧，時難糾紛。孰拯斯溺，靡救其焚。大人利見，緯武經文。顧指惟極，吐吸風雲。開天闢地，峻岳夷海。冥工掩迹，上德不宰。神心有應，龍化無待。義征九服，仁兵告凱。上平下成，靡或不寧。匪王伊帝，偶極崇靈。享親則孝，潔祀惟誠。禮備樂序，肅贊神明。

皇帝獻文襄皇帝神室，奏文德樂、宣政舞辭：

聖武丕基，叡文顯統。眇哉神啓，鬱矣天縱。道則人弘，德云邁種。昭冥咸敍，崇深畢綜。自中徂外，經朝庇野。政反淪風，威還缺雅。旁作穆穆，格于上下。維享維宗，來鑒來假。

皇帝獻顯祖文宣皇帝，奏文正樂、光大舞辭：

玄曆已謝，蒼靈告期。圖璽有屬，揖讓惟時。龍升獸變，弘我帝基。對揚穹昊，寔啓雍熙。欽若皇猷，永懷王度。欣賞斯穆，威刑允措。軌物俱宣，憲章咸布。俗無邪指，下歸正路。茫茫九域，振以乾綱。混通華裔，配括天壤。作禮視德，列樂傳響。薦祀惟虔，衣冠載仰。

皇帝還東壁，飲福酒，奏皇夏樂辭：

孝心翼翼，率禮兢兢。時洗時薦，或降或升。在堂在户，載湛載凝。多品斯奠，備物攸膺。蘭芬敬挹，玉俎恭承。受祭之祜，知彼岡陵。

送神，奏高明樂辭：

仰榱桷，慕衣冠。禮云罄，祀將闌。神之駕，紛弈弈。乘白雲，無不適。窮昭域，極幽塗。歸帝祉，眷皇都。

皇帝詣便殿，奏皇夏樂辭：羣官出，奏肆夏，辭同。

禮行斯畢，樂奏以終。受嘏先退，載暢其衷。鑾軒循轍，麾旌復路。光景徘徊，絃歌顧慕。靈之相矣，有錫無疆。國圖日鏡，家曆天長。

元會大饗，協律不得升陛，黄門舉麾於殿上。今列其歌辭云。

賓入門，四箱奏肆夏辭：

昊蒼眷命，興王統天。業高帝始，道邈皇先。禮成化穆，樂合風宣。賓朝荒夏，揚對穹玄。

皇帝出閤，奏皇夏樂辭：

夏正肇旦，周物充庭。具僚在位，俛伏無聲。大君穆穆，宸儀動睟。日煦天迴，萬靈胥萃。

皇帝當扆，羣臣奉賀，奏皇夏辭：

天子南面，乾覆離明。三千咸列，萬國填并。猶從禹會，如次湯庭。奉茲一德，上下和平。

皇帝入宁變服，黄鍾、太簇二箱奏皇夏辭：

我應天曆，四海爲家。協同内外，混一戎華。鶴蓋龍馬，風乘雲車。夏章夷服，其會如麻。九賓有儀，八音有節。肅肅於位，飲和在列。四序氤氲，三光昭晰。君哉大矣，軒唐比轍。

皇帝變服，移幄坐於西箱，帝出升御坐，姑洗奏皇夏辭：

皇運應籙，廓定區寓。受終以文，構業以武。堯昔命舜，舜亦命禹。大人馭歷，重規沓矩。欽明在上，昭納八簀。從靈體極，誕聖窮神。化生羣品，陶育蒸人。展禮肆樂，協此元春。

王公奠璧，奏肆夏辭：

萬方咸曁，三揖以申。垂旒馮玉，五瑞交陳。拜稽有章，升降有節。聖皇負扆，虞唐比烈。

上壽，黄鍾箱奏上壽曲辭：

仰三光，奏萬壽。人皇御六氣，天地同長久。

皇太子入，至坐位，酒至御，殿上奏登歌辭三：

大齊統曆，道化光明。馬圖呈寶，龜籙告靈。百蠻非衆，八荒非逖。同作堯人，俱包禹迹。其一。

天覆地載，成以四時。惟皇是則，比大於茲。羣星拱極，衆川赴海。萬寓駿奔，一朝咸在。其二。

齊之以禮，相趨帝庭。應規蹈矩，玉色金聲。動之以樂，和風四布。龍申鳳舞，鸞歌麟步。其三。

食至御前，奏食舉樂辭：

三端正啓，萬方觀禮。具物充庭，二儀合體。百華照曉，千門洞晨。或華或裔，奉贄惟新。悠悠亘六合，員首莫不臣。仰施如雨，晞和猶春。風化表笙鏞，歌謳被琴瑟。誰言文軌異，今朝混爲一。其一。

彤庭爛景，丹陛流光。懷黄綰白，鵷鷺成行。文贊百揆，武鎮四方。折衝鼓雷電，獻替協陰陽。大矣哉，道邁上皇。陋五帝，狹三王。窮禮物，該樂章。序冠帶，垂衣裳。其二。

天壤和，家國穆。悠悠萬類，咸孕育。契冥化，侔大造。靈効珍，神歸寶。興雲氣，飛龍蒼。麟一角，鳳五光。朱雀降，黄玉表。九尾馴，三足擾。化之定，至矣哉。瑞感德，四方來。其三。

囹圄空，水火菽粟。求賢振滯，棄珠玉。衣不靡，宮以卑。當陽端默，垂拱無爲。云云萬有，其樂不訾。其四。

嗟此舉時，逢至道。肖形咸自持，賦命無傷夭。行氣進皇輿，遊龍服帝皁。聖主寧區寓，乾坤永相保。其五。

牧野征，鳴條戰。大齊家萬國，拱揖應終禪。奥主廓清都，大君臨赤縣。高居深視，當扆正殿。旦暮之期，今一見。其六。

兩儀分，牧以君。陶有象，化無垠。大齊德，邈誰羣。超鳳火，冠龍雲。露以絜，風以薰。榮光至，氣氤氳。其七。

神化遠，人靈協。寒暑調，風雨燮。披泥檢，受圖諜。圖諜啓，期運昌。分四序，綴三光。延寶祚，眇無疆。其八。

惟皇道，升平日。河水清，海不溢。雲干呂，風入律。驅黔首，入仁壽。與天高，並地厚。其九。

刑以厝，頌聲揚。皇情邈，眷汾襄。岱山高，配林壯。亭亭聳，云云望。斾葳蕤，駕騤騤。刊金闕，奠玉龜。其十。

文舞將作，先設階步辭：

我后降德，肇峻皇基。摇鈴大號，振鐸命期。雲行雨洽，天臨地持。茫茫區宇，萬代一時。文來武肅，成定於兹。象容則舞，歌德言詩。鏘鏘金石，列列匏絲。鳳儀龍至，樂我雍熙。

文舞辭：

皇天有命，歸我大齊。受兹華玉，爰錫玄珪。奄家環海，實子蒸黎。圖開寶匣，檢封芝泥。無思不順，自東徂西。教南暨朔，罔敢或攜。比日之明，如天之大。神化斯洽，率土無外。眇眇舟車，華戎畢會。祠我春秋，服我冠帶。儀協震象，樂均天籟。蹈武在庭，其容藹藹。

武舞將作，先設階步辭：

大齊統曆，天鑒孔昭。金人降汎，火鳳來巢。眇均虞德，干戚降苗。夙沙攻主，歸我軒朝。禮符揖讓，樂契咸韶。蹈揚惟序，律度時調。

武舞辭：

天眷横流，宅心玄聖。祖功宗德，重光襲映。我皇恭己，誕膺靈命。宇外斯燭，域中咸鏡。悠悠率土，時惟保定。微微動植，莫違其性。仁豐庶物，施洽羣生。海寧洛變，契此休明。雅宣茂烈，頌紀英聲。鏗鍠鍾鼓，掩抑簫笙。歌之不足，舞以禮成。鑠矣王度，緬邁千齡。

皇帝入，鍾鼓奏皇夏辭：

禮終三爵，樂奏九成。允也天子，穹壤和平。載色載笑，反寢宴息。一人有祉，百神奉職。

鼓吹二十曲，皆改古名，以敍功德。第一，漢朱鷺改名水德謝，言魏謝齊興也。第二，漢思悲翁改名出山東，言神武帝戰廣阿，創大業，破尒朱兆也。第三，漢艾如張改名戰韓陵，言神武滅四胡，定京洛，遠近賓服也。第四，漢上之回改名殄關隴，言神武遣侯莫陳悅誅賀拔岳，定關、隴，平河外，漠北款，秦中附也。第五，漢擁離改名滅山胡，言神武屠劉蠡升，高車懷殊俗，蠕蠕來向化也。第六，漢戰城南改名立武定，言神武立魏主，天下既安，而能遷於鄴也。第七，漢巫山高改名戰芒山，言神武斬周十萬之衆，其軍將脱身走免也。第八，漢上陵改名禽蕭明，言梁遣兄子貞陽侯來寇彭、宋，文襄帝遣太尉、清河王岳，一戰禽殄，俘馘萬計也。第九，漢將進酒改名破侯景，言文襄遣清河王岳，摧殄侯景，克復河南也。第十，漢君馬黃改名定汝潁，言文襄遣清河王岳，禽周大將軍王思政於長葛，汝、潁悉平也。第十一，漢芳樹改名克淮南，言文襄遣清河王岳，南翦梁國，獲其司徒陸法和，克壽春、合肥、鍾離、淮陰，盡取江北之地也。第十二，漢有所思改名嗣丕基，言文宣帝統纘大業也。第十三，漢雉子班改名聖道洽〔六〕，言文宣克隆堂構，無思不服也。第十四，漢聖人出改名受魏禪，言文宣應天順人也。第十五，漢上邪改名平瀚海，言蠕蠕盡部落入寇武州之塞，而文宣命將出征，平殄北荒，滅其國也。第十六，漢臨高臺改名服江南，言文宣道洽無外，梁主蕭繹來附化也。第十七，漢遠如期改名刑罰中，言孝昭帝舉直措枉，獄訟無怨也。第十八，漢石留行改名遠夷至，言時主化霑海外，西夷諸國，遣使朝貢也。第十九，漢務成改名嘉瑞臻，言時主應期，河清龍見，符瑞總至也。第二十，漢玄雲改名成禮樂，言時主功成化洽，制禮作樂也。古又有黄雀、釣竿二曲，略而不用。並議定其名，被於鼓吹。諸州鎮戍，各給鼓吹，樂人多少各以大小等級爲差。諸王爲州，皆給赤鼓、赤角，皇子則增給吴鼓、長鳴角，上州刺史皆給青鼓、青角，中州已下及諸鎮戍，皆給黑鼓、黑角。樂器皆有衣，並同鼓色。

雜樂有西涼鼙舞、清樂、龜兹等。然吹笛、彈琵琶、五絃及歌舞之伎，自文襄以來，皆所愛好。至河清以後，傳習尤盛。後主唯賞胡戎樂，耽愛無已。於是繁手淫聲，爭新哀怨。故曹妙達、安未弱、安馬駒之徒，至有封王開府者，遂服簪纓而爲伶人之事。後主亦自能度曲，親執樂器，悦翫無倦，倚絃而歌。别採新聲，爲無愁曲，音韻窈窕，極於哀思，使胡兒閹官之輩，齊唱和之，曲終樂闋，莫不殞涕。雖行幸道路，或時馬上奏之，樂往哀來，竟以亡國。

周太祖迎魏武入關，樂聲皆闕。恭帝元年，平荊州，大獲梁氏樂器，以屬有司。及建六官，乃詔曰：「六樂尚矣，其聲歌之節，舞蹈之容，寂寥已絕，不可得而詳也。但方行古人之事，可不本於茲乎？自宜依准，制其歌舞，祀五帝、日、月、星辰。」於是有司詳定：郊廟，祀五帝、日、月、星辰，用黃帝樂，歌大呂，舞雲門。祭九州、社稷、水旱雩禜，用唐堯樂，歌應鍾，舞大咸。祀四望，饗諸侯，用虞舜樂，歌南呂，舞大韶。祀四類，幸辟雍，用夏禹樂，歌函鍾，舞大夏。祭山川，用殷湯樂，歌小呂，舞大護。享宗廟，用周武王樂，歌夾鍾，舞大武。皇帝出入，奏皇夏。賓出入，奏肆夏。牲出入，奏昭夏。蕃國客出入，奏納夏。有功臣出入，奏章夏。皇后進羞，奏深夏。宗室會聚，奏族夏。上酒宴樂，奏陔夏。諸侯相見，奏鶩夏。皇帝大射，歌騶虞，諸侯歌狸首，大夫歌采蘋，士歌采蘩〔七〕。雖著其文，竟未之行也。

及閔帝受禪，居位日淺。明帝踐阼，雖革魏氏之樂，而未臻雅正。天和元年，武帝初造山雲舞，以備六代。南北郊、雩壇、太廟禘祫，俱用六舞。南郊則大夏降神，大護獻熟，次作大武、正德、武德、山雲之舞。北郊則大護降神，大夏獻熟，次作大武、正德、武德、山雲之舞。雩壇以大武降神，正德獻熟，次作大夏、大濩、武德、山雲之舞。太廟祫禘，則大武降神，山雲獻熟，次作正德、大夏、大護、武德之舞。時享太廟，以山雲降神，大夏獻熟，次作武德之舞。拜社，以大護降神，大武獻熟，次作正德之舞。五郊、朝日，以大夏降神，大護獻熟。神州、夕月、籍田，以正德降神，大護獻熟。

建德二年十月甲辰，六代樂成，奏於崇信殿。羣臣咸觀。其宮懸，依梁三十六架。朝會則皇帝出入，奏皇夏。皇太子出入，奏肆夏。王公出入，奏驁夏。五等諸侯正日獻玉帛，奏納夏。宴族人，奏族夏。大會至尊執爵，奏登歌十八曲。食舉，奏深夏，舞六代大夏、大濩、大武、正德、武德、山雲之舞。於是正定雅音，爲郊廟樂。創造鍾律，頗得其宜。宣帝嗣位，郊廟皆循用之，無所改作。今採其辭云。

圜丘歌辭：

降神，奏昭夏：

重陽禋祀，大報天。丙午封壇，肅且圜。孤竹之管，雲和弦。神光未下，風肅然。王城七里，通天臺。紫微斜照，影徘徊。連珠合璧，重光來。天策暫轉，鉤陳開。

皇帝將入門，奏皇夏：

旌迴外壝，蹕靜郊門。千乘按轡，萬騎雲屯。藉茅無咎，掃地惟尊。揖讓展禮，衡璜節步。星漢就列，風雲相顧。取法於天，降其永祚。

俎入，奏昭夏：

日至大禮，豐犧上辰。牲牢脩牧，繭栗毛純。俎豆斯立，陶匏以陳。大報反命，居陽兆日。六變鼓鍾，三和琴瑟。俎奇豆偶，惟誠惟質。

奠玉帛，奏昭夏：

員玉已奠，蒼幣斯陳。瑞形成象，璧氣含春。禮從天數，智總員神。爲祈爲祀，至敬咸遵。

皇帝升壇，奏皇夏：

七星是仰，八陛有憑。就陽之位，如日之升。思虔肅肅，施敬繩繩。祝史陳信，玄象斯格。惟類之典，惟靈之澤。幽顯對揚，人神咫尺。

皇帝初獻，作雲門之舞：

獻以誠，鬱以清。山罍舉，沈齊傾。惟尚饗，洽皇情。降景福，通神明。

皇帝初獻配帝，作雲門之舞：

長丘遠歷，大電遥源。弓藏高隴，鼎没寒門。人生于祖，物本於天。尊神配德〔八〕，迄用康年。

皇帝初獻及獻配帝畢，奏登歌：

歲之祥，國之陽。蒼靈敬，翠雲長。象爲飾，龍爲章。乘長日，坯蟄户。列雲漢，迎風雨。大呂歌〔九〕，雲門舞。省滌濯，奠牲牷。鬱金酒，鳳凰樽。迴天睠，顧中原。

皇帝飲福酒，奏皇夏：

國命在禮，君命在天。陳誠惟肅，飲福惟虔。洽斯百禮，福以千年。鈎陳掩映，天駟徘徊。彫禾飾斝，翠羽承罍。受斯茂祉，從天之來。

撤奠奏雍樂：

禮將畢，樂將闌。迴日轡，動天關。翠鳳摇，和鑾響。五雲飛，三步上。風爲馭，雷爲車。無轍迹，有煙霞。暢皇情，休靈命。雨留甘，雲餘慶。

帝就望燎位，奏皇夏：

六典聯事，九司咸則。率由舊章，於焉允塞。掌禮移次，燔柴在焉。煙升玉帛，氣斂牲牷。休氣馨香，膋芳昭晰。翼翼虔心，明明上徹。

帝還便座，奏皇夏：

玉帛禮畢，人神事分。嚴承乃睠，瞻仰迴雲。輦路千門，王城九軌。式道移候，司方迴指。得一惟清，於萬斯寧。受兹景命，于天告成。

方澤歌辭：

降神，奏昭夏：

報功陰澤，展禮玄郊。平琮鎮瑞，方鼎升庖。調歌絲竹，縮酒江茅。聲舒鍾鼓，器質陶匏。列耀秀華，凝芳都荔。川澤茂祉，丘陵容衞。雲飾山罍，蘭浮汎齊。日至之禮，歆茲大祭。

奠玉，奏昭夏：

曰若厚載，欽明方澤。敢以敬恭，陳之玉帛。德包含養，功藏靈迹。斯箱既千，子孫則百。

初獻，奏登歌辭：舞詞同員丘。

質明孝敬，求陰順陽。壇有四陛，琮爲八方。牲牷蕩滌，蕭合馨香。和鑾戾止，振鷺來翔。威儀簡簡，鍾鼓喤喤。聲和孤竹，韻入空桑。封中雲氣，坎上神光。下元之主，功深蓋藏。

望坎位，奏皇夏：

司筵撤席，掌禮移次。迴顧封壇，恭臨坎位。瘞玉埋俎，藏芬斂氣。是曰就幽，成斯地意。

祀五帝歌辭：

奠玉帛，奏皇夏辭：

嘉玉惟芳，嘉幣惟量。成形依禮，禀色隨方。神班有次，歲禮惟常。威儀抑抑，率由舊章。

初獻，奏皇夏：

惟令之月，惟嘉之辰。司壇宿設，掌史誠陳。敢用明禮，言功上神。鈎陳旦闢，閶闔朝分。旒垂象冕，樂奏山雲。將迴霆策，暫轉天文。五運周環，四時代序。鱗次玉帛，循迴樽俎。神其降之，介福斯許。

皇帝初獻青帝，奏雲門舞：

甲在日，鳥中星。禮東后，奠蒼靈。樹春旗，命青史。候雁還，東風起。歌木德，舞震宮。泗濱石，龍門桐。孟之月，陽之天。億斯慶，兆斯年。

皇帝初獻配帝，奏舞：

帝出于震，蒼德於神。其明在日，其位居春。勞以定國，功以施人。言從配祀，近取諸身。

皇帝初獻赤帝，奏雲門舞：

招搖指午，對南宮。日月相會，實沈中。離光布政，動溫風。純陽之月，樂炎精。赤雀丹書，飛送迎。朱紘絳鼓，罄虡誠。萬物含養，各長生。

皇帝獻配帝，奏舞：

以炎爲政，以火爲官。位司南陸，享配離壇。三和實俎，百味浮蘭。神其茂豫，天步艱難。

皇帝初獻黃帝，奏雲門舞：

三光儀表正，四氣風雲同。戊己行初曆，黃鍾始變宮。平琮禮內鎮，陰管奏司中。齋壇芝曄曄，清野桂馮馮。夕牢芬六鼎，安歌韻八風。神光乃超忽，佳氣恒葱葱。

皇帝初獻配帝，舞〔一〇〕：

四時咸一德，五氣或同論。猶吹鳳凰管，尚對梧桐園。器圜居土厚，位總配神尊。始知今奏樂，還用我雲門。

皇帝初獻白帝，奏雲門舞：

肅靈兑景，承配秋壇。雲高火落，露白蟬寒。帝律登年，金精行令。瑞獸霜輝，祥禽雪映。司藏肅殺，萬保咸宜。厥田上上，收功在斯。

皇帝初獻配帝，奏舞：

金行秋令，白帝朱宣。司正五雉，歌庸九川。執文之德，對越彼天。介以福祉，君子萬年。

皇帝初獻黑帝，奏雲門舞：

北辰爲政玄壇，北陸之祀員官。宿設玄圭浴蘭，坎德陰風御寒。次律將迴窮紀，微陽欲動細泉。管猶調於陰竹，聲未入於春弦。待歸餘於送曆，方履慶於斯年。

皇帝初獻配帝，奏舞：

地始坼，虹始藏。服玄玉，居玄堂。沐蕙氣，浴蘭湯。匏器潔，水泉香。陟配彼，福無疆。君欣欣，此樂康。

宗廟歌辭：

皇帝入廟門，奏皇夏：

肅肅清廟，巖巖寢門。欹器防滿，金人戒言。應㯶懸鼓，崇牙樹羽。階變升歌，庭紛象舞。閑安象設，緝熙清奠。春鮪初登，新蓱先薦。僾然入室，儼乎其位。悽愴履之，非寒之謂。

降神，奏昭夏：

永惟祖武，潛慶靈長。龍圖革命，鳳曆歸昌。功移上墋，德耀中陽。清廟肅肅，猛虡煌煌。曲高大夏，聲和盛唐。牲牷蕩滌，蕭合馨香。和鑾戾止，振鷺來翔。永敷萬國，是則四方。

俎入，皇帝升階，奏皇夏：

年祥辯日，上協龜言。奉酎承列，來庭駿奔。彫禾飾斝，翠羽承樽。敬殫如此，恭惟執燔。

皇帝獻皇高祖，奏皇夏：

慶緒千重秀，鴻源萬里長。無時猶戢翼，有道故韜光。盛德必有後，仁義終克昌。明星初肇慶，大電久呈祥。

皇帝獻皇曾祖德皇帝，奏皇夏：

克昌光上烈，基聖穆西藩。崇仁高涉渭，積德被居原。帝圖張往迹，王業茂前尊。重芬德陽廟，疊慶壽陵園。百靈光祖武，千年福孝孫。

皇帝獻皇祖太祖文皇帝，奏皇夏：

雄圖屬天造，宏略遇羣飛。風雲猶聽命，龍躍遂乘機。百二當天險，三分拒樂推。函谷風塵散，河陽氛霧晞。濟弱淪風起，扶危頹運歸。地紐崩還正，天樞落更追。原祠乍超忽，畢隴或綿微。終封三尺劍，長卷一戎衣。

皇帝獻文宣皇太后，奏皇夏：

月靈興慶，沙祥發源。功參禹迹，德贊堯門。言容典禮，褕狄徽章。儀形温德，令問昭陽。日月不居，歲時晼晚。瑞雲纏心，閟宫惟遠。

皇帝獻閔皇帝，奏皇夏：

龍圖基代德，天步屬艱難。謳歌還受瑞，揖讓乃登壇。升輿芒刺重，入位據關寒。卷舒雲汎濫，游揚日浸微。出鄭終無反，居桐竟不歸。祀夏今惟舊，尊靈謚更追。

皇帝獻明皇帝，奏皇夏：

若水逢降君，窮桑屬惟政。丕哉馭帝籙，鬱矣當天命。方定五雲官，先齊八風令。文昌氣似珠，太史河如鏡。南宫學已開，東觀書還聚。文辭金石韵，毫翰風飈豎。清室桂馮馮，齊房芝詡詡。寧思玉管笛，空見靈衣舞。

皇帝獻高祖武皇帝，奏皇夏：

南河吐雲氣，北斗降星辰〔一一〕。百靈咸仰德，千年一聖人。書成紫微動，律定鳳凰馴。六軍命西土，甲子陳東鄰。戎衣此一定，萬里更無塵。煙雲同五色，日月並重輪。流沙既西靜，盤木又東臣。凱樂聞朱雁，鐃歌見白麟。今爲六代祀，還得九疑賓。

皇帝還東壁，飲福酒，奏皇夏：

禮殫裸獻，樂極休成。長離前掞，宗祀文明。縮酌浮蘭，澄罍合鬯。磬折禮容，旋回靈貺。受釐徹俎，飲福移樽。惟光惟烈，文子文孫。

皇帝還便坐，奏皇夏：

庭闋四始，筵終三薦。顧步階墀，徘徊餘奠。六龍矯首，七萃警途。鼓移行漏，風轉相烏。翼翼從事，綿綿四時。惟神降嘏，永言保之。

太祖輔魏之時，高昌款附，乃得其伎，教習以備饗宴之禮。及天和六年，武帝罷掖庭四夷樂。其後帝娉皇后於北狄，得其所獲康國、龜茲等樂，更雜以高昌之舊，並於大司樂習焉。採用其聲，被於鍾石，取周官制以陳之。

明帝武成二年正月朔旦，會羣臣於紫極殿，始用百戲。武帝保定元年，詔罷之。及宣帝即位，而廣召雜伎，增修百戲。魚龍漫衍之伎，常陳殿前，累日繼夜，不知休息。好令城市少年有容貌者，婦人服而歌舞相隨，引入後庭，與宮人觀聽。戲樂過度，遊幸無節焉。

武帝以梁鼓吹熊羆十二案，每元正大會，列於懸間，與正樂合奏。宣帝時，革前代鼓吹，制爲十五曲。第一，改漢朱鷺爲玄精季，言魏道陵遲，太祖肇開王業也。第二，改漢思悲翁爲征隴西，言太祖起兵，誅侯莫陳悅，掃清隴右也。第三，改漢艾如張爲迎魏帝，言武帝西幸，太祖奉迎，宅關中也。第四，改漢上之回爲平竇泰，言太祖擁兵討泰，悉禽斬也。

第五，改漢擁離爲復恒農，言太祖攻復陝城，關東震肅也。第六，改漢戰城南爲克沙苑，言太祖俘斬齊十萬衆於沙苑，神武脱身至河，單舟走免也。第七，改漢巫山高爲戰河陰，言太祖破神武於河上，斬其將高敖曹、莫多婁貸文也。第八，改漢上陵爲平漢東，言太祖命將平隨郡安陸，俘馘萬計也。第九，改漢將進酒爲取巴蜀，言太祖遣軍平定蜀地也。第十，改漢有所思爲拔江陵，言太祖命將禽蕭繹，平南土也。第十一，改漢芳樹爲受魏禪，言閔帝受終於魏，君臨萬國也。第十二，改漢上邪爲宣重光，言明帝入承大統，載隆皇道也。第十三，改漢君馬黄爲哲皇出，言高祖以聖德繼天，天下向風也。第十四，改漢雉子班爲平東夏，言高祖親率六師破齊，禽齊主於青州，一舉而定山東也。第十五，改古聖人出爲禽明徹，言陳將吴明徹，侵軼徐部，高祖遣將，盡俘其衆也。宣帝晨出夜還，恒陳鼓吹。嘗幸同州，自應門至赤岸，數十里間，鼓樂俱作。祈雨仲山還，令京城士女，於衢巷奏樂以迎之。公私頓弊，以至於亡。

高祖既受命，定令，宮懸四面各二虡，通十二鎛鍾，爲二十虡。虡各一人。建鼓四人，柷敔各一人。歌、琴、瑟、簫、筑、箏、搊箏、臥箜篌、小琵琶，四面各十人，在編磬下。笙、竽、長笛、横笛、簫、篳篥、箎、壎，四面各八人，在編鍾下。舞各八佾。宮懸簨虡，金五博山，飾以旒蘇樹羽。其樂器應漆者，天地之神皆朱，宗廟加五色漆畫。天神懸内加雷鼓，地祇加靈鼓，宗廟加路鼓。登歌，鍾一虡，磬一虡，各一人；歌四人，兼琴瑟；簫、笙、竽、横笛、箎、壎各一人。其漆畫及博山旒蘇樹羽，與宫懸同。登歌人介幘、朱連裳、烏皮履。宫懸及下管人，平巾幘，朱連裳。凱樂人，武弁，朱褠衣，履韈。文舞〔一二〕，進賢冠，絳紗連裳，帛内單，皁領袖褾，烏皮鞮，左執籥，右執翟。二人執纛，引前，在舞人數外，衣冠同舞人。武弁〔一三〕，朱褠衣，烏皮履。三十二人執戈，龍楯。三十二人執戚，龜楯〔一四〕。二人執旍，居前。二人執鞀，二人執鐸，二人執鐃，二人執錞。四人執弓矢，四人執殳，四人執戟，四人執矛。自旍已下夾引，並在舞人數外，衣冠同舞人。

皇帝宫懸及登歌，與前同。應漆者皆五色漆畫。懸内不設鼓。

皇太子軒懸，去南面，設三鎛鍾於辰丑申。三建鼓亦如之。其登歌，去兼歌者，減二人。其簨虡金三博山。樂器漆者，皆朱漆之。其餘與宫懸同。

大鼓、小鼓、大駕鼓吹，並朱漆畫。大鼓加金鐲，凱樂及節鼓，飾以羽葆。其長鳴、中鳴、横吹，皆五采衣幡，緋掌，畫交龍，五采脚。大角幡亦如之。大鼓、長鳴工人，皁地苣文；金鉦、棡鼓、小鼓、中鳴、吴横吹工人，青地苣文；凱樂工人，武弁，朱褠衣；横吹，緋地苣文。並爲帽、袴褶。大角工人，平巾幘，緋衫，白布大口袴。内宫鼓樂服色，皆准此。

皇太子，鐃及節鼓，朱漆畫，飾以羽葆。餘鼓吹並朱漆。大鼓、小鼓無金鐲。長鳴、中鳴、横吹，五采衣幡，緋掌，畫蹲獸，五采脚。大角幡亦如之。大鼓、長鳴、横吹工人，紫帽，緋袴褶。金鉦、棡鼓、小鼓、中鳴工人，青帽，青袴褶。鐃吹工人，武弁，朱褠衣。大角工人，平巾幘，緋衫，白布大口袴。

正一品，鐃及節鼓，朱漆畫，飾以羽葆。餘鼓吹並朱漆。長鳴、中鳴、横吹，五采衣幡，緋掌，畫蹲獸，五采脚。大角幡亦如之。大鼓、長鳴、横吹工人，紫帽〔一五〕，赤布袴褶。金鉦、棡鼓、小鼓、中鳴工人，青帽，青布袴褶。鐃吹工人，武弁，朱褠衣。大角工人，平巾幘，緋衫，白布大口袴。三品以上，朱漆鐃，飾以五采。騶唭工人，武弁，朱褠衣。餘同正一品。四品，鐃及工人衣服同三品。餘鼓皆緑沈。金鉦、棡鼓、大鼓工人，青帽，青布袴褶。

開皇二年，齊黄門侍郎顔之推上言：「禮崩樂壞，其來自久。今太常雅樂，並用胡聲，請馮梁國舊事，考尋古典。」高祖不從，曰：「梁樂亡國之音，奈何遣我用邪？」是時尚因周樂，命工人齊樹提檢校樂府，改换聲律，益不能通。俄而柱國、沛公鄭譯奏上，請更脩正。於是詔太常卿牛弘、國子祭酒辛彦之、國子博士何妥等議正樂。然淪謬既久，音律多乖，積年議不定。高祖大怒曰：「我受天命七年，樂府猶歌前代功德邪？」命治書侍御史李諤引弘等下，將罪之。諤奏：「武王克殷，至周公相成王，始制禮樂。斯事體大，不可速成。」

高祖意稍解。

又詔求知音之士，集尚書，參定音樂。譯云：「考尋樂府鍾石律呂，皆有宮、商、角、徵、羽、變宮、變徵之名。七聲之內，三聲乖應，每恒求訪，終莫能通。先是周武帝時，有龜茲人曰蘇祇婆，從突厥皇后入國，善胡琵琶。聽其所奏，一均之中間有七聲。因而問之，答云：『父在西域，稱爲知音。代相傳習，調有七種。』以其七調，勘校七聲，冥若合符。一曰『娑陁力』，華言平聲，即宮聲也。二曰『雞識』，華言長聲，即商聲也〔一六〕。三曰『沙識』，華言質直聲，即角聲也。四曰『沙侯加濫』，華言應聲，即變徵聲也。五曰『沙臘』，華言應和聲，即徵聲也。六曰『般贍』，華言五聲，即羽聲也。七曰『俟利箑』，華言斛牛聲，即變宮聲也。」譯因習而彈之，始得七聲之正。然其就此七調，又有五旦之名，旦作七調。以華言譯之，旦者則謂「均」也。其聲亦應黃鍾、太蔟、林鍾、南呂、姑洗五均，已外七律，更無調聲。譯遂因其所捻琵琶，絃柱相飲爲均，推演其聲，更立七均。合成十二，以應十二律。律有七音，音立一調，故成七調十二律，合八十四調，旋轉相交，盡皆和合。仍以其聲考校太樂所奏林鍾之宮，應用林鍾爲宮，乃用黃鍾爲宮；應用南呂爲商，乃用太簇爲商；應用應鍾爲角，乃取姑洗爲角。故林鍾一宮七聲，三聲並戾。其十一宮七十七音，例皆乖越，莫有通者。又以編懸有八，因作八音之樂。七音之外，更立一聲，謂之應聲。譯因作書二十餘篇，以明其指。至是譯以其書宣示朝廷，并立議正之。時邳國公世子蘇夔，亦稱明樂，駁譯曰：「韓詩外傳所載樂聲感人，及月令所載五音所中，並皆有五，不言變宮、變徵。又春秋左氏所云：『七音六律，以奉五聲。』准此而言，每宮應立五調，不聞更加變宮、變徵二調爲七調。七調之作，所出未詳。」譯答之曰：「周有七音之律，漢書律曆志，天地人及四時，謂之七始。黄鍾爲天始，林鍾爲地始，太簇爲人始，是爲三始。姑洗爲春，蕤賓爲夏，南吕爲秋，應鍾爲冬，是爲四時。四時三始，是以爲七。今若不以二變爲調曲，則是冬夏聲闕，四時不備。是故每宮須立七調。」衆從譯議。

譯又與夔俱云：「案今樂府黄鍾，乃以林鍾爲調首，失君臣之義，清樂黄鍾宮，以小吕爲變徵，乖相生之道。今請雅樂黄鍾宮，以黄鍾爲調首，清樂去小吕，還用蕤賓爲變徵。」衆皆從之。

夔又與譯議，欲累黍立分，正定律吕。時以音律久不通，譯、夔等一朝能爲之，以爲樂聲可定。而何妥舊以學聞，雅爲高祖所信。高祖素不悦學，不知樂，妥又恥己宿儒，不逮譯等，欲沮壞其事。乃立議非十二律旋相爲宮，曰：「經文雖道旋相爲宮，恐是直言其理，亦不通隨月用調，是以古來不取。若依鄭玄及司馬彪，須用六十律，方得和韻。今譯唯取黄鍾之正宮，兼得七始之妙義。非止金石諧韻，亦乃簨虡不繁，可以享百神，可以合萬舞矣。」而又非其七調之義，曰：「近代書記所載，縵樂鼓琴吹笛之人，多云『三調』。三調之聲，其來久矣。請存三調而已。」時牛弘總知樂事，弘不能精知音律。又有識音人萬寶常，脩洛陽舊曲，言幼學音律，師於祖孝徵，知其上代脩調古樂。周之璧翣，殷之崇牙，懸八用七，盡依周禮備矣。所謂正聲，又近前漢之樂，不可廢也。是時競爲異議，各立朋黨，是非之理，紛然淆亂。或欲令各脩造，待成，擇其善者而從之。妥恐樂成，善惡易見，乃請高祖張樂試之。遂先說曰：「黄鍾者，以象人君之德。」及奏黄鍾之調，高祖曰：「滔滔和雅，甚與我心會。」妥因陳用黄鍾一宫，不假餘律，高祖大悦，班賜妥等脩樂者。自是譯等議寢。

## 校勘記

〔一〕尚藥典御祖珽自言　「藥」，原作「樂」，據宋甲本、大德本、至順本、汲本改。北齊書卷三九祖珽傳、通典卷一四二樂二歷代沿革下亦作「藥」。

〔二〕嚴恭有聞　「恭」，宋甲本、大德本、至順本作「載」。

〔三〕庶土咸寧　「土」，北監本、殿本作「士」。

〔四〕惟饗惟應　「饗」，原作「響」，據宋甲本改。宋本樂府詩集卷三郊廟歌辭北齊明堂樂歌亦作「饗」。

〔五〕惕薦在年　「惕」，原作「愓」，據宋甲本、南監本、殿本改。宋本樂府詩集卷九郊廟歌辭北齊享廟樂辭亦作「惕」。

〔六〕漢雉子班改名聖道洽　「雉」，原作「稚」，據至順本改。冊府卷五六七掌禮部作樂、宋本樂府詩集卷一六鼓吹曲辭亦作「雉」。下文「雉子班」同改。

〔七〕士歌采蘩　「蘩」，原作「繁」，據宋甲本、殿本改。冊府卷五六七掌禮部作樂亦作「蘩」。

〔八〕尊神配德　「尊」，宋本樂府詩集卷四郊廟歌辭周祀圓丘歌作「奠」。

〔九〕大呂歌　「大呂」，原作「六呂」，周禮大司樂：「乃奏黃鍾，歌大呂，舞雲門，以禮天神」，今據改。

〔一〇〕皇帝初獻配帝舞　「舞」，據前後文例，似應作「奏舞」。

〔一一〕北斗降星辰　「星辰」，宋甲本作「星神」。

〔一二〕文舞　原作「文隣」，據冊府卷五六八掌禮部作樂改。

〔一三〕武弁　據文意，此上當有「武舞」。

〔一四〕龜楯　「楯」字原闕，據宋甲本補。冊府卷五六八掌禮部作樂亦有「楯」字。

〔一五〕紫帽　冊府卷五六八掌禮部作樂作「赤帽」。

〔一六〕即商聲也　「商」，原作「南呂」，據宋史卷七一律曆志四改。古樂律「七聲」中，「宮」與「角」之間爲「商」聲。

# 隋書卷十五

## 志第十

### 音樂下

開皇九年平陳，獲宋、齊舊樂，詔於太常置清商署以管之。求陳太樂令蔡子元、于普明等，復居其職。由是牛弘奏曰：

臣聞周有六代之樂，至韶、武而已。秦始皇改周舞曰五行，漢高帝改韶舞曰文始〔一〕，以示不相襲也。又造武德，自表其功，故高帝廟奏武德、文始、五行之舞。又作昭容、禮容，增演其意。昭容生於武德，蓋猶古之韶也。禮容生於文始，矯秦之五行也。文帝又作四時之舞，故孝景帝立，追述先功，采武德舞作昭德舞，被之管弦，薦於太宗之廟。孝宣采昭德舞爲盛德舞，更造新歌，薦於武帝之廟。據此而言，遞相因襲，縱有改作，並宗於韶。至明帝時，東平獻王采文德舞爲大武之舞，薦于光武之廟。

漢末大亂，樂章淪缺，魏武平荆州，獲杜夔，以爲軍謀祭酒，使創雅樂。時散騎侍郎鄧靜善詠雅歌，樂師尹胡能習宗祀之曲，舞師馮肅曉知先代諸舞。總練研精，復於古樂，自夔始也。文帝黄初，改昭容之樂爲昭業樂，武德之舞爲武頌舞，文始之舞爲大韶舞，五行之舞爲大武舞。明帝初，公卿奏上太祖武皇帝樂曰武始之舞，高祖文皇帝樂曰咸熙之舞。又製樂舞，名曰章斌之舞，有事於天地宗廟，及臨朝大饗，並用之。

晉武帝泰始二年，遣傅玄等造行禮及上壽食舉歌詩。張華表曰：「按漢、魏所用，雖詩章辭異，興廢隨時，至其韻逗曲折，並繫於舊，一皆因襲，不敢有所改也。」九年，荀勗典樂，使郭夏、宋識造正德、大豫之舞。改魏昭武舞曰宣武舞，羽籥舞曰宣文舞。江左之初，典章堙紊，賀循爲太常卿，始有登歌之樂。大寧末，阮孚等又增益之。咸和間，鳩集遺逸，鄴没胡後，樂人頗復南度，東晉因之，以具鍾律。太元間，破苻永固，又獲樂工楊蜀等，閑練舊樂，於是金石始備。尋其設懸音調，並與江左是同。

慕容垂破慕容永於長子，盡獲苻氏舊樂。垂息爲魏所敗，其鍾律令李佛等，將太樂細伎，奔慕容德於鄴。德遷都廣固，子超嗣立，其母先没姚興，超以太樂伎一百二十人詣興贖母。

及宋武帝入關，悉收南度。永初元年，改正德舞曰前舞，大武舞曰後舞。文帝元嘉九年，太樂令鍾宗之更調金石。至十四年，典書令奚縱復改定之。又有凱容、宣業之舞，齊代因而用之。蕭子顯齊書志曰：「宋孝建初，朝議以凱容舞爲韶舞，宣業舞爲武德舞〔二〕。據韶爲言，宣業即是古之大武，非武德也。」故志有前舞凱容歌辭，後舞凱容歌辭者矣。至于梁初，猶用凱容、宣業之舞，後改爲大壯、大觀焉。今人猶喚大觀爲前舞，故知樂名雖隨代而改，聲韻曲折，理應常同。

前克荆州，得梁家雅曲，今平蔣州，又得陳氏正樂。史傳相承，以爲合古。且觀其曲體，用聲有次，請修緝之，以備雅樂。其後魏洛陽之曲，據魏史云「太武平赫連昌所得」，更無明證。後周所用者，皆是新造，雜有邊裔之聲。戎音亂華，皆不可用。請悉停之。

制曰：「制禮作樂，聖人之事也，功成化洽，方可議之。今宇内初平，正化未洽。遽有變革，我則未暇。」晉王廣又表請，帝乃許之。

牛弘遂因鄭譯之舊，又請依古五聲六律，旋相爲宮。雅樂每宮但一調，唯迎氣奏五調，謂之五音。縵樂用七調，祭祀施用。各依聲律尊卑爲次。高祖猶憶妥言，注弘奏下，不許作旋宫之樂，但作黄鍾一宫而已。於是牛弘及祕書丞姚察、通直散騎常侍許善心、儀同三司劉臻、通直郎虞世基等，更共詳議曰：

後周之時，以四聲降神，雖采周禮，而年代深遠，其法久絶，不可依用。謹案司樂：「凡樂，圜鍾爲宫，黄鍾爲角，太蔟爲徵，姑洗爲羽，舞雲門以祭天。函鍾爲宫，太蔟爲角，姑洗爲徵，南吕爲羽，舞咸池以祭地。黄鍾爲宫，大吕爲角，太蔟爲徵，圜鍾爲羽，舞韶以祀宗廟。」馬融曰：「圜鍾，應鍾也。」賈逵、鄭玄曰：「圜鍾，夾鍾也。」鄭玄又云：「此樂無商聲，祭尚柔剛，故不用也。」干寶云：「不言商，商爲臣。王者自謂，故置其實而去其名，若曰，有天地人物，無德以主之，謙以自牧也。」先儒解釋，既莫知適從。然此四聲，非直無商，又律管乖次，以其爲樂，無克諧之理。今古事異，不可得而行也。

按東觀書馬防傳，太予丞鮑鄴等上作樂事，下防〔三〕。防奏言：「建初二年七月鄴上言，天子食飲，必順于四時五味，而有食舉之樂。所以順天地，養神明，求福應也。今官雅樂獨有黄鍾，而食舉樂但有太蔟，皆不應月律，恐傷氣類。可作十二月均，各應其月氣。公卿朝會，得聞月律，乃能感天，和氣宜應。詔下太常評焉。太常上言，作樂器直錢百四十六萬，奏寢。今明詔復下，臣防以爲可須上天之明時，因歲首之嘉月，發太蔟之律，奏雅頌之音，以迎和氣。」其條貫甚具，遂獨施行。起於十月，爲迎氣之樂矣。又順帝紀云：「陽嘉二年冬十月庚午，以春秋爲辟雍，隸太學，隨月律。十月作應鍾，三月作姑洗。元和以來，音戾不調，修復黃鍾，作樂器，如舊典。」據此而言，漢樂宮懸有黃鍾均，食舉太蔟均，止有二均，不旋相爲宮，亦以明矣。計從元和至陽嘉二年，纔五十歲，用而復止。驗黃帝聽鳳以制律呂，尚書曰「予欲聞六律五聲」，周禮有「分樂而祭」。此聖人制作，以合天地陰陽之和，自然之理，乃云音戾不調，斯言誣之甚也。

今梁、陳雅曲，並用宮聲。按禮：「五聲十二律，還相爲宮。」盧植云：「十二月三管流轉用事，當用事者爲宮。宮，君也。」鄭玄曰：「五聲宮、商、角、徵、羽。其陽管爲律，陰管爲呂。布十二辰，更相爲宮，始自黃鍾，終於南呂，凡六十也。」皇侃疏：「還相爲宮者，十一月以黃鍾爲宮，十二月以大呂爲宮，正月以太蔟爲宮。餘月放此。凡十二管，各備五聲，合六十聲。五聲成一調，故十二調。」此即釋鄭義之明文，無用商、角、徵、羽爲別調之法矣。樂稽耀嘉曰：「東方春，其聲角，樂當宮於夾鍾。餘方各以其中律爲宮。」若有商、角之理，不得云宮於夾鍾也。又云：「五音非宮不調，五味非甘不和。」又動聲儀：「宮唱而商和，是謂善本，太平之樂也。」周禮：「奏黄鍾，歌大呂，以祀天神。」鄭玄「以黄鍾之鍾，大呂之聲爲均。」均，調也。故崔靈恩云：「六樂十二調，亦不獨論商、角、徵、羽也。」又云：「凡六樂者，皆文之以五聲，播之以八音。」故知每曲皆須五聲八音錯綜而能成也。禦寇子云：「師文鼓琴，命宮而總四聲，則慶雲浮，景風翔。」唯韓詩云：「聞其宮聲，使人温厚而寬大。聞其商聲，使人方廉而好義。」及古有清角、清徵之流。此則當聲爲曲。今以五引爲五聲，迎氣所用者是也。餘曲悉用宮聲，不勞商、角、徵、羽。何以得知？荀勗論三調爲均首者，得正聲之名，明知雅樂悉在宮調。已外徵、羽、角，自爲謡俗之音耳。且西涼、龜茲雜伎等，曲數既多，故得隸於衆調，調各别曲，至如雅樂少，須以宮爲本，歷十二均而作，不可分配餘調，更成雜亂也。

其奏大抵如此。帝並從之。故隋代雅樂，唯奏黄鍾一宮，郊廟饗用一調，迎氣用五調。舊工更盡，其餘聲律，皆不復通。或有能爲蕤賓之宮者，享祀之際肆之，竟無覺者。

弘又修皇后房内之樂，據毛萇、侯苞、孫毓故事，皆有鍾磬〔四〕，而王肅之意，乃言不可。又陳統云：「婦人無外事，而陰教尚柔，柔以靜爲體，不宜用於鍾。」弘等採肅、統以取正焉。高祖龍潛時，頗好音樂，常倚琵琶，作歌二首，名曰地厚、天高，託言夫妻之義。因即取之爲房内曲。命婦人并登歌、上壽並用之〔五〕。職在宫内，女人教習之。

初後周故事，懸鍾磬法，七正七倍，合爲十四。蓋準變宫、變徵，凡爲七聲，有正有倍，而爲十四也。長孫紹遠引國語冷州鳩云：「武王伐殷，歲在鶉火。自鶉及駟，七位故也。既以七同其數，而以律和其聲，於是有七律。」又引尚書大傳謂之「七始」，其注云：「謂黄鍾、林鍾、太蔟、南吕、姑洗、應鍾、蕤賓也。歌聲不應此者，皆去之。」然據一均言也。宫、商、角、徵、羽爲正，變宫、變徵爲和，加倍而有十四焉。又梁武帝加以濁倍，三七二十一而同爲架，雖取繁會，聲不合古。又後魏時，公孫崇設鍾磬正倍，參懸之。弘等並以爲非，而據周官小胥職「懸鍾磬，半之爲堵，全之爲肆」。鄭玄曰：「鍾磬編懸之，二八十六而在一虡。鍾一堵，磬一堵，謂之肆。」又引樂緯「宫爲君，商爲臣，君臣皆尊，各置一副，故加十四而懸十六」。又據漢成帝時，犍爲水濱，得石磬十六枚，此皆懸八之義也。懸鍾磬法，每虡準之，懸八用七，不取近周之法懸七也。

又參用儀禮及尚書大傳，爲宫懸陳布之法。北方北向〔六〕，應鍾起西，磬次之，黄鍾次之，鍾次之，大吕次之，皆東陳。一建鼓在其東，東鼓。東方西向，太蔟起北，磬次之，夾鍾次之，鍾次之，姑洗次之，皆南陳。一建鼓在其南，東鼓。南方北向，中吕起東，鍾次之，蕤賓次之，磬次之，林鍾次之，皆西陳。一建鼓在其西，西鼓。西方東向，夷則起南，鍾次之，南吕次之，磬次之，無射次之，皆北陳。一建鼓在其北，西鼓。其大射，則撤北面而加鉦鼓。祭天用雷鼓、雷鼗，祭地用靈鼓、靈鼗，宗廟用路鼓、路鼗。各兩設在懸内。

又準儀禮，宫懸四面設鎛鍾十二虡，各依辰位。又甲、丙、庚、壬位，各設鍾一虡，乙、丁、辛、癸位，各陳磬一虡。共爲二十虡。其宗廟、殿庭、郊丘、社並同。樹建鼓于四隅，以象二十四氣。依月爲均，四箱同作，蓋取毛傳詩云「四懸皆同」之義。古者鎛鍾據儀禮擊爲節檢，而無合曲之義。又大射有二鎛，皆亂擊焉，乃無成曲之理。依後周以十二鎛相生擊之，聲韻克諧。每鎛鍾、建鼓各一人。每鍾、磬、簨簴各一人，歌二人，執節一人，琴、瑟、筝、筑各一人。每鍾虡，竽、笙、簫、笛、塤、篪各一人。懸内柷、敔各一人，柷在東，敔在西。二舞各八佾。樂人皆平巾幘、絳褠衣。樂器並采周官，參之梁代，擇用其尤善者。其簨簴皆金五博山，飾以崇牙，樹羽旒蘇。其樂器應漆者，天地之神皆朱漆，宗廟及殿庭則五色漆畫。晉、宋故事，箱别各有柷、敔，既同時戛之，今則不用。

又周官大司樂：「奏黄鍾，歌大吕，舞雲門，以祀天神。奏太蔟，歌應鍾，舞咸池，以祭地祇。奏姑洗，歌南吕，舞大韶，以祀四望。奏蕤賓，歌函鍾，舞大夏，以祭山川。奏夷則，歌小吕，舞大濩，以享先妣。奏無射，歌夾鍾，舞大武，以享先祖。」此乃周制，立二王三恪，通己爲六代之樂。至四時祭祀，則分而用之。以六樂配十二調，一代之樂，則用二調矣。

隋去六代之樂，又無四望、先妣之祭，今既與古祭法有别，乃以神祇位次分樂配焉。奏黄鍾，歌大吕，以祀圓丘。黄鍾所以宣六氣也，耀魄天神，最爲尊極，故奏黄鍾以祀之。奏太蔟，歌應鍾，以祭方澤。太蔟所以贊陽出滯，崐崘厚載之重，故奏太蔟以祀之。奏姑洗，歌南吕，以祀五郊、神州。姑洗所以滌絜百物，五郊神州，天地之次，故奏姑洗以祀之。奏蕤賓，歌函鍾，以祭宗廟。蕤賓所以安靜神人，祖宗有國之本，故奏蕤賓以祀之。奏夷則，歌小吕，以祭社稷、先農。夷則所以詠歌九穀，貴在秋成，故奏夷則以祀之。奏無射，歌夾鍾，以祭巡狩方嶽。無射所以示人軌物，觀風望秩，故奏無射以祀之。同用文武二舞。其圓丘降神六變，方澤降神八變，宗廟禘祫降神九變，皆用昭夏。其餘祭享皆一變。又周禮，王出，奏王夏，尸出，奏肆夏。叔孫通法，迎神奏嘉至。今亦隨事立名。皇帝入出，皆奏皇夏。羣官入出，皆奏肆夏。食舉上壽，奏需夏。迎、送神，奏昭夏。薦獻郊廟，奏諴夏。宴饗殿上，奏登歌。并文舞武舞，合爲八曲。古有宫、商、角、徵、羽五引，梁以三朝元會奏之。今改爲五音，其聲悉依宫商，不使差越。唯迎氣於五郊，降神奏之，月令所謂「孟春其音角」是也。通前爲十三曲。并内宫所奏天高、地厚二曲，於房中奏之，合十五曲。

其登歌法，準禮郊特牲「歌者在上，匏竹在下」。大戴云：「清廟之歌，懸一磬而尚拊搏。」又在漢代，獨登歌者，不以絲竹亂人聲。近代以來，有登歌五人，别升於上，絲竹一部，進處階前。此蓋尚書「戛擊鳴球，搏拊琴瑟以詠，祖考來格」之義也。梁武樂論以爲登歌者頌祖宗功業，檢禮記乃非元日所奏。若三朝大慶，百辟俱陳，升工籍殿，以詠祖考，君臣相對，便須涕洟。以此說非通，還以嘉慶用之。後周登歌，備鍾、磬、琴、瑟，階上設笙、管。今遂因之。合於儀禮荷瑟升歌，及笙入〔七〕，立於階下，間歌合樂，是燕飲之事矣。登歌法，十有四人，鍾東磬西，工各一人，琴、瑟、箏、筑各一人，并歌者三人，執節七人，並坐階上。笙、竽、簫、笛、塤、篪各一人，並立階下。悉進賢冠，絳公服。斟酌古今，參而用之。祀神宴會通行之。若有大祀臨軒，陳於階壇之上。若册拜王公，設宮懸，不用登歌。釋奠則唯用登歌，而不設懸。

古者人君食，皆用當月之調，以取時律之聲。使不失五常之性，調暢四體，令得時氣之和。故鮑鄴上言，天子食飲，必順四時，有食舉樂，所以順天地，養神明，可作十二月均，感天和氣。此則殿庭月調之義也。祭祀既已分樂，臨軒朝會，並用當月之律。正月懸太蔟之均，乃至十二月懸大吕之均，欲感君人情性，允協陰陽之序也。

又文舞六十四人，並黑介幘，冠進賢冠，絳紗連裳，内單，皁褾、領、襈、裾，革帶，烏皮履。十六人執翣、十六人執帗、十六人執旄、十六人執羽，左手皆執籥〔八〕。二人執纛，引前，在舞人數外，衣冠同舞人。武舞六十四人，並服武弁，朱褠衣，革帶，烏皮履。左執朱干，右執大戚，依朱干玉戚之文。二人執旌，居前，二人執鼗，二人執鐸。金錞二，四人輿，二人作。二人執鐃次之。二人執相，在左，二人執雅，在右，各工一人作。自旌以下夾引，並在舞人數外，衣冠同舞人。周官所謂「以金錞和鼓，金鐲節鼓，金鐃止鼓，金鐸通鼓」也。又依樂記象德擬功，初來就位，總干而山立，思君道之難也。發揚蹈厲，威而不殘也。舞亂皆坐，四海咸安也。武，始而受命，再成而定山東，三成而平蜀道，四成而北狄是通，五成而江南是拓，六成復綴，以闡太平。高祖曰：「不須象功德，直象事可也。」然竟用之。近代舞出入皆作樂，謂之階步，咸用肆夏。今亦依定，即周官所謂樂出入奏鍾鼓也。又魏、晉故事，有矛俞、弩俞及朱儒導引。今據尚書直云干羽，禮文稱羽籥干戚。今文舞執羽籥，武舞執干戚，其矛俞、弩俞等，蓋漢高祖自漢中歸，巴、俞之兵，執仗而舞也。既非正典，悉罷不用。

十四年三月，樂定。祕書監、奇章縣公牛弘，祕書丞、北絳郡公姚察，通直散騎常侍、虞部侍郎許善心，兼內史舍人虞世基，儀同三司、東宮學士饒陽伯劉臻等奏曰：「臣聞蕢桴土鼓，由來斯尚，雷出地奮，著自易經。邃古帝王，經邦馭物，揖讓而臨天下者，禮樂之謂也。秦焚經典，樂書亡缺，爰至漢興，始加鳩採，祖述增廣，緝成朝憲。魏、晉相承，更加論討，沿革之宜，備於故實。永嘉之後，九服崩離，燕、石、苻、姚，遞據華土。此其戎乎，何必伊川之上，吾其左衽，無復微管之功。前言往式，於斯而盡。金陵建社，朝士南奔，帝則皇規，粲然更備，與内原隔絶，三百年於兹矣。伏惟明聖膺期，會昌在運。今南征所獲梁、陳樂人，及晉、宋旗章，宛然俱至。曩代所不服者，今悉服之，前朝所未得者，今悉得之。化洽功成，於是乎在。臣等伏奉明詔，詳定雅樂，博訪知音，旁求儒彦，研校是非，定其去就，取爲一代正樂，具在本司。」於是并撰歌辭三十首，詔並令施用，見行者皆停之。其人間音樂，流僻日久，棄其舊體者，並加禁約，務存其本。

先是高祖遣内史侍郎李元操、直内史省盧思道等，列清廟歌辭十二曲。令齊樂人曹妙達於太樂教習，以代周歌。其初迎神七言，象元基曲，獻奠登歌六言，象傾盃曲，送神禮畢五言，象行天曲。至是弘等但改其聲，合於鍾律，而辭經勑定，不敢易之。至仁壽元年，煬帝初爲皇太子，從饗于太廟，聞而非之。乃上言曰：「清廟歌辭，文多浮麗，不足以述宣功德，請更議定。」於是制詔吏部尚書、奇章公弘，開府儀同三司、領太子洗馬柳顧言，祕書丞、攝太常少卿許善心，内史舍人虞世基，禮部侍郎蔡徵等，更詳故實，創製雅樂歌辭。其祠圓丘，皇帝入，至版位定，奏昭夏之樂，以降天神。升壇，奏皇夏之樂。受玉帛，登歌，奏昭夏之樂。皇帝降南陛，詣罍洗，洗爵訖，升壇，並奏皇夏。初升壇，俎入，奏昭夏之樂。皇帝初獻，奏諴夏之樂。皇帝既獻，作文舞之舞。皇帝飲福酒，作需夏之樂。皇帝反爵於坫，還本位，奏皇夏之樂。武舞出，作肆夏之樂。送神作昭夏之樂。就燎位，還大次，並奏皇夏。

圜丘：

降神，奏昭夏辭：

肅祭典，協良辰。具嘉薦，俟皇臻。禮方成，樂已變。感靈心，迴天睠。闢華闕，下乾宮。乘精氣，御祥風。望爟火，通田燭。膺介圭，受瑄玉。神之臨，慶陰陰。煙衢洞，宸路深。善既福，德斯輔。流鴻祚，徧區寓。

皇帝升壇，奏皇夏辭：

於穆我君，昭明有融。道濟區域，功格玄穹。百神警衞，萬國承風。仁深德厚，信洽義豐。明發思政，勤憂在躬。鴻基惟永，福祚長隆。

登歌辭：

德深禮大，道高饗穆。就陽斯恭，陟配惟肅。血膋升氣，冕裘標服。誠感清玄，信陳史祝。祇承靈貺，載膺多福。

皇帝初獻，奏誠夏辭：

肇禋崇祀，大報尊靈。因高盡敬，掃地推誠。六宗隨兆，五緯陪營〔九〕。雲和發韵，孤竹揚清。我粢既絜，我酌惟明。元神是鑒，百祿來成。

皇帝既獻，奏文舞辭：

皇矣上帝，受命自天。睿圖作極，文教遐宣。四方監觀，萬品陶甄。有苗斯格，無得稱焉。天地之經，和樂具舉。休徵咸萃，要荒式序。正位履端，秋霜春雨。

皇帝飲福酒，奏需夏辭：

禮以恭事，薦以饗時。載清玄酒，備絜薌萁。迴旒分爵，思媚軒墀。惠均撤俎，祥降受釐。十倫以具，百福斯滋。克昌厥德，永祚鴻基。

武舞辭：

御曆膺期，乘乾表則。成功戡亂，順時經國。兵暢五材，武弘七德。憬彼遐裔，化行充塞。三道備舉，二儀交泰。情發自中，義均莫大。祀敬恭肅，鍾鼓繁會。萬國斯歡，兆人斯賴。享茲介福，康哉元首。惠我無疆，天長地久。

送神奏昭夏辭：

享序洽，祀禮施。神之駕，嚴將馳。奔精驅，長離耀。牲煙達，絜誠照。騰日馭，鼓電鞭。辭下土，升上玄。瞻寥廓，杳無際。澹羣心，留餘惠。

皇帝就燎，還大次，並奏皇夏，辭同上。

五郊歌辭五首：迎送神、登歌，與圜丘同。

青帝歌辭，奏角音：

震宮初動，木德惟仁。龍精戒旦，鳥曆司春。陽光煦物，温風先導。巖處載驚，膏田已冒。犧牲豐絜，金石和聲。懷柔備禮，明德惟馨。

赤帝歌辭，奏徵音：

長嬴開序，炎上爲德。執禮司萌，持衡御國。重離得位，芒種在時。含櫻薦實，木槿垂蕤。慶賞既行，高明可處。順時立祭，事昭福舉。

黄帝歌辭，奏宮音：

爰稼作土，順位稱坤。孕金成德，履艮爲尊。黄本内色，宮實聲始。萬物資生，四時咸紀。靈壇汎埽〔一〇〕，盛樂高張。威儀孔備，福履無疆。

白帝歌辭，奏商音：

西成肇節，盛德在秋。三農稍已，九穀行收。金氣肅殺，商威飂戾。嚴風鼓莖，繁霜殞蔕。厲兵詰暴，勑法慎刑。神明降嘏，國步惟寧。

黑帝歌辭，奏羽音：

玄英啓候，冥陵初起。虹藏於天，雉化於水。嚴關重閉，星迴日窮。黄鍾動律，廣莫生風。玄樽示本，天産惟質。恩覃外區，福流景室〔一一〕。

感帝奏誠夏辭：迎送神、登歌，與圜丘同。

禘祖垂典，郊天有章。以春之孟，於國之陽。繭栗惟誠，陶匏斯尚。人神接禮，明幽交暢。火靈降祚，火曆載隆。蒸哉帝道，赫矣皇風。

雩祭奏誠夏辭：迎送神、登歌，與圜丘同。

朱明啓候，時載陽。肅若舊典，延五方。嘉薦以陳，盛樂奏。氣序和平，資靈祐。公田既雨，私亦濡。人殷俗富，政化敷。

蜡祭奏誠夏辭：迎送神、登歌，與圜丘同。

四方有祀，八蜡酬功。收藏既畢，榛葛送終。使之必報，祭之斯索。三時告勞，一日爲澤。神祇必來，鱗羽咸致。惟義之盡，惟仁之至。年成物阜，罷役息人。皇恩已洽，靈慶無垠。

朝日、夕月歌詩二首：迎送神、登歌，與圜丘同。

朝日奏誠夏辭：

扶木上朝暾，嵫山沉暮景。寒來遊晷促，暑至馳輝永。時和合璧耀，俗泰重輪明。執圭盡昭事，服冕罄虔誠。

夕月奏誠夏辭：

澄輝燭地域，流耀鏡天儀。曆草隨弦長，珠胎逐望虧。成形表蟾兔，竊藥資王母。西郊禮既成，幽壇福惟厚。

方丘歌辭四首：唯此四者異，餘並同圜丘。

迎神奏昭夏辭：

柔功暢，陰德昭。陳瘞典，盛玄郊。篚冪清，瞽鬯馥。皇情虔，具寮肅。笙頌合，鼓鼗會。出桂旗，屯孔蓋。敬如在，肅有承。神胥樂，慶福膺。

奠玉帛登歌：

道惟生育，器乃包藏。報功稱範，殷薦有常。六瑚已饋，五齊流香。貴誠尚質，敬洽義彰。神祚惟永，帝業增昌。

皇地祇歌辭，奏誠夏辭：

原載垂德，崐丘主神。陰壇吉禮，北至良辰。鑒水呈絜，牲栗表純。樽壺夕視，幣玉朝陳。羣望咸秩，精靈畢臻。祚流於國，祉被於人。

送神歌辭，奏昭夏辭：

奠既徹，獻已周。竦靈駕，逝遠遊。洞四極，帀九縣。慶方流，祉恒遍。埋玉氣，掩牲芬。晰神理，顯國文。

神州奏諴夏辭：迎送神、登歌，與方丘同。

四海之内，一和之壤。地曰神州，物賴生長。咸池既降，泰折斯饗。牲牷尚黑，珪玉寔兩。九寓載寧，神功克廣。

社稷歌辭四首：迎送神、登歌，與方丘同。

春祈社，奏諴夏辭：

厚地開靈，方壇崇祀。達以風露，樹之松梓。勾萌既申，芟柞伊始。恭祈粢盛，載膺休祉。

春祈稷，奏諴夏辭：

粒食興教，播厥有先。尊神致絜，報本惟虔。瞻榆束耒，望杏開田。方憑戩福，佇詠豐年。

秋報社，奏諴夏辭：

北墉申禮，單出表誠。豐犧入薦，華樂在庭。原隰既平，泉流又清。如雲已望，高廩斯盈。

秋報稷，奏諴夏辭：

人天務急，農亦勤止。或蓑或薦，惟豐惟芑。涼風戒時，歲云秋矣。物成則報，功施必祀。

先農，奏諴夏辭：迎送神，與方丘同。

農祥晨晰，土膏初起。春原俶載，青壇致祀。斂蹕長阡，迴旌外壝。房俎飾薦，山罍沈滓。親事朱紘〔三〕，躬持黛耜。恭神務穡，受釐降祉。

先聖先師，奏諴夏辭：

經國立訓，學重教先。三墳肇册，五典留篇。開鑿理著，陶鑄功宣。東膠西序，春誦夏弦。芳塵載仰，祀典無騫。

太廟歌辭：

迎神歌辭：

務本興教，尊神體國。霜露感心，享祀陳則。官聯式序，奔走在庭。几筵結慕，祼獻惟誠。嘉樂載合，神其降止。永言保之，錫以繁祉。

登歌辭：

孝熙嚴祖，師象敬宗。惟皇肅事，有來雝雝。雕梁霞複，繡橑雲重。觀德自感，奉璋伊恭。彝斝盡飾，羽綴有容。升歌發藻，景福來從。

俎入歌辭：郊丘、社、廟同。

祭本用初，祀由功舉。駿奔咸會，供神有序。明酌盈樽，豐犧實俎。幽金既薦，纘錯維旅。享由明德，香非稷黍。載流嘉慶，克固鴻緒。

皇高祖太原府君神室歌辭：

締基發祥，肇源興慶。廼仁廼哲，克明克令。庸宣國圖，善流人詠。開我皇業，七百同盛。

皇曾祖康王神室歌辭：

皇條俊茂，帝系靈長。豐功疊軌，厚利重光。福由善積，代以德彰。嚴恭盡禮，永錫無疆。

皇祖獻王神室歌辭：

盛才必達，丕基增舊。涉渭同符〔三〕，遷邠等構。弘風邁德，義高道富。神鑒孔昭，王猷克懋。

皇考太祖武元皇帝神室歌辭：

深仁冥著，至道潛敷。皇矣太祖，耀名天衢。翦商隆祚，奄宅隋區。有命既集，誕開靈符。

飲福酒歌辭：郊丘、社、廟同。

神道正直，祀事有融。肅雝備禮，莊敬在躬。羞燔已具，奠斝將終。降祥惟永，受福無窮。

送神歌辭：

饗禮具，利事成。佇旒冕，肅簪纓。金奏終，玉俎撤。盡孝敬，窮嚴絜。人祇分，哀樂半。降景福，憑幽贊。

元會：

皇帝出入殿庭，奏皇夏辭：郊丘、社、廟同。

深哉皇度，粹矣天儀。司陛整蹕，式道先馳。八屯霧擁，七萃雲披。退揚進揖，步矩行規。勾陳乍轉，華蓋徐移。羽旗照耀，珪組陸離。居高念下，處安思危。照臨有度，紀律無虧。

皇太子出入，奏肆夏辭：

惟熙帝載，式固王猷。體乾建本，是曰孟侯。馳道美漢，寢門稱周。德心既廣，道業惟優。傅保斯導，賢才與遊。瑜玉發響，畫輪停輈。皇基方峻，匕鬯恒休。

食舉歌辭八首：

燔黍設教，禮之始。五味相資，火爲紀。平心和德，在甘旨。牢羞既陳，鍾石俟。以斯而御，揚盛軌。

養身必敬，禮食昭。時和歲阜，庶物饒。鹽梅既濟，鼎鉉調。特以膚腊，加臐膮。威儀濟濟，懋皇朝。

饔人進羞，樂侑作。川濳之膾，雲飛膗。甘酸有宜，芬勺藥。金敦玉豆，盛交錯。御鼓既聲，安以樂。

玉食惟后，膳必珍。芳菰既絜，重秬新。是能安體，又調神。荆包畢至，海貢陳。用之有節，德無垠。

嘉羞入饋，猶化謐。沃土名滋，帝臺實。陽華之菜，雕陵栗。鼎俎芬芳，豆籩溢。通幽致遠，車書一。

道高物備，食多方。山膚既善，水豢良。桓蒲在位，簨業張。加籩折俎，爛成行。恩風下濟，道化光。

禮以安國，仁爲政。具物必陳，饔牢盛。罝罘斤斧，順時令。懷生熙熙，皆得性。於茲宴喜，流嘉慶。

皇道四達，禮樂成。臨朝日舉，表時平。甘芳既飫，醑以清。揚休玉巵，正性情。隆我帝載，永明明。

上壽歌辭：

俗已乂，時又良。朝玉帛，會衣裳。基同北辰久，壽共南山長。黎元鼓腹樂未央。

宴羣臣登歌辭：

皇明馭歷，仁深海縣。載擇良辰，式陳高宴。顒顒卿士，昂昂侯甸。車旗煜爚，衣纓蔥蒨。樂正展懸，司宮飾殿。三揖稱禮，九賓爲傳。圓鼎臨碑，方壺在面。鹿鳴成曲，嘉魚入薦。筐篚相輝，獻酬交徧。飲和飽德，恩風長扇。

文舞歌辭：

天睠有屬，后德惟明。君臨萬寓，昭事百靈。濯以江漢，樹之風聲。罄地必歸〔一四〕，窮天皆至。六戎仰朔〔一五〕，八蠻請吏。煙雲獻彩，龜龍表異。緝和禮樂，燮理陰陽。功由舞見，德以歌彰。兩儀同大〔一六〕，日月齊光。

武舞歌辭：

惟皇御寓，惟帝乘乾。五材並用，七德兼宣。平暴夷險，拯溺救燔。九域載安，兆庶斯賴。續地之厚，補天之大。聲隆有截，化覃無外。鼓鍾既奮，干戚攸陳。功高德重，政謐化淳。鴻休永播，久而彌新。

大射登歌辭：

道謐金科照，時乂玉條明。優賢饗禮洽，選德射儀成。鑾旗鬱雲動，寶軑儼天行。巾車整三乏，司裘飾五正。鳴球響高殿，華鍾震廣庭。烏號傳昔美，淇衞著前名。揖讓皆時傑，升降盡朝英。附枝觀體定，杯水覩心平。豐觚既來去，燔炙復從橫。欣看禮樂盛，喜遇黃河清。

凱樂歌辭三首：

述帝德：

於穆我后，睿哲欽明。膺天之命，載育羣生。開元創曆，邁德垂聲。朝宗萬寓，祇事百靈。煥乎皇道，昭哉帝則。惠政滂流，仁風四塞。淮海未賓，江湖背德。運籌必勝，濯征斯克。八荒霧卷，四表雲褰。雄圖盛略，邁後光前。寰區已泰，福祚方延。長歌凱樂，天子萬年。

述諸軍用命：

帝德遠覃，天維宏布。功高雲天，聲隆韶護。惟彼海隅，未從王度。皇赫斯怒，元戎啓路。桓桓猛將，赳赳英謨。攻如燎髮，戰似摧枯。救茲塗炭，克彼妖逋。塵清兩越，氣靜三吳。鯨鯢已夷，封疆載闢。班馬蕭蕭，歸旌弈弈。雲臺表効，司勳紀績。業並山、河，道固金石。

述天下太平：

阪泉軒德，丹浦堯勳。始實以武，終乃以文。嘉樂聖主，大哉爲君。出師命將，廓定重氛。書軌既并，干戈是戢。弘風設教，政成人立。禮樂聿興，衣裳載緝。風雲自美，嘉祥爰集。皇皇聖政，穆穆神猷。牢籠虞夏，度越姬劉。日月比曜，天地同休。永清四海，長帝九州。

皇后房内歌辭：

至順垂典，正内弘風。母儀萬國，訓範六宫。求賢啓化，進善宣功。家邦載序，道業斯融。

大業元年，煬帝又詔脩高廟樂，曰：「古先哲王，經國成務，莫不因人心而制禮，則天明而作樂。昔漢氏諸廟別所，樂亦不同，至於光武之後，始立共堂之制。魏文承運，初營廟寢，太祖一室，獨爲別宫。自兹之後，兵車交爭，制作規模，日不暇給。伏惟高祖文皇帝，功侔造物，道濟生靈，享薦宜殊，樂舞須別。今若月祭時饗，既與諸祖共庭，至於舞功，獨於一室，交違禮意，未合人情。其詳議以聞。」有司未及陳奏，帝又以禮樂之事，總付祕書監柳顧言、少府副監何稠、著作郎諸葛潁、祕書郎袁慶隆等，增多開皇樂器，大益樂員，郊廟樂懸，並令新製。顧言等後親〔一七〕，帝復難於改作，其議竟寢。諸郊廟歌辭，亦並依舊制，唯新造高祖廟歌九首。今亡。又遣祕書省學士，定殿前樂工歌十四首，終大業世，每舉用焉。帝又詔博訪知鍾律歌管者，皆追之。時有曹士立、裴文通、唐羅漢、常寶金等，雖知操弄，雅鄭莫分，然總付太常，詳令删定。議脩一百四曲，其五曲在宫調，黄鍾也；一曲應調，大吕也；二十五曲商調，太蔟也；一十四曲角調，姑洗也；一十三曲變徵調，蕤賓也；八曲徵調，林鍾也；二十五曲羽調，南吕也；一十三曲變宫調，應鍾也。其曲大抵以詩爲本，參以古調，漸欲播之弦歌，被之金石。仍屬戎車，不遑刊正，禮樂之事，竟無成功焉。

自漢至梁、陳樂工，其大數不相踰越。及周并齊、隋并陳，各得其樂工，多爲編户。至六年，帝乃大括魏、齊、周、陳樂人子弟，悉配太常，並於關中爲坊置之，其數益多前代。顧言等又奏，仙都宫内，四時祭享，還用太廟之樂，歌功論德，别製其辭。七廟同院，樂依舊式。又造饗宴殿庭宫懸樂器，布陳簨簴，大抵同前，而於四隅各加二建鼓、三案。又設十二鎛，鎛别鍾磬二架，各依辰位爲調，合三十六架。至於音律節奏，皆依雅曲，意在演令繁會，自梁武帝之始也，開皇時，廢不用，至是又復焉。高祖時，宫懸樂器，唯有一部，殿庭饗宴用之。平陳所獲，又有二部，宗廟、郊丘分用之。至是並於樂府藏而不用。更造三部：五郊二十架，工一百四十三人。廟庭二十架，工一百五十人。饗宴二十架，工一百七人。舞郎各二等，並一百三十二人。

顧言又增房内樂，益其鐘磬，奏議曰：「房内樂者，主爲王后弦歌諷誦而事君子，故以房室爲名。燕禮、鄉飲酒禮，亦取而用也。故云：『用之鄉人焉，用之邦國焉。』文王之風，由近及遠，鄉樂以感人，須存雅正。既不設鍾鼓，義無四懸，何以取正於婦道也。磬師職云：『燕樂之鍾磬。』鄭玄曰：『燕樂，房内樂也，所謂陰聲，金石備矣。』以此而論，房内之樂，非獨弦歌，必有鍾磬也。内宰職云：『正后服位，詔其禮樂之儀。』鄭玄云：『薦撤之禮，當與樂相應。』薦撤之言，雖施祭祀，其入出賓客，理亦宜同。請以歌鍾歌磬，各設二虡，土革絲竹並副之，并升歌下管，總名房内之樂。女奴肄習，朝燕用之。」制曰：「可。」於是内宫懸二十虡。其鎛鍾十二，皆以大磬充。去建鼓，餘飾並與殿庭同。

皇太子軒懸，去南面，設三鎛鍾於辰丑申，三建鼓亦如之。編鍾三虡，編磬三虡，共三鎛鍾爲九虡。其登歌減者二人。簨虡金三博山。樂器應漆者朱漆之。其二舞用六佾。

其雅樂鼓吹，多依開皇之故。雅樂合二十器，今列之如左：

金之屬二：一曰鎛鍾，每鍾懸一簨虡，各應律吕之音，即黄帝所命伶倫鑄十二鍾，和五音者也。二曰編鍾，小鍾也，各應律吕，大小以次，編而懸之。上下皆八，合十六鍾，懸於一簨虡。

石之屬一：曰磬，用玉若石爲之，懸如編鍾之法。

絲之屬四：一曰琴，神農制爲五弦，周文王加二弦爲七者也。二曰瑟，二十七弦，伏犧所作者也。三曰筑，十二弦。四曰箏，十三弦，所謂秦聲，蒙恬所作者也。

竹之屬三：一曰簫，十六管，長二尺，舜所造者也。二曰篪，長尺四寸，八孔，蘇公所作者也。三曰笛，凡十二孔，漢武帝時丘仲所作者也。京房備五音，有七孔，以應七聲。黄鍾之笛，長二尺八寸四分四釐有奇，其餘亦上下相次，以爲長短。

匏之屬二：一曰笙，二曰竽，並女媧之所作也。笙列管十九，於匏内施簧而吹之。竽大，三十六管。

土之屬一：曰塤，六孔，暴辛公之所作者也。

革之屬五：一曰建鼓，夏后氏加四足，謂之足鼓。殷人柱貫之，謂之楹鼓。周人懸之，謂之懸鼓。近代相承，植而貫之，謂之建鼓。蓋殷所作也。又棲翔鷺於其上，不知何代所加。或曰，鵠也，取其聲揚而遠聞。或曰，鷺，鼓精也。越王勾踐擊大鼓於雷門以厭吴。晉時移於建康，有雙鷺唲鼓而飛入雲。或曰，皆非也。詩云：「振振鷺，鷺于飛。鼓咽咽，醉言歸。」古之君子，悲周道之衰，頌聲之輟，飾鼓以鷺，存其風流。未知孰是。靈鼓、靈鼗，並八面。雷鼓、雷鼗，六面。路鼓、路鼗，四面。鼓以桴擊，鼗貫其中而手搖之。又有節鼓，不知誰所造也。

木之屬二：一曰柷，如桶，方二尺八寸，中有椎柄，連底動之，令左右擊，以節樂。二曰敔，如伏獸，背有二十七鉏鋙，以竹長尺，横櫟之，以止樂焉。

簨簴，所以懸鍾磬，横曰簨，飾以鱗屬，植曰虡，飾以𧈧及羽屬。簨加木板於上，謂之業。殷人刻其上爲崇牙，以挂懸。周人畫繒爲翣，戴之以璧，垂五采羽於其下，樹於簨簴之角。近代又加金博山於簨上，垂流蘇，以合采羽。五代相因，同用之。

始開皇初定令，置七部樂：一曰國伎〔一八〕，二曰清商伎，三曰高麗伎，四曰天竺伎，五曰安國伎，六曰龜兹伎，七曰文康伎。又雜有疎勒、扶南、康國、百濟、突厥、新羅、倭國等伎〔一九〕。其後牛弘請存鞞、鐸、巾、拂等四舞，與新伎並陳。因稱：「四舞，按漢、魏以來，並施於宴饗。鞞舞，漢巴、渝舞也。至章帝造鞞舞辭云『關東有賢女』，魏明代漢曲云『明明魏皇帝』。鐸舞，傅玄代魏辭云『振鐸鳴金』，成公綏賦云『鞞鐸舞庭，八音並陳』是也。拂舞者，沈約宋志云：『吴舞，吴人思晉化。』其辭本云『白符鳩』是也。巾舞者，公莫舞也。

伏滔云：「項莊因舞，欲劍高祖，項伯紆長袖以扞其鋒，魏、晉傳爲舞焉。」檢此雖非正樂，亦前代舊聲。故梁武報沈約云：「鞞、鐸、巾、拂，古之遺風。」楊泓云：「此舞本二八人，桓玄即真，爲八佾。後因而不改。」齊人王僧虔已論其事。平陳所得者，猶充八佾，於懸内繼二舞後作之，爲失斯大。檢四舞由來，其實已久。請並在宴會，與雜伎同設，於西涼前奏之。」帝曰：「其聲音節奏及舞，悉宜依舊。惟舞人不須捉鞞拂等。」

及大業中，煬帝乃定清樂、西涼、龜茲、天竺、康國、疏勒、安國、高麗、禮畢，以爲九部。樂器工衣創造既成，大備於兹矣。

清樂其始即清商三調是也，並漢來舊曲。樂器形制，并歌章古辭，與魏三祖所作者，皆被於史籍。屬晉朝遷播，夷羯竊據，其音分散。苻永固平張氏，始於涼州得之。宋武平關中，因而入南，不復存於内地。及平陳後獲之。高祖聽之，善其節奏，曰：「此華夏正聲也。昔因永嘉，流於江外，我受天明命，今復會同。雖賞逐時遷，而古致猶在。可以此爲本，微更損益，去其哀怨，考而補之。以新定律吕，更造樂器。」其歌曲有陽伴，舞曲有明君并契。其樂器有鍾、磬、琴、瑟、擊琴、琵琶、箜篌、筑、箏、節鼓、笙、笛、簫、篪、塤等十五種，爲一部。工二十五人。

西涼者，起苻氏之末，吕光、沮渠蒙遜等據有涼州，變龜茲聲爲之，號爲秦漢伎。魏太武既平河西得之，謂之西涼樂。至魏、周之際，遂謂之國伎。今曲項琵琶、豎頭箜篌之徒，並出自西域，非華夏舊器。楊澤新聲、神白馬之類，生於胡戎。胡戎歌非漢魏遺曲，故其樂器聲調，悉與書史不同。其歌曲有永世樂，解曲有萬世豐，舞曲有于寘佛曲。其樂器有鍾、磬、彈箏、搊箏、臥箜篌、豎箜篌、琵琶、五絃、笙、簫、大篳篥、長笛〔二〇〕、小篳篥、橫笛、腰鼓、齊鼓、擔鼓、銅拔、貝等十九種，爲一部。工二十七人。

龜茲者，起自吕光滅龜茲，因得其聲。吕氏亡，其樂分散，後魏平中原，復獲之。其聲後多變易。至隋有西國龜茲、齊朝龜茲、土龜茲等，凡三部。開皇中，其器大盛於閭閈。時有曹妙達、王長通、李士衡、郭金樂、安進貴等，皆妙絶弦管，新聲奇變，朝改暮易，持其音技，估衒公王之間，舉時爭相慕尚。高祖病之，謂羣臣曰：「聞公等皆好新變，所奏無復正聲，此不祥之大也。自家形國，化成人風，勿謂天下方然，公家家自有風俗矣。存亡善惡，莫不繫之。樂感人深，事資和雅，公等對親賓宴飲，宜奏正聲；聲不正，何可使兒女聞也！」帝雖有此勑，而竟不能救焉。煬帝不解音律，略不關懷。後大製豔篇，辭極淫綺。令樂正白明達造新聲，剏萬歲樂、藏鉤樂、七夕相逢樂、投壺樂、舞席同心髻、玉女行觴、神仙留客、擲磚、續命、鬬雞子、鬬百草、汎龍舟、還舊宫、長樂花及十二時等曲，掩抑摧藏，哀音斷絶。帝悦之無已，謂幸臣曰：「多彈曲者，如人多讀書。讀書多則能撰書，彈曲多即能造曲。此理之然也。」因語明達云：「齊氏偏隅，曹妙達猶自封王。我今天下大同，欲貴汝，宜自脩謹。」六年，高昌獻聖明樂曲，帝令知音者，於館所聽之，歸而肄習。及客方獻，先於前奏之，胡夷皆驚焉。其歌曲有善善摩尼，解曲有婆伽兒，舞曲有小天，又有疎勒鹽。其樂器有豎箜篌、琵琶、五弦、笙、笛、簫、篳篥、毛員鼓、都曇鼓、答臘鼓、腰鼓、羯鼓、雞婁鼓、銅拔、貝等十五種，爲一部。工二十人。

天竺者，起自張重華據有涼州，重四譯來貢男伎，天竺即其樂焉。歌曲有沙石疆[二一]，舞曲有天曲。樂器有鳳首箜篌、琵琶、五弦、笛、銅鼓、毛員鼓、都曇鼓、銅拔、貝等九種，爲一部。工十二人。

康國，起自周代，帝娉北狄爲后，得其所獲西戎伎，因其聲。歌曲有戢殿農和正，舞曲有賀蘭鉢鼻始、末奚波地、農惠鉢鼻始、前拔地惠地等四曲。樂器有笛、正鼓、加鼓[二二]、銅拔等四種，爲一部。工七人。

疎勒、安國、高麗，並起自後魏平馮氏及通西域，因得其伎。後漸繁會其聲，以別於太樂。

疎勒，歌曲有亢利死讓樂，舞曲有遠服，解曲有鹽曲[二三]。樂器有豎箜篌、琵琶、五弦、笛、簫、篳篥、答臘鼓、腰鼓、羯鼓、雞婁鼓等十種，爲一部，工十二人。

安國，歌曲有附薩單時，舞曲有末奚，解曲有居和祇。樂器有箜篌、琵琶、五弦、笛、簫、篳篥、雙篳篥、正鼓〔二四〕、和鼓、銅拔等十種，爲一部。工十二人。

高麗，歌曲有芝栖，舞曲有歌芝栖〔二五〕。樂器有彈箏、臥箜篌、豎箜篌、琵琶、五弦、笛、笙、簫、小篳篥、桃皮篳篥、腰鼓、齊鼓、擔鼓、貝等十四種，爲一部。工十八人。

禮畢者，本出自晉太尉庾亮家。亮卒，其伎追思亮，因假爲其面，執翳以舞，象其容，取其謚以號之，謂之爲文康樂。每奏九部樂終則陳之，故以「禮畢」爲名。其行曲有單交路，舞曲有散花。樂器有笛、笙、簫、篪、鈴槃、鞞、腰鼓等七種，三懸爲一部。工二十二人。

始齊武平中，有魚龍爛漫、俳優、朱儒、山車、巨象、拔井、種瓜、殺馬、剥驢等，奇怪異端，百有餘物，名爲百戲。周時，鄭譯有寵於宣帝，奏徵齊散樂人，並會京師爲之。蓋秦角抵之流者也。開皇初，並放遣之。及大業二年，突厥染干來朝，煬帝欲誇之，總追四方散樂，大集東都。初於芳華苑積翠池側，帝帷宫女觀之。有舍利先來，戲於場内，須臾跳躍，激水滿衢，黿鼉龜鼇，水人蟲魚，徧覆于地。又有大鯨魚，噴霧翳日，倏忽化成黄龍，長七八丈，聳踊而出，名曰黄龍變。又以繩繫兩柱，相去十丈，遣二倡女，對舞繩上，相逢切肩而過，歌舞不輟。又爲夏育扛鼎，取車輪石臼大甕器等，各於掌上而跳弄之。并二人戴竿，其上有舞，忽然騰透而换易之。又有神鼇負山，幻人吐火，千變萬化，曠古莫儔。染干大駭之。自是皆於太常教習。每歲正月，萬國來朝，留至十五日，於端門外、建國門内，綿亘八里，列爲戲場。百官起棚夾路，從昏達旦，以縱觀之，至晦而罷。伎人皆衣錦繡繒綵。其歌舞者，多爲婦人服，鳴環佩，飾以花毦者，殆三萬人。初課京兆、河南製此衣服，而兩京繒錦，爲之中虚。三年，駕幸榆林，突厥啓民朝于行宫，帝又設以示之。六年，諸夷大獻方物。突厥啓民以下，皆國主親來朝賀。乃於天津街盛陳百戲，自海内凡有奇伎，無不總萃。崇侈器翫，盛飾衣服，皆用珠翠金銀，錦罽絺繡。其營費鉅億萬。關西以安德王雄總之，東都以齊王暕總之，金石匏革之聲，聞數十里外。彈弦擫管以上，一萬八千人。大列炬火，光燭天地，百戲之盛，振古無比。自是每年以爲常焉。

故事，天子有事於太廟，備法駕，陳羽葆，以入于次。禮畢升車，而鼓吹並作。開皇十七年詔曰：「昔五帝異樂，三王殊禮，皆隨事而有損益，因情而立節文。仰惟祭享宗廟，瞻敬如在，罔極之感，情深兹日。而禮畢升路，鼓吹發音，還入宫門，金石振響。斯則哀樂同日，心事相違，情所不安，理實未允。宜改兹往式，用弘禮教。自今以後，享廟日不須設鼓吹，殿庭勿設樂懸。在廟内及諸祭，並依舊。其王公已下，祭私廟日，不得作音樂。」

至大業中，煬帝制宴饗設鼓吹，依梁爲十二案。案别有錞于、鉦、鐸、軍樂鼓吹等一部。案下皆熊羆貙豹，騰倚承之，以象百獸之舞。其大駕鼓吹，並朱漆畫。大駕鼓吹、小鼓加金鐲、羽葆鼓、鐃鼓、節鼓，皆五采重蓋，其羽葆鼓，仍飾以羽葆。長鳴、中鳴、大小横吹，五采衣幡，緋掌，畫交龍，五采脚。大角幡亦如之。大鼓、長鳴、大横吹、節鼓及横吹後笛、簫、篳篥、笳、桃皮篳篥等工人服，皆緋地苣文爲袍袴及帽。金鉦、棡鼓，其鉦鼓皆加八角紫繖。小鼓、中鳴、小横吹及横吹後笛、簫、篳篥、笳、桃皮篳篥等工人服，並青地苣文袍袴及帽。羽葆鼓、鐃及歌、簫、笳工人服，並武弁，朱褠衣，革帶。大角工人，平巾幘，緋衫，白布大口袴。其鼓吹督帥服，與大角同。以下準督帥服，亦如之。

棡鼓一曲，十二變，與金鉦同。夜警用一曲俱盡，次奏大鼓。大鼓，一十五曲供大駕，一十二曲供皇太子，一十曲供王公等。小鼓，九曲供大駕，三曲供皇太子及王公等。

長鳴色角，一百二十具供大駕，三十六具供皇太子，十八具供王公等。

次鳴色角，一百二十具供大駕，十二具供皇太子，一十具供王公等。

大角，第一曲起捉馬，第二曲被馬，第三曲騎馬，第四曲行，第五曲入陣，第六曲收軍，第七曲下營。皆以三通爲一曲。其辭並本之鮮卑。

鐃鼓，十二曲供大駕，六曲供皇太子，三曲供王公等。其樂器有鼓，并歌、簫、笳。

大横吹，二十九曲供大駕，九曲供皇太子，七曲供王公。其樂器有角、節鼓、笛、簫、篳篥、笳、桃皮篳篥。

小横吹，十二曲供大駕，夜警則十二曲俱用。其樂器有角、笛、簫、篳篥、笳、桃皮篳篥。

## 校勘記

〔一〕漢高帝改韶舞曰文始　「韶舞」，原作「韶武」，據宋甲本、汲本、殿本改。

〔二〕宣業舞爲武德舞　「業」，南齊書卷一一樂志作「烈」。下文梁初猶用「宣業之舞」之「業」，宋本樂府詩集卷五二舞曲歌辭梁大壯大觀舞歌二首引隋書樂志亦作「烈」。

〔三〕大予丞鮑鄴等上作樂事下防　「大予丞」，原作「太子丞」，據宋甲本改。按，續漢書百官志二，太常下有大予樂丞。

〔四〕皆有鍾磬　「磬」，原作「聲」，據通典卷一四七樂七皇后樂議改。按本卷下文敍大業中柳顧言奏增房内樂，益其鍾磬，以爲「房内之樂，非獨弦歌，必有鍾磬」。

〔五〕命婦人并登歌上壽並用之　「人」，宋本樂府詩集卷一五燕射歌辭隋皇后房内歌引隋書樂志作「入」。

〔六〕北方北向　據下文「東方西向」、「南方北向」、「西方東向」推斷，「北向」疑應作「南向」。

〔七〕及笙入　「入」，原作「人」，據殿本改。冊府卷五六八掌禮部作樂亦作「入」。

〔八〕左手皆執籥　宋本樂府詩集卷五二舞曲歌辭隋文武舞歌引隋書樂志無「皆」字；此句下有「右手執翟」四字。

〔九〕五緯陪營　「緯」，原作「諱」，據宋甲本、殿本改。張元濟校勘記：「按五緯指五星言。」

〔一〇〕靈壇汛埽　「汛」，宋甲本、大德本、至順本作「汎」。

〔一一〕福流景室　「景」，宋甲本、汲本作「京」。四庫全書考證卷二六：「刊本『京』訛『景』，據毛本改。」

〔一二〕親事朱紘　「紘」，原作「弦」，據宋甲本、至順本、殿本改。按，禮記祭義：「昔者天子爲藉千畝，冕而朱紘，躬秉耒。」

〔一三〕涉渭同符　「渭」，原作「魏」，據殿本改。宋本樂府詩集卷一〇郊廟歌辭隋太廟歌獻王歌亦作「渭」。按詩經大雅公劉：「涉渭爲亂，取厲取鍛。」

〔一四〕罄地必歸　「必」，宋本樂府詩集卷五二舞曲歌辭隋文武舞歌文舞歌作「畢」。

〔一五〕六戎仰朔　「仰」，宋本樂府詩集卷五二舞曲歌辭隋文武舞歌文舞歌作「行」。

〔一六〕兩儀同大　「同大」，宋甲本、大德本作「固大」，汲本注：「『同大』，一作『固天』，一作『同天』。」

〔一七〕顧言等後親　此句疑有脱訛，册府卷五六九掌禮部作樂作「其後」。

〔一八〕一曰國伎　「國」，宋本樂府詩集卷七九近代曲辭作「西涼」。

〔一九〕倭國　原作「俀國」，據汲本改。册府卷五六九掌禮部作樂、卷五七〇掌禮部夷樂亦作「倭國」。

〔二〇〕長笛　原作「竪」，據通典卷一四六樂六前代雜樂改。

〔二一〕沙石疆　「疆」，原作「彊」，據宋甲本、大德本、至順本、汲本改。

〔二二〕加鼓　唐六典卷一四太常寺太樂署作「和鼓」。

〔二三〕鹽曲　原作「監曲」，據御覽卷五六七樂部五四夷樂引樂部樂志、册府卷五七〇掌禮部夷樂、陳暘樂書卷一五八改。本卷上文「龜茲者」條有疎勒鹽。

〔二四〕正鼓　原作「王鼓」，據通典卷一四六樂六四方樂、册府卷五七〇掌禮部夷樂改。通典卷一四四樂四八音有「正鼓、和鼓」。

〔二五〕歌曲有芝栖舞曲有歌芝栖　「芝栖」，御覽卷五六七樂部五四夷樂引樂部樂志、册府卷五七〇掌禮部夷樂作「歌芝栖」；「歌芝栖」，御覽作「舞芝栖」，宋本册府作「舞枝栖」（明本「栖」作「棲」），但均載於「安國」條下。

# 隋書卷十六

## 志第十一

### 律曆上

自夫有天地焉，有人物焉，樹司牧以君臨，懸政教而成務，莫不擬乾坤之大象，稟中和以建極，揆影響之幽蹟，成律呂之精微。是用範圍百度，財成萬品。昔者淳古葦籥，創覩人籟之源，女媧笙簧〔一〕，仍昭鳳律之首。後聖廣業，稽古彌崇，伶倫含少，乃擅比竹之工，虞舜昭華，方傳刻玉之美。是以書稱：「叶時月正日，同律度量衡。」又曰：「予欲聞六律、五聲、八音、七始訓〔二〕，以出納五言。」此皆候金常而列管，憑璿璣以運鈞，統三極之元，紀七衡之響，可以作樂崇德，殷薦上帝。故能動天地，感鬼神，和人心，移風俗，考得失，徵成敗者也。粵在夏、商，無聞改作。其於周禮，典同則「掌六律六同之和，以辨天地四方陰陽之聲，以爲樂器」。景王鑄鍾，問律於泠州鳩，對曰：「夫律者，所以立鈞出度。」鈞有五，則權衡規矩準繩咸備。故詩曰：「尹氏太師，執國之鈞，天子是禆，俾衆不迷」是也。太史公律書云：「王者制事立物，法度軌則，一稟於六律，爲萬事之本。其於兵械，尤所重焉。故云：『望敵知吉凶，聞聲効勝負。』百王不易之道也。」

及秦氏滅學，其道浸微。漢室初興，丞相張蒼，首言音律，未能審備。孝武帝創置協律之官，司馬遷言律呂相生之次，詳矣。及王莽之際，考論音律，劉歆條奏，班固因志之。蔡邕又記建武以後言律呂者，司馬紹統採而續之。炎歷將終，而天下大亂，樂工散亡，器法湮滅。魏武始獲杜夔，使定音律，夔依當時尺度，權備典章。及晉武受命，遵而不革。至泰始十年，光禄大夫荀勗，奏造新度，更鑄律呂。元康中，勗子藩，復嗣其事。未及成功，屬永嘉之亂，中朝典章，咸没於石勒。及帝南遷，皇度草昧，禮容樂器，掃地皆盡。雖稍加採掇，而多所淪胥，終于恭、安，竟不能備。宋錢樂之衍京房六十律，更增爲三百六十，梁博士沈重，述其名數。後魏、周、齊，時有論者。今依班志，編録五代聲律度量，以志于篇云。

漢志言律，一曰備數，二曰和聲，三曰審度，四曰嘉量，五曰衡權。自魏、晉已降，代有沿革。今列其增損之要云。

備數

五數者，一、十、百、千、萬也。傳曰：「物生而後有象，滋而後有數。」是以言律者，云數起於建子，黄鍾之律，始一，而每辰三之，歷九辰至酉，得一萬九千六百八十三，而五數備成，以爲律法。又參之，終亥，凡歷十二辰，得十有七萬七千一百四十七，而辰數該矣，以爲律積。以成法除該積，得九寸，即黄鍾宫律之長也。此則數因律起，律以數成，故可歷管萬事，綜覈氣象。其筭用竹，廣二分，長三寸，正策三廉，積二百一十六枚，成六觚，乾之策也。負策四廉，積一百四十四枚，成方，坤之策也。觚方皆經十二，天地之大數也。是故探賾索隱，鉤深致遠，莫不用焉。一、十、百、千、萬，所同由也。律、度、量、衡、歷、率，其别用也。故體有長短，檢之以度，則不失毫釐。物有多少，受之以器，則不失圭撮。量有輕重，平之以權衡，則不失黍絫。聲有清濁，協之以律吕，則不失宫商。三光運行，紀以曆數，則不差晷刻。事物糅見，御之以率，則不乖其本。故幽隱之情，精微之變，可得而綜也。

夫所謂率者，有九流焉：一曰方田，以御田疇界域。二曰粟米，以御交質變易。三曰衰分，以御貴賤禀税。四曰少廣，以御積冪方圓。五曰商功，以御功程積實。六曰均輸，以御遠近勞費。七曰盈朒，以御隱雜互見。八曰方程，以御錯糅正負〔三〕。九曰句股，以御高深廣遠。皆乘以散之，除以聚之，齊同以通之，今有以貫之。則筭數之方，盡於斯矣。

古之九數，圓周率三，圓徑率一，其術疏舛。自劉歆、張衡、劉徽、王蕃、皮延宗之徒，各設新率，未臻折衷。宋末，南徐州從事史祖沖之，更開密法，以圓徑一億爲一丈，圓周盈數三丈一尺四寸一分五釐九毫二秒七忽，朒數三丈一尺四寸一分五釐九毫二秒六忽，正數在盈朒二限之間。密率，圓徑一百一十三，圓周三百五十五。約率，圓徑七，周二十二。又設開差冪，開差立，兼以正圓參之。指要精密，筭氏之最者也。所著之書，名爲綴術，學官莫能究其深奧，是故廢而不理。

和聲

傳稱黄帝命伶倫斷竹，長三寸九分，而吹以爲黄鍾之宫，曰含少。次制十二管，以聽鳳鳴，以别十二律，比雌雄之聲，以分律吕。上下相生，因黄鍾爲始。虞書云：「叶時月正日，同律度量衡。」夏禹受命，以聲爲律，以身爲度。周禮，樂器以十二律爲之度數。司馬遷律書云：「黄鍾長八寸七分之一，太蔟長七寸七分二，林鍾長五寸七分三，應鍾長四寸三分二〔四〕。」此樂之三始，十二律之本末也。班固、司馬彪律志：「黄鍾長九寸，聲最濁；太蔟長八寸；林鍾長六寸；應鍾長四寸七分四釐强，聲最清。」鄭玄禮月令注、蔡邕月令章句及杜夔、荀勗等所論，雖尺有增損，而十二律之寸數並同。漢志京房又以隔八相生，一始自黄鍾，終於中吕，十二律畢矣。中吕上生黄鍾，不滿九寸，謂之執始，下生去滅。上下相生，終於南事，更增四十八律，以爲六十。其依行在辰，上生包育，隔九編於冬至之後。分焉、遲内，其數遂減應鍾之清。宋元嘉中，太史錢樂之，因京房南事之餘，引而伸之，更爲三百律，終於安運，長四寸四分有奇。總合舊爲三百六十律。日當一管，宫徵旋韻，各以次從。何承天立法制議云：「上下相生，三分損益其一，蓋是古人簡易之法。猶如古曆周天三百六十五度四分之一，後人改制，皆不同焉。而京房不悟，謬爲六十。」承天更設新率，則從中吕還得黄鍾，十二旋宫，聲韻無失。黄鍾長九寸，太蔟長八寸二氂，林鍾長六寸一氂，應鍾長四寸七分九氂强。其中吕上生所益之分，還得十七萬七千一百四十七，復十二辰參之數。

梁初，因晉、宋及齊，無所改制。其後武帝作鍾律緯，論前代得失。其略云：

案律吕，京、馬、鄭、蔡，至蕤賓，並上生大吕；而班固律曆志，至蕤賓，仍以次下生。若從班義，夾鍾唯長三寸七分有奇。律若過促，則夾鍾之聲成一調，中吕復去調半，是過於無調。仲春孟夏，正相長養，其氣舒緩，不容短促。求聲索實，班義爲乖。鄭玄又以陰陽六位，次第相生。若如玄義，陰陽相逐生者，止是升陽。其降陽復將何寄？就筮數而論，乾主甲壬而左行，坤主乙癸而右行，故陰陽得有升降之義。陰陽從行者，真性也，六位升降者，象數也。今鄭迺執象數以配真性，故言比而理窮。云九六相生，了不釋十二氣所以相通，鄭之不思，亦已明矣。

案京房六十，準依法推，迺自無差。但律吕所得，或五或六，此一不例也。而分焉上生，乃復遲内上生盛變，盛變仍復上生分居，此二不例也。房妙盡陰陽，其當有以，若非深理難求，便是傳者不習。

比勑詳求，莫能辨正。聊以餘日，試推其旨，參校舊器，及古夾鍾玉律，更制新尺，以證分豪，制爲四器，名之爲通。四器絃間九尺，臨岳高一寸二分。黄鍾之絃二百七十絲，長九尺，以次三分損益其一，以生十二律之絃絲數及絃長。各以律本所建之月，五行生王，終始之音，相次之理，爲其名義，名之爲通。通施三絃，傳推月氣，悉無差舛。即以夾鍾玉律命之，則還相中。

又制爲十二笛，以寫通聲。其夾鍾笛十二調，以飲玉律，又不差異。山謙之記云：「殿前三鍾，悉是周景王所鑄無射也。」遣樂官以今無射新笛飲，不相中。以夷則笛飲，則聲韻合和。端門外鍾，亦案其銘題，定皆夷則。其西廂一鍾，天監中移度東。以今笛飲，乃中南吕。驗其鐫刻，乃是太蔟，則下今笛二調。重勑太樂丞斯宣達，令更推校，鍾定有鑿處，表裏皆然。借訪舊識，迺是宋泰始中，使張永鑿之，去銅既多，故其調嘽下。以推求鍾律，便可得而見也。宋武平中原，使將軍陳傾致三鍾，小大中各一。則今之太極殿前二鍾、端門外一鍾是也。案西鍾銘則云「清廟撞鍾」，秦無清廟，此周制明矣。又一銘云「太蔟鍾徵」，則林鍾宮所施也。京房推用，似有由也。檢題既無秦、漢年代，直云夷則、太蔟，則非秦、漢明矣。古人性質，故作僮僕字，則題而言，彌驗非近。且夫驗聲改政，則五音六律，非可差舛。工守其音，儒執其文，歷年永久，隔而不通。無論樂奏，求之多缺，假使具存，亦不可用。周頌漢歌，各敍功德，豈容復施後王，以濫名實？今率詳論，以言所見，并詔百司，以求厥中。未及改制，遇侯景亂。

陳氏制度，亦無改作。

西魏廢帝元年，周文攝政。又詔尚書蘇綽，詳正音律。綽時得宋尺，以定諸管，草創未就。會閔帝受禪，政由冢宰，方有齊寇，事竟不行。後掘太倉，得古玉斗，按以造律及衡，其事又多湮没。

至開皇初，詔太常牛弘，議定律呂。於是博徵學者，序論其法，又未能決。遇平江右，得陳氏律管十有二枚，並以付弘。遣曉音律者陳山陽太守毛爽及太樂令蔡子元、于普明等，以候節氣，作律譜。時爽年老，以白衣見高祖，授淮州刺史〔五〕，辭不赴官。因遣協律郎祖孝孫，就其受法。弘又取此管，吹而定聲。既天下一統，異代器物，皆集樂府，曉音律者，頗議考覈，以定鍾律。更造樂器，以被皇夏十四曲，高祖與朝賢聽之，曰：「此聲滔滔和雅，令人舒緩。」

然萬物人事，非五行不生，非五行不成，非五行不滅。故五音用火尺，其事火重。用金尺則兵，用木尺則喪，用土尺則亂，用水尺則律呂合調，天下和平。魏及周、齊，貪布帛長度，故用土尺。今此樂聲，是用水尺。江東尺短於土，長於水。俗間不知者，見玉作，名爲玉尺，見鐵作，名爲鐵尺。詔施用水尺律樂，其前代金石，並鑄毁之，以息物議。

至仁壽四年，劉焯上啓於東宮，論張冑玄曆，兼論律呂。其大旨曰：「樂主於音，音定於律，音不以律，不可克諧，度律均鍾，於是乎在。但律終小呂，數復黃鍾，舊計未精，終不復始。故漢代京房，妄爲六十，而宋代錢樂之，更爲三百六十。考禮詮次，豈有得然，化未移風，將恐由此。匪直長短失於其差，亦自管圍乖於其數。又尺寸意定，莫能詳考，既亂管絃，亦舛度量。焯皆校定，庶有明發。」其黃鍾管六十三爲實，以次每律減三分，以七爲寸法。約之，得黃鍾長九寸，太蔟長八寸一分四氂，林鍾長六寸，應鍾長四寸二分八氂七分之四。其年，高祖崩，煬帝初登，未遑改作，事遂寢廢。其書亦亡。大業二年，乃詔改用梁表律調鍾磬八音之器，比之前代，最爲合古。其制度文議，并毛爽舊律，並在江都淪喪。

## 律管圍容黍

漢志云：「黃鍾圍九分，林鍾圍六分，太蔟圍八分。」續志及鄭玄，並云：「十二律空，皆徑三分，圍九分。」後魏安豐王，依班固志，林鍾空圍六分，及太蔟空圍八分，作律吹之，不合黃鍾商徵之聲。皆空圍九分，乃與均鍾器合。開皇九年平陳後，牛弘、辛彥之、鄭譯、何妥等，參考古律度，各依時代，制其黃鍾之管，俱徑三分，長九寸。度有損益，故聲有高下；圓徑長短，與度而差，故容黍不同。今列其數云。

晉前尺黃鍾容黍八百八粒。

梁法尺黃鍾容八百二十八。

梁表尺黃鍾三：其一容九百二十五，其一容九百一十，其一容一千一百二十。

漢官尺黃鍾容九百三十九。

古銀錯題黃鍾籥容一千二百。

宋氏尺，即鐵尺，黃鍾凡二：其一容一千二百，其一容一千四十七。

後魏前尺黃鍾容一千一百一十五。

後周玉尺黄鍾容一千二百六十七。

後魏中尺黄鍾容一千五百五十五。

後魏後尺黄鍾容一千八百一十九。

東魏尺黄鍾容二千八百六十九。

萬寶常水尺律母黄鍾容黍一千三百二十。

梁表、鐵尺律黄鍾副别者，其長短及口空之圍徑並同，而容黍或多或少，皆是作者旁庣其腹，使有盈虚。

候氣

後齊神武霸府田曹參軍信都芳，深有巧思，能以管候氣，仰觀雲色。嘗與人對語，即指天曰：「孟春之氣至矣。」人往驗管，而飛灰已應。每月所候，言皆無爽。又爲輪扇二十四，埋地中，以測二十四氣。每一氣感，則一扇自動，他扇並住，與管灰相應，若符契焉。

開皇九年平陳後，高祖遣毛爽及蔡子元、于普明等，以候節氣。依古，於三重密屋之内，以木爲案，十有二具。每取律吕之管，隨十二辰位，置于案上，而以土埋之，上平於地。中實葭莩之灰，以輕緹素覆律口。每其月氣至，與律冥符，則灰飛衝素，散出于外。而氣應有早晚，灰飛有多少，或初入月其氣即應；或至中下旬間，氣始應者；或灰飛出，三五夜而盡；或終一月，纔飛少許者。高祖異之，以問牛弘。弘對曰：「灰飛半出爲和氣，吹灰全出爲猛氣，吹灰不能出爲衰氣。和氣應者其政平，猛氣應者其臣縱，衰氣應者其君暴。」高祖駁之曰：「臣縱君暴，其政不平，非月别而有異也。今十二月律，於一歲内，應並不同。安得暴君縱臣，若斯之甚也？」弘不能對。令爽等草定其法。爽因稽諸故實，以著于篇，名曰律譜。其略云：

臣爽按，黄帝遣伶倫氏取竹于嶰谷，聽鳳阿閣之下，始造十二律焉。乃致天地氣應，是則數之始也。陽管爲律，陰管爲吕，其氣以候四時，其數以紀萬物。云隸首作數，蓋律之本也。夫一、十、百、千、萬、億、兆者，引而申焉，曆度量衡，出其中矣。故有虞氏用律和聲，鄒衍改之，以定五始。正朔服色，亦由斯而别也。夏正則人，殷正則地，周正則天。孔子曰：「吾得夏時焉。」謂得氣數之要矣。

漢初興也，而張蒼定律，乃推五勝之法，以爲水德。寔因戰國官失其守，後秦滅學，其道浸微，蒼補綴之，未獲詳究。及孝武創制，乃置協律之官，用李延年以爲都尉，頗解新聲變曲，未達音律之源，故其服色不得而定也。至于元帝，自曉音律，郎官京房，亦達其妙，因使韋玄成等，雜試問房。房自敍云：「學焦延壽，用六十律相生之法。以上生下，皆三生二，以下生上，皆三生四。陽下生陰，陰上生陽，乃還相爲宮之正法也。」於後劉歆典領條奏，著其始末，理漸研精。班氏漢志，盡歆所出也，司馬彪志，並房所出也。

至于後漢，尺度稍長。魏代杜夔，亦制律呂，以之候氣，灰悉不飛。晉光祿大夫荀勗，得古銅管，校夔所制，長古四分，方知不調，事由其誤。乃依周禮，更造古尺，用之定管，聲韻始調。

左晉之後，漸又訛謬。至梁武帝時，猶有汲冢玉律，宋蒼梧時，鑽爲橫吹，然其長短厚薄，大體具存。臣先人栖誠，學筭於祖暅，問律於何承天，沈研三紀，頗達其妙。後爲太常丞，典司樂職，乃取玉管及宋太史尺，並以聞奏。詔付大匠，依樣制管。自斯以後，律又飛灰。侯景之亂，臣兄喜於太樂得之。後陳宣帝詔荆州爲質，俄遇梁元帝敗，喜没於周。適欲上聞，陳武帝立，遂又以十二管衍爲六十律，私候氣序，並有徵應。至太建時，喜爲吏部尚書，欲以聞奏。會宣帝崩，後主嗣立，出喜爲永嘉內史，遂留家內，貽諸子孫。陳亡之際，竟並遺失。

今正十二管在太樂者，陽下生陰，始於黃鍾，陰上生陽，終於中呂，而一歲之氣，畢於此矣。中呂上生執始，執始下生去滅，終於南事。六十律候，畢於此矣。仲冬之月，律中黃鍾。黃鍾者，首於冬至，陽之始也。應天之數而長九寸，十一月氣至，則黃鍾之律應，所以宣養六氣，緝和九德也。自此之後，並用京房律準，長短宮徵，次日而用。凡十二律，各有所攝，引而申之，至于六十。亦由八卦衍而重之，以爲六十四也。相生者相變。始黃鍾之管，下生林鍾，以陽生陰，故變也。相攝者相通。如中呂之管，攝於物應，以母權子。故相變者，異時而各應，相通者，同月而繼應。應有早晚者，非正律氣，乃子律相感，寄母中應也。

其律，大業末於江都淪喪。

律直日

宋錢樂之因京房南事之餘，更生三百律。至梁博士沈重鍾律議曰：「易以三百六十策當朞之日，此律曆之數也。淮南子云：『一律而生五音，十二律而爲六十音，因而六之，故三百六十音，以當一歲之日。律曆之數，天地之道也。』此則自古而然矣。」重乃依淮南本數，用京房之術求之，得三百六十律。各因月之本律，以爲一部。以一部律數爲母，以一中氣所有日爲子，以母命子，隨所多少，各一律所建日辰分數也。以之分配七音，則建日冬至之聲，黃鍾爲宮，太蔟爲商，林鍾爲徵，南呂爲羽，姑洗爲角，應鍾爲變宮，蕤賓爲變徵。五音七聲，於斯和備。其次日建律，皆依次類運行。當日者各自爲宮，而商徵亦以次從。以考聲徵氣，辨識時序，萬類所宜，各順其節。自黃鍾終於壯進，一百五十律，皆三分損一以下生。自依行終於億兆，二百九律，皆三分益一以上生。唯安運一律爲終，不生。其數皆取黄鍾之實十七萬七千一百四十七爲本，以九三爲法，各除其實，得寸分及小分，餘皆委之。即各其律之長也。脩其律部，則上生下生宫徵之次也。今略其名次云。

黄鍾：

包育　含微　帝德　廣運　下濟　剋終　執始　握鑒　持樞　黄中　通聖　潛升

殷普　景盛　滋萌　光被　咸亨　廼文　廼聖　微陽　分動　生氣　雲繁　鬱湮

升引　屯結　開元　質未　僾昧　逋建　玄中　玉燭　調風

右黄鍾一部，三十四律。每律直三十四分日之三十一。

大吕：

荄動　始贊　大有　坤元　輔時　匡弼　分否　又繁　唯微　棄望　庶幾　執義

秉强　陵陰　侶陽　識沈　緝熙　知道　適時　權變　少出　阿衡　同雲　承明

善述　休光

右大吕一部，二十七律。每律直一日及二十七分日之三。

太蔟：

未知　其己　義建　亭毒　條風　湊始　時息　達生　匏奏　初角　少陽　柔橈

商音　屈齊　扶弱　承齊　動植　咸擢　兼山　止速　隨期　龍躍　勾芒　調序

青要　結萼　延敷　刑晉　辨秩　東作　贊揚　顯滯　俶落

右太蔟一部，三十四律。

夾鍾：

明庶　協侶　陰贊　風從　布政　萬化　開時　震德　乘條　芬芳　散朗　淑氣

風馳　佚喜　橐黨　四隙　種生　恣性　逍遙　仁威　爭南　旭旦　晨朝　生遂

羣分　絜新

右夾鍾一部，二十七律。

姑洗：

南授　懷來　考神　方顯　攜角　洗陳　變虞　擢穎　嘉氣　始升　卿雲　媚嶺

疏道　路時　日旅　實沈　炎風　首節　柔條　方結　刑始　方齊　物華　革莢

茂實　登明　壯進下生安運。　依行上生包育。　少選　道從　朱黻　揚庭　含貞

右姑洗一部，三十四律。

中呂：

朱明　啓運　景風　初緩　羽物　斯奮　南中　離春　率農　有程　南訛　敬致

相趣　内貞　朱草　含輝　屈軼　曜疇　巳氣　清和　物應　戒夥　荒落　貞軫

天庭　祚周

右中吕一部，二十七律。

蕤賓：

南事京房終律。　謐静　則選　布萼　滿羸　潛動　盛變　賓安　懷遠　聲暨

軌同　海水　息沴　離躬　安壯　崇明　遠眺　升中　鳳翥　朝陽　制時　瑞通

鶉火　乂次　高談　其煌

右蕤賓一部，二十七律。

林鍾：

謙待　崇德　循道　方壯　陰升　靡歷　去滅　華銷　朋慶　雲布　均任　仰成

寛中　安度　德均　無蹇　禮溢　智深　任肅　純恪　歸嘉　美音　温風　候節

蓂華　繡嶺　物無　否與　景口　曜井　日焕　重輪　財華

右林鍾一部，三十四律。

夷則：

升商　清爽　氣精　陰德　白藏　御敍　鮮刑　貞剋　金天　劉獮　會道　歸仁

陰侶　去南　陽消　柔辛　延乙　和庚　靡卉　荑晉　分積　孔脩　九德　咸蓋

僉惟　俾乂

右夷則一部，二十七律。

南呂：

白呂　捐秀　敦實　素風　勁物　酋稔　結躬　肥遯　嬴中　晟陰　抗節　威遠

有截　歸期　中德　王猷　允塞　蓐收　搏轡　搖落　未卬　質隨　分滿　道心

貞堅　蓄止　歸藏　夷汗　均義　悅使　亡勞　九有　光貢

右南呂一部，三十四律。

無射：

思沖　懷謙　恭儉　休老　恤農　銷祥　閉奄　降婁　藏邃　日在　旋春　閹藏

明奎　鄰齊　軌衆　大蓄　嗇斂　下濟　息肩　無邊　期保　延年　秋深　野色

玄月　澄天

右無射一部，二十七律。

應鍾：

分焉　祖微　據始　功成　乂定　靜謐　遲內　無爲　而乂　姑射　凝晦　動寂

應徵　未育　萬機　萬壽　無疆　地久　天長　脩復　遲時　方制　無休　九野

八荒　億兆　安運

右應鍾一部，二十八律。

審度

史記曰：「夏禹以身爲度，以聲爲律。」禮記曰：「丈夫布手爲尺。」周官云：「璧羨起度。」鄭司農云：「羨，長也。此璧徑尺，以起度量。」易緯通卦驗：「十馬尾爲一分。」淮南子云：「秋分而禾蔈定，蔈定而禾熟。律數十二蔈而當一粟，十二粟而當一寸。」蔈者，禾穗芒也。說苑云：「度量權衡以粟生，一粟爲一分。」孫子筭術云：「蠶所生吐絲爲忽，十忽爲秒，十秒爲豪，十豪爲氂，十氂爲分。」此皆起度之源，其文舛互。唯漢志：「度者，所以度長短也，本起黃鍾之長。以子穀秬黍中者，一黍之廣度之，九十黍爲黃鍾之長。一黍爲一分，十分爲一寸，十寸爲一尺，十尺爲一丈，十丈爲一引，而五度審矣。」後之作者，又憑此說，以律度量衡，並因秬黍，散爲諸法。其率可通故也。黍有大小之差，年有豐耗之異，前代量校〔六〕，每有不同，又俗傳訛替，漸致增損。今略諸代尺度一十五等，并異同之說如左。

一、周尺

漢志王莽時劉歆銅斛尺。

後漢建武銅尺。

晉泰始十年荀勗律尺，爲晉前尺。

祖沖之所傳銅尺。

徐廣、徐爰、王隱等晉書云：「武帝泰始九年，中書監荀勗，校太樂八音，不和，始知爲後漢至魏，尺長於古四分有餘。勗乃部著作郎劉恭，依周禮制尺，所謂古尺也。依古尺更鑄銅律呂，以調聲韻。以尺量古器，與本銘尺寸無差。又汲郡盜發魏襄王冢，得古周時玉律及鍾磬，與新律聲韻闇同。于時郡國或得漢時故鍾，吹新律命之，皆應。」梁武鍾律緯云：「祖沖之所傳銅尺，其銘曰：『晉泰始十年，中書考古器，揆校今尺，長四分半。所校古法有七品：一曰姑洗玉律，二曰小呂玉律，三曰西京銅望臬，四曰金錯望臬，五曰銅斛，六曰古錢，七曰建武銅尺。姑洗微强，西京望臬微弱，其餘與此尺同〔七〕。』銘八十二字。此尺者，勗新尺也。今尺者，杜夔尺也。雷次宗、何胤之二人作鍾律圖，所載荀勗校量古尺文，與此銘同。而蕭吉樂譜，謂爲梁朝所考七品，謬也。今以此尺爲本，以校諸代尺」云。

二、晉田父玉尺

梁法尺，實比晉前尺一尺七釐。

世説稱，有田父於野地中得周時玉尺，便是天下正尺。荀勗試以校尺，所造金石絲竹，皆短校一米。梁武帝鍾律緯稱，主衣從上相承，有周時銅尺一枚，古玉律八枚。檢主衣周尺，東昏用爲章信，尺不復存。玉律一□蕭，餘定七枚夾鍾，有昔題刻〔八〕。迺制爲尺，以相參驗〔九〕。取細毫中黍，積次詶定，今之最爲詳密，長祖沖之尺校半分。以新尺制爲四器，名爲通。又依新尺爲笛，以命古鍾，按刻夷則，以笛命飲和韻，夷則定合。案此兩尺長短近同。

三、梁表尺　實比晉前尺一尺二分二釐一毫有奇。

蕭吉云：「出於司馬法。梁朝刻其度於影表，以測影〔一〇〕。」案此即奉朝請祖暅所筭造銅圭影表者也。經陳滅入朝。大業中，議以合古，乃用之調律，以制鍾磬等八音樂器。

四、漢官尺　實比晉前尺一尺三分七毫。

晉時始平掘地得古銅尺。

蕭吉樂譜云：「漢章帝時，零陵文學史奚景，於泠道縣舜廟下得玉律，度爲此尺。」傅暢晉諸公讚云：「荀勗新造鍾律〔一一〕，時人並稱其精密，唯陳留阮咸，譏其聲高。後始平掘地，得古銅尺，歲久欲腐，以校荀勗今尺，短校四分。時人以咸爲解。」此兩尺長短近同。

五、魏尺　杜夔所用調律，比晉前尺一尺四分七釐。

魏陳留王景元四年，劉徽注九章云，王莽時劉歆斛尺，弱於今尺四分五釐〔一二〕，比魏尺，其斛深九寸五分五釐。即晉荀勗所云「杜夔尺長於今尺四分半」是也。

六、晉後尺　實比晉前尺一尺六分二釐。

蕭吉云，晉氏江東所用。

七、後魏前尺　實比晉前尺一尺二寸七釐。

八、中尺　實比晉前尺一尺二寸一分一釐。

九、後尺　實比晉前尺一尺二寸八分一釐。即開皇官尺及後周市尺。

後周市尺，比玉尺一尺九分三釐。

開皇官尺，即鐵尺，一尺二寸。

此後魏初及東西分國，後周未用玉尺之前，雜用此等尺。甄鸞筭術云：「周朝市尺，得玉尺九分二釐。」或傳梁時有誌公道人作此尺，寄入周朝，云與多鬚老翁。周太祖及隋高祖，各自以爲謂己。周朝人間行用。及開皇初〔一三〕，著令以爲官尺，百司用之，終于仁壽。大業中，人間或私用之。

十、東後魏尺　實比晉前尺一尺五寸八豪〔一四〕。

此是魏中尉元延明，累黍用半周之廣爲尺，齊朝因而用之。魏收魏史律曆志云：「公孫崇永平中，更造新尺，以一黍之長，累爲寸法。尋太常卿劉芳，受詔脩樂，以秬黍中者一黍之廣，即爲一分。而中尉元匡，以一黍之廣，度黍二縫，以取一分。三家紛競，久不能決。太和十九年高祖詔，以一黍之廣，用成分體，九十之黍，黄鍾之長，以定銅尺。有司奏從前詔，而芳尺同高祖所制，故遂典脩金石。迄武定未有論律者。」

十一、蔡邕銅籥尺

後周玉尺，實比晉前尺一尺一寸五分八氂。

從上相承，有銅籥一，以銀錯題，其銘曰：「籥，黄鍾之宫，長九寸，空圍九分，容秬黍一千二百粒，稱重十二銖，兩之爲一合。三分損益，轉生十二律。」祖孝孫云：「相承傳是蔡邕銅籥。」

後周武帝保定中，詔遣大宗伯盧景宣、上黨公長孫紹遠、岐國公斛斯徵等，累黍造尺，從横不定。後因脩倉掘地，得古玉斗，以爲正器，據斗造律度量衡。因用此尺，大赦，改元天和，百司行用，終於大象之末。其律黄鍾，與蔡邕古籥同。

十二、宋氏尺　實比晉前尺一尺六分四氂。

錢樂之渾天儀尺。

後周鐵尺。

開皇初調鍾律尺及平陳後調鍾律水尺。

此宋代人間所用尺，傳入齊、梁、陳，以制樂律。與晉後尺及梁時俗尺、劉曜渾天儀尺，略相依近。當由人間恒用，增損訛替之所致也。

周建德六年平齊後，即以此同律度量，頒于天下。其後宣帝時，達奚震及牛弘等議曰：

竊惟權衡度量，經邦懋軌，誠須詳求故實，考校得衷。謹尋今之鐵尺，是太祖遣尚書故蘇綽所造，當時檢勘，用爲前周之尺。驗其長短，與宋尺符同，即以調鍾律，并用均田度地。今以上黨羊頭山黍，依漢書律曆志度之。若以大者稠累，依數滿尺，實於黃鍾之律，須撼乃容。若以中者累尺，雖復小稀，實於黃鍾之律，不動而滿。計此二事之殊，良由消息未善，其於鐵尺，終有一會。且上黨之黍，有異他鄉，其色至烏，其形圓重，用之爲量，定不徒然。正以時有水旱之差，地有肥瘠之異，取黍大小，未必得中。案許慎解，秬黍體大，本異於常。疑今之大者，正是其中，累百滿尺，即是會古。實籥之外，纔剩十餘，此恐圍徑或差，造律未妙。就如撼動取滿，論理亦通。

今勘周漢古錢，大小有合，宋氏渾儀，尺度無舛。又依淮南，累粟十二成寸。明先王制法，索隱鈎深，以律計分，義無差異。漢書食貨志云：「黃金方寸，其重一斤。」今鑄金校驗，鐵尺爲近。依文據理，符會處多。且平齊之始，已用宣布，今因而爲定，彌合時宜。至於玉尺累黍，以廣爲長，累既有剩，實復不滿。尋訪古今，恐不可用。其晉、梁尺量，過爲短小，以黍實管，彌復不容，據律調聲，必致高急。且八音克諧，明王盛範，同律度量，哲后通規。臣等詳校前經，斟量時事，謂用鐵尺，於理爲便。未及詳定，高祖受終，牛弘、辛彥之、鄭譯、何妥等，久議不決。

既平陳，上以江東樂爲善，曰：「此華夏舊聲，雖隨俗改變，大體猶是古法。」祖孝孫云：「平陳後，廢周玉尺律，便用此鐵尺律，以一尺二寸即爲市尺。」

十三、開皇十年萬寶常所造律呂水尺　實比晉前尺一尺一寸八分六氂。

今太樂庫及內出銅律一部，是萬寶常所造，名水尺律。說稱其黃鍾律當鐵尺南呂倍聲。南呂，黃鍾羽也，故謂之水尺律。

十四、雜尺　趙劉曜渾天儀土圭尺，長於梁法尺四分三氂，實比晉前尺一尺五分。

十五、梁朝俗間尺　長於梁法尺六分三氂、於劉曜渾儀尺二分，實比晉前尺一尺七分一氂。

梁武鍾律緯云：「宋武平中原，送渾天儀土圭，云是張衡所作。驗渾儀銘題，是光初四年鑄，土圭是光初八年作。並是劉曜所制，非張衡也。制以爲尺，長今新尺四分三氂，短俗間尺二分。」新尺謂梁法尺也。

## 嘉量

周禮，㮚氏「爲量，鬴深尺，内方尺而圓其外，其實一鬴；其臀一寸，其實一豆；其耳三寸，其實一升。重一鈞。其聲中黄鍾。槩而不稅。其銘曰：『時文思索，允臻其極。嘉量既成，以觀四國。永啓厥後，茲器維則。』」春秋左氏傳曰：「齊舊四量，豆、區、鬴、鍾。四升曰豆，各自其四，以登於鬴。」六斗四升也。「鬴十則鍾」，六十四斗也。鄭玄以爲方尺積千寸，比九章粟米法少二升、八十一分升之二十二。祖沖之以筭術考之，積凡一千五百六十二寸半。方尺而圓其外，減傍一氂八毫。其徑一尺四寸一分四毫七秒二忽有奇而深尺，即古斛之制也。九章商功法程粟一斛，積二千七百寸。米一斛，積一千六百二十寸。菽荅麻麥一斛〔一五〕，積二千四百三十寸。此據精麤爲率，使價齊而不等。其器之積寸也，以米斛爲正，則同于漢志。孫子筭術曰：「六粟爲圭，十圭爲秒，十秒爲撮，十撮爲勺，十勺爲合。」應劭曰：「圭者自然之形，陰陽之始。四圭爲撮。」孟康曰：「六十四黍爲圭。」漢志曰：「量者，龠、合、升、斗、斛也，所以量多少也。本起於黄鍾之龠。用度數審其容，以子穀秬黍中者千有二百，實其龠，以井水准其概。合龠爲合，十合爲升，十升爲斗，十斗爲斛，而五量嘉矣。其法用銅，方尺而圓其外，旁有庣焉。其上爲斛，其下爲斗，左耳爲升，右耳爲合、龠。其狀似爵，以縻爵禄。上三下二，參天兩地。圓而函方，左一右二，陰陽之象也。圓象規，其重二鈞，備氣物之數，各萬有一千五百二十也。聲中黃鍾，始於黃鍾而反覆焉。」其斛銘曰：「律嘉量斛，方尺而圓其外，庣旁九氂五毫，冪百六十二寸，深尺，積一千六百二十寸，容十斗。」祖沖之以圓率考之，此斛當徑一尺四寸三分六氂一毫九秒二忽，庣旁一分九毫有奇。劉歆庣旁少一氂四毫有奇，歆數術不精之所致也。

魏陳留王景元四年，劉徽注九章商功曰：「當今大司農斛圓徑一尺三寸五分五氂，深一尺，積一千四百四十一寸十分寸之三〔一六〕。王莽銅斛於今尺爲深九寸五分五氂，徑一尺三寸六分八氂七毫。以徽術計之，於今斛爲容九斗七升四合有奇。」此魏斛大而尺長，王莽斛小而尺短也。

梁、陳依古。

齊以古升五升爲一斗〔一七〕。

後周武帝「保定元年辛巳五月，晉國造倉，獲古玉斗〔一八〕。暨五年乙酉冬十月，詔改制銅律度，遂致中和。累黍積龠，同茲玉量，與衡度無差。准爲銅升，用頒天下。內徑七寸一分，深二寸八分，重七斤八兩。天和二年丁亥，正月癸酉朔，十五日戊子校定〔一九〕，移地官府爲式。」此銅升之銘也。其玉升銘曰：「維大周保定元年，歲在重光，月旅蕤賓，晉國之有司，修繕倉廩，獲古玉升，形制典正，若古之嘉量。太師晉國公以聞，勑納於天府。暨五年歲在叶洽，皇帝廼詔稽準繩，考灰律，不失圭撮，不差累黍。遂鎔金寫之，用頒天下，以合太平權衡度量。」今若以數計之，玉升積玉尺一百一十寸八分有奇，斛積一千一百八寸五分七氂三毫九秒〔一〇〕。又甄鸞筭術云：「玉升一升，得官斗一升三合四勺。」此玉升大而官斗小也。以數計之，甄鸞所據後周官斗，積玉尺九十七寸有奇，斛積九百七十七寸有奇。後周玉斗并副金錯銅斗及建德六年金錯題銅斗實，同以秬黍定量。以玉稱權之，一升之實，皆重六斤十三兩。

開皇以古斗三升爲一升。大業初，依復古斗。

## 衡權

衡者，平也；權者，重也。衡所以任權而鈞物平輕重也。其道如底，以見準之正，繩之直。左旋見規，右折見矩。其在天也，佐助琁璣〔一一〕，斟酌建指，以齊七政，故曰玉衡。權者，銖、兩、斤、鈞、石也，以秤物平施，知輕重也。古有黍、絫、錘、錙、鐶、鉤、鋝、鎰之目，歷代差變，其詳未聞。前志曰：權本起於黃鍾之重。一籥容千二百黍，重十二銖。兩之爲兩，二十四銖爲兩。十六兩爲斤。三十斤爲鈞。四鈞爲石。五權謹矣。其制以義立之，以物鈞之。其餘大小之差，以輕重爲宜。圜而環之，令之肉倍好者〔一二〕，周旋亡端，終而復始，亡窮已也。權與物鈞而生衡，衡運生規，規圓生矩，矩方生繩，繩直生準。準正則衡平而鈞權矣。是爲五則，備于鈞器，以爲大範。案趙書，石勒十八年七月，造建德殿，得圓石，狀如水碓。其銘曰：「律權石，重四鈞，同律度量衡。有辛氏造。」續咸議是王莽時物。後魏景明中，并州人王顯達，獻古銅權一枚，上銘八十一字。其銘云：「律權石，重四鈞。」又云：「黄帝初祖，德帀于虞。虞帝始祖，德帀于新〔二三〕。歲在大梁，龍集戊辰。戊辰直定〔二四〕，天命有人。據土德，受正號即真。改正建丑，長壽隆崇。同律度量衡，稽當前人。龍在己巳，歲次實沈，初班天下，萬國永遵。子子孫孫，享傳億年。」此亦王莽所制也。其時太樂令公孫崇，依漢志先修稱尺，及見此權，以新稱稱之，重一百二十斤。新稱與權，合若符契。於是付崇調樂。孝文時，一依漢志作斗尺。

梁、陳依古稱。

齊以古稱一斤八兩爲一斤。

周玉稱四兩，當古稱四兩半。

開皇以古稱三斤爲一斤，大業中，依復古秤。

## 校勘記

〔一〕女媧笙簧　「女媧」，原作「女蝸」，據至順本、汲本改。「簧」，原作「篁」，據殿本改。

〔二〕七始訓　「訓」，殿本作「詠」，與漢書卷二一上律曆志上同。

〔三〕以御錯糅正負　「負」，原作「員」，據九章算術卷八方程改。

〔四〕應鍾長四寸三分二　「四寸三分二」，史記卷二五律書作「四寸二分三分二」。

〔五〕「遇平江右」至「授淮州刺史」　據隋書求是，本書卷三〇地理志中淮安郡下載，西魏淮州，開皇五年改顯州，則開皇九年平陳後不得仍稱淮州。

〔六〕前代量校　「前」，原作「末」，據南監本、北監本、汲本、殿本改。

〔七〕「晉泰始十年」至「其餘與此尺同」　以上銘文八十字，而下文稱「銘八十二字」，或有奪文。

〔八〕玉律一□蕭餘定七枚夾鍾有昔題刻　本節所引梁武帝鍾律緯文意幾不可解，當有訛奪。玉海卷六律曆周玉律：「鍾律緯云：『從上相承，有周時銅尺一枚，古玉律八枚，今餘七枚。檢考參差，惟夾鍾玉琯有昔題刻，未必是舜時白琯，觀其玉色，要非近物，迺制爲尺，以相參驗。』」天中記卷六律引鍾律緯同，惟「從上」上有「主衣」二字。疑「餘定」應作「今餘」。

〔九〕以相參驗　「驗」字原闕，據至順本、汲本補。

〔一〇〕以測影　「測」，原作「則」，據南監本、北監本、汲本、殿本改。

〔一一〕荀勗新造鍾律　「新」字原闕，據至順本補。晉書卷一六律曆志上亦有「新」字。

〔一二〕弱於今尺四分五氂　「分」，原作「寸」，據晉書卷一六律曆志上改。

〔一三〕周朝人間行用及開皇初　「用及」，至順本作「玉尺」。

〔一四〕實比晉前尺一尺五寸八豪　「五寸」，宋史卷七一律曆志四作「三寸」，馬衡隋書律曆志十五等尺謂宋史「似較近理」。

〔一五〕菽荅麻麥一斛　「荅」，原作「合」，據晉書卷一六律曆志上改。

〔一六〕積一千四百四十一寸十分寸之三　後「寸」字原闕，據九章算術卷五商功補。

〔一七〕齊以古升五升爲一斗　下文謂「齊以古稱一斤八兩爲一斤」，吴承洛中國度量衡史據此認爲，此「五升」應作「一斗五升」。

〔一八〕獲古玉斗　「斗」，原作「升」，周書卷五武帝紀上保定元年五月「晉公護獲玉斗以獻」。本卷上文兩次提及後周獲古「玉斗」事，下文也明確稱「後周玉斗」，今據改。又，下文屢次提到「玉升」、「銅升」，其「升」字疑亦應作「斗」，不另出校。

〔一九〕正月癸酉朔十五日戊子校定　十五日爲丁亥，戊子爲十六日，此日期或干支有誤。

〔二〇〕斛積一千一百八寸五分七氂三毫九秒　「寸」，原作「十」，據南監本改。

〔二一〕佐助琁璣　「璣」，原作「機」，據南監本、北監本、汲本、殿本改。

〔二二〕令之肉倍好者　「倍」字原闕，據殿本補。漢書卷二一上律曆志上亦有「倍」字。

〔二三〕德市于新　「新」，原作「辛」，據馬衡隋書律曆志十五等尺改。

〔二四〕龍集戊辰戊辰直定　後「戊辰」原闕，據馬衡隋書律曆志十五等尺補。

# 隋書卷十七

## 志第十二

### 律曆中

夫曆者，紀陰陽之通變，極往數以知來，可以迎日授時，先天成務者也。然則懸象著明，莫大於二曜，氣序環復，無信於四時。日月相推而明生矣，寒暑迭進而歲成焉，遂能成天地之文，極乾巛之變。天數五，地數五，五位相乘而各有合。天數二十有五，地數三十，凡天地之數五十有五，所以成變化而行鬼神也。乾之策二百一十有六，巛之策一百四十有四，凡三百六十，以當朞之日也。至乃陰陽迭用，剛柔相摩，四象既陳，八卦成列，此乃造文之元始，創曆之厥初者歟？洎乎炎帝分八節，軒轅建五部，少昊以鳳鳥司曆，顓頊以南正司天，陶唐則分命和、仲，夏后乃備陳鴻範，湯、武革命，咸率舊章。然文質既殊，正朔斯革，故天子置日官，諸侯有日御，以和萬國，以叶三辰。至于寒暑晦明之徵，陰陽生殺之數，啓閉升降之紀，消息盈虛之節，皆應躔次而不淫，遂得該浹生靈，堪輿天地，開物成務，致遠鉤深。周德既衰，史官廢職，疇人分散，機祥莫理。秦兼天下，頗推五勝，自以獲水德之瑞，以十月爲正。漢氏初興，多所未暇，百有餘載，猶行秦曆。至于孝武，改用夏正。時有古曆六家，學者疑其紕繆，劉向父子，咸加討論，班固因之，採以爲志。光武中興，未能詳考。逮于永平之末，乃復改行四分，七十餘年，儀式方備。其後復命劉洪、蔡邕，共修律曆，司馬彪用之以續班史。當塗受命，亦有史官，韓翊創之於前，楊偉繼之於後，咸遵劉洪之術，未及洪之深妙。中、左兩晉，迭有增損。至於西涼，亦爲蔀法，事迹糾紛，未能詳記。宋氏元嘉，何承天造曆，迄于齊末，相仍用之。梁武初興，因循齊舊，天監中年，方改行宋祖沖之甲子元曆。陳武受禪，亦無創改。後齊文宣，用宋景業曆。西魏入關，行李業興曆。逮於周武帝，乃有甄鸞造甲寅元曆，遂參用推步焉。大象之初，太史上士馬顯，又上丙寅元曆，便即行用。迄于開皇四年，乃改用張賓曆，十七年，復行張胄玄曆，至于義寧。今采梁天監以來五代損益之要，以著于篇云。

梁初因齊，用宋元嘉曆。天監三年下詔定曆，員外散騎侍郎祖暅奏曰：「臣先在晉已來，世居此職。仰尋黃帝至今十二代，曆元不同，周天、斗分，疏密亦異，當代用之，各垂一法。宋大明中，臣先人考古法，以爲正曆，垂之于後，事皆符驗，不可改張。」八年，暅又上疏論之。詔使太史令將匠道秀等，候新舊二曆氣朔、交會及七曜行度，起八年十一月，訖九年七月，新曆密，舊曆疎。暅乃奏稱：「史官今所用何承天曆，稍與天乖，緯緒參差，不可承案。被詔付靈臺，與新曆對課疎密，前期百日，并又再申。始自去冬，終于今朔，得失之效，並已月別啓聞。夫七曜運行，理數深妙，一失其源，則歲積彌爽。所上脱可施用，宜在來正。」至九年正月，用祖沖之所造甲子元曆頒朔。至大同十年，制詔更造新曆，以甲子爲元，六百一十九爲章歲，一千五百三十六爲日法，一百八十三年冬至差一度，月朔以遲疾定其小餘，有三大二小。未及施用而遭侯景亂，遂寢。

陳氏因梁，亦用祖沖之曆，更無所創改。

後齊文宣受禪，命散騎侍郎宋景業叶圖讖，造天保曆。景業奏：「依握誠圖及元命包，言齊受録之期，當魏終之紀，得乘三十五以爲蔀，應六百七十六以爲章。」文宣大悅，乃施用之。期曆統曰：「上元甲子，至天保元年庚午，積十一萬五百二十六筭外〔一〕，章歲六百七十六，度法二萬三千六百六十，斗分五千七百八十七，曆餘十六萬二千二百六十一。」至後主武平七年，董峻、鄭元偉立議非之曰：「宋景業移閏於天正，退命於冬至交會之際，承二大之後，三月之交，妄減平分。臣案，景業學非探賾，識殊深解，有心改作，多依舊章，唯寫子換母，頗有變革，妄誕穿鑿，不會真理。乃使日之所在，差至八度，節氣後天，閏先一月。朔望虧食，既未能知其表裏，遲疾之曆步，又不可以傍通。妄設平分，虛退冬至，虛退則日數減於周年〔二〕，平分妄設，故加時差於異日。五星見伏，有違二旬，遲疾逆留，或乖兩宿。軌簇之術，妄刻水旱。今上甲寅元曆，並以六百五十七爲章〔三〕，二萬二千三百三十八爲蔀，五千四百六十一爲斗分，甲寅歲甲子日爲元紀。」又有廣平人劉孝孫、張孟賓二人，同知曆事。孟賓受業於張子信，並棄舊事，更制新法。又有趙道嚴，準晷影之長短，定日行之進退，更造盈縮，以求虧食之期。劉孝孫以六百一十九爲章〔四〕，八千四十七爲紀，一千九百六十六爲歲餘〔五〕，甲子爲上元，命日度起虛中。張孟賓以六百一十九爲章，四萬八千九百一爲紀〔六〕，九百四十八爲日法，萬一千九百四十五爲斗分〔七〕。元紀共命，法略旨遠。日月五星，並從斗十一起。盈縮轉度，陰陽分至，與漏刻相符，共日影俱合，循轉無窮。上拒春秋，下盡天統，日月虧食及五星所在，以二人新法考之，無有不合。其年，訖干敬禮及曆家豫刻日食疎密〔八〕。六月戊申朔，太陽虧，劉孝孫言食於卯時，張孟賓言食於甲時〔九〕，鄭元偉、董峻言食於辰時，宋景業言食於巳時。至日食，乃於卯甲之間，其言皆不能中。爭論未定，遂屬國亡。

西魏入關，尚行李業興正光曆法。至周明帝武成元年，始詔有司造周曆。於是露門學士明克讓、麟趾學士庾季才，及諸日者，採祖暅舊議，通簡南北之術。自斯已後，頗覩其謬，故周、齊並時，而曆差一日。克讓儒者，不處日官，以其書下于太史。及武帝時，甄鸞造天和曆。上元甲寅至天和元年丙戌，積八十七萬五千七百九十二筭外。章歲三百九十一，蔀法二萬三千四百六十，日法二十九萬一百六十，朔餘十五萬三千九百九十一，斗分五千七百三十一，會餘九萬三千五百一十六，曆餘一十六萬八百三十，冬至斗十五度，參用推步。終於宣政元年。

大象元年，太史上士馬顯等，又上丙寅元曆，抗表奏曰：

臣案九章、五紀之旨，三統、四分之說，咸以節宣發斂，考詳晷緯，布政授時，以爲皇極者也。而乾維難測，斗憲易差，盈縮之期致舛，咎徵之道斯應。寧止蚍或乘龍，水能沴火，因亦玉羊掩曜，金雞喪精。王化關以盛衰，有國由其隆替，曆之時義，於斯爲重。

自炎漢已還，迄於有魏，運經四代，事涉千年，日御天官，不乏於世，命元班朔，互有沿改。驗近則疊璧應辰，經遠則連珠失次，義難循舊，其在茲乎？大周受圖膺録，牢籠萬古，時夏乘殷，斟酌前代，曆變壬子，元用甲寅。高祖武皇帝索隱探賾，盡性窮理，以爲此曆雖行，未臻其妙，爰降詔旨，博訪時賢，并勑太史上士馬顯等，更事刊定，務得其宜。然術藝之士，各封異見，凡所上曆，合有八家，精麤踳駁，未能盡善。去年冬，孝宣皇帝乃詔臣等，監考疎密，更令同造。謹案史曹舊簿及諸家法數，棄短取長，共定今術。開元發統，肇自丙寅，至於兩曜虧食，五星伏見，參校積時，最爲精密。庶鐵炭輕重，無失寒燠之宜，灰箭飛浮，不爽陰陽之度。上元丙寅至大象元年己亥，積四萬一千五百五十四筭上。日法五萬三千五百六十三，亦名蔀會法。章歲四百四十八，斗分三千一百六十七，蔀法一萬二千九百九十二。章中爲章會法。日法五萬三千五百六十三，曆餘二萬九千六百九十三，會日百七十三，會餘一萬六千六百一十九，冬至日在斗十二度。小周餘、盈縮積〔一〇〕，其曆術別推入蔀會，分用陽率四百九十九，陰率九。每十二月下各有日月蝕轉分，推步加減之，乃爲定蝕大小餘，而求加時之正。

其術施行。

時高祖作輔，方行禪代之事，欲以符命曜于天下。道士張賓，揣知上意，自云玄相，洞曉星曆，因盛言有代謝之徵，又稱上儀表非人臣相。由是大被知遇，恒在幕府。及受禪之初，擢賓爲華州刺史，使與儀同劉暉、驃騎將軍董琳、索盧縣公劉祐、前太史上士馬顯、太學博士鄭元偉、前保章上士任悦、開府掾張徹、前盪邊將軍張膺之、校書郎衡洪建、太史監候粟相、太史司曆郭翟、劉宜、兼筭學博士張乾敍、門下參人王君瑞、荀隆伯等，議造新曆，仍令太常卿盧賁監之。賓等依何承天法，微加增損。四年二月撰成奏上。高祖下詔曰：「張賓等存心筭數，通洽古今，每有陳聞，多所啓沃。畢功表奏，具已披覽。使後月復育，不出前晦之宵，前月之餘，罕留後朔之旦。減朓就朒，懸殊舊準。月行表裏，厥途乃異，日交弗食，由循陽道。驗時轉筭不越纖豪，逖聽前脩，斯祕未啓。有一於此，實爲精密，宜頒天下，依法施用。」

張賓所造曆法，其要：

以上元甲子己巳已來[一]，至開皇四年歲在甲辰，積四百一十二萬九千一，筭上。

蔀法，一十萬二千九百六十。

章歲，四百二十九。

章月，五千三百六。

通月，五百三十七萬二千二百九。

日法，一十八萬一千九百二十。

斗分，二萬五千六十三。

會月，一千二百九十七。

會率，二百二十一。

會數，一百一十半。

會分，一十一億八千七百二十五萬八千一百八十九。

會日法，四千二十萬四千三百二十。

會日，百七十三。

餘，五萬六千一百四十三。

小分，一百一十。

交法，五億一千二百一十萬四千八百。

交分法，二千八百一十五。

陰陽曆，一十三。

餘，十一萬二百六十三。

小分，二千三百二十八。

朔差，二。

餘，五萬七千九百二十一。

小分，九百七十四。

蝕限，一十二。

餘，八萬一千三百三。

小分，四百三十三半。

定差，四萬四千五百四十八。

周日，二十七。

餘，一十萬八百五十九。亦名少大法。

木精曰歲星，合率四千一百六萬三千八百八十九。

火精曰熒惑，合率八千二十九萬七千九百二十六。

土精曰鎮星，合率三千八百九十二萬五千四百一十三。

金精曰太白，合率六千一十一萬九千六百五十五。

水精曰辰星，合率一千一百九十三萬一千一百二十五。

張賓所創之曆既行，劉孝孫與冀州秀才劉焯，並稱其失，言學無師法，刻食不中，所駁凡有六條：其一云，何承天不知分閏之有失，而用十九年之七閏。其二云，賓等不解宿度之差改，而冬至之日守常度。其三云，連珠合璧，七曜須同，乃以五星別元。其四云，賓等唯知日氣餘分恰盡而爲立元之法，不知日月不合，不成朔旦冬至。其五云，賓等但守立元定法，不須明有進退。其六云，賓等唯識轉加大餘二十九以爲朔，不解取日月合會准以爲定。此六事微妙，曆數大綱，聖賢之通術，而暉未曉此，寔管窺之謂也。若乃驗影定氣，何氏所優，賓等推測，去之彌遠。合朔順天，何氏所劣，賓等依據，循彼迷蹤。蓋是失其菁華，得其糠粃者也。又云，魏明帝時，有尚書郎楊偉，修景初曆，乃上表立義，駁難前非，云：「加時後天，食不在朔。」然觀楊偉之意，故以食朔爲真，未能詳之而制其法。至宋元嘉中，何承天著曆，其上表云：「月行不定，或有遲疾，合朔月食，不在朔望，亦非曆之意也。」然承天本意，欲立合朔之術，遭皮延宗飾非致難，故事不得行。至後魏獻帝時，有龍宜弟，復修延興之曆，又上表云：「日食不在朔，而習之不廢，據春秋書食，乃天之驗朔也。」此三人者，前代善曆，皆有其意，未正其書。但曆數所重，唯在朔氣。朔爲朝會之首，氣爲生長之端，朔有告餼之文，氣有郊迎之典，故孔子命曆而定朔旦冬至，以爲將來之範。今孝孫曆法，並按明文，以月行遲疾定其合朔，欲令食必在朔，不在晦、二之日也。縱使頻月一小、三大，得天之統。大抵其法有三，今列之云。

第一，勘日食證恒在朔。

引詩云：「十月之交，朔日辛卯，日有食之。」今以甲子元曆術推筭，符合不差。春秋經書日食三十五〔一二〕。二十七日食，經書有朔，推與甲子元曆不差。八食，經書並無朔字。左氏傳云：「不書朔，官失之也。」公羊傳云：「不言朔者，食二日也。」穀梁傳云：「不言朔者，食晦也。」今以甲子元曆推筭，俱是朔日。丘明受經夫子，於理尤詳，公羊、穀梁皆臆說也。

春秋左氏隱公三年二月己巳，日有食之。推合己巳朔。

莊公十八年春三月，日有食之。推合壬子朔。

僖公十二年三月庚午，日有食之。推合庚午朔。

十五年夏五月，日有食之。推合癸未朔。

襄公十五年秋八月丁未，日有食之〔一三〕。推合丁巳朔。

前、後漢及魏、晉四代所記日食，朔、晦及先晦，都合一百八十一，今以甲子元曆術推之，並合朔日而食。

前漢合有四十五食。三食並先晦一日，三十二食並皆晦日，十食並是朔日。

後漢合有七十四食。三十七食並皆晦日，三十七食並皆朔日。

魏合有十四食。四食並皆晦日，十食並皆朔日。

晉合有四十八食。二十五食並皆晦日，二十三食並皆朔日。

第二，勘度差變驗。

尚書云：「日短星昴，以正仲冬。」即是唐堯之時，冬至之日，日在危宿，合昏之時，昴正午。案竹書紀年，堯元年丙子。今以甲子元曆術推算，得合堯時冬至之日，合昏之時，昴星正午。漢書武帝太初元年丁丑歲，落下閎等考定太初曆冬至之日，日在牽牛初。今以甲子元曆術算，即得斗末牛初矣。晉時有姜岌，又以月食驗於日度，知冬至之日日在斗十七度。宋文帝元嘉十年癸酉歲，何承天考驗乾度，亦知冬至之日日在斗十七度。雖言冬至後上三日，前後通融，只合在斗十七度。但堯年漢日，所在既殊，唯晉及宋，所在未改，故知其度，理有變差。至今大隋甲辰之歲，考定曆數象，以稽天道，知冬至之日日在斗十三度。

第三，勘氣影長驗。

春秋緯命曆序云：「魯僖公五年正月壬子朔旦冬至。」今以甲子元曆術推算，得合不差。宋書元嘉十年，何承天以土圭測影，知冬至已差三日。詔使付外考驗，起元嘉十三年爲始，畢元嘉二十年，八年之中，冬至之日恒與影長之日差校三日。今以甲子元曆術推算，但是冬至之日恒與影長之符合不差。詳之如左：

十三年丙子，

天正十八日曆注冬至，
十五日影長，
即是今曆冬至日。
十四年丁丑，
天正二十九日曆注冬至，
二十六日影長，
即是今曆冬至日。
十五年戊寅，
天正十一日曆注冬至，
陰，無影可驗，
今曆八日冬至。
十六年己卯，
天正二十一日曆注冬至，
十八日影長，
即是今曆冬至日。

十七年庚辰，
天正二日曆注冬至，
十月二十九日影長，
即是今曆冬至日。
十八年辛巳，
天正十三日曆注冬至，
十日影長〔一四〕，
即是今曆冬至日。
十九年壬午，
天正二十五日曆注冬至〔一五〕，
陰，無影可驗，
今曆二十二日冬至。
二十年癸未，
天正六日曆注冬至，
三日影長，

即是今曆冬至日。

于時新曆初頒，賓有寵於高祖，劉暉附會之，被升爲太史令。二人叶議，共短孝孫，言其非毁天曆，率意迂怪，焯又妄相扶證，惑亂時人。孝孫、焯等，竟以他事斥罷。後賓死，孝孫爲掖縣丞，委官入京，又上，前後爲劉暉所詰，事寢不行。仍留孝孫直太史，累年不調，寓宿觀臺。乃抱其書，弟子輿櫬，來詣闕下，伏而慟哭。執法拘以奏之。高祖異焉，以問國子祭酒何妥。妥言其善，即日擢授大都督，遣與賓曆比校短長。先是信都人張胄玄，以筭術直太史，久未知名。至是與孝孫共短賓曆，異論鋒起，久之不定。

至十四年七月，上令參問日食事。楊素等奏：「太史凡奏日食二十有五，唯一晦三朔，依剋而食，尚不得其時，又不知所起，他皆無驗。胄玄所剋，前後妙衷，時起分數，合如符契。孝孫所剋，驗亦過半。」於是高祖引孝孫、胄玄等，親自勞徠。孝孫因請先斬劉暉，乃可定曆。高祖不懌，又罷之。俄而孝孫卒，楊素、牛弘等傷惜之，又薦胄玄。上召見之，胄玄因言日長景短之事，高祖大悦，賞賜甚厚，令與參定新術。劉焯聞胄玄進用，又增損孝孫曆法，更名七曜新術，以奏之。與胄玄之法，頗相乖爽，袁充與胄玄害之，焯又罷。至十七年，胄玄曆成，奏之。上付楊素等校其短長。劉暉與國子助教王頍等執舊曆術〔一六〕，迭相駁難，與司曆劉宜，援據古史影等，駁胄玄云：

命曆序僖公五年天正壬子朔旦日至，左氏傳僖公五年正月辛亥朔日南至。張賓曆，天正壬子朔冬至，合命曆序，差傳一日。張胄玄曆，天正壬子朔，合命曆序，差傳一日；三日甲寅冬至，差命曆序二日，差傳三日。成公十二年，命曆序天正辛卯朔旦日至。張賓曆，天正辛卯朔冬至，合命曆序。張胄玄曆，天正辛卯朔，合命曆序〔一七〕；二日壬辰冬至，差命曆序一日。昭公二十年，春秋左氏傳二月己丑朔日南至，準命曆序庚寅朔旦日至。張賓曆，天正庚寅朔冬至，並合命曆序，差傳一日。張胄玄曆，天正庚寅朔，合命曆序，差傳一日；二日辛卯冬至，差命曆序一日，差傳二日。宜案命曆序及春秋左氏傳〔一八〕，並閏餘盡之歲，皆須朔旦冬至。若依命曆序勘春秋三十七食，合處至多；若依左傳，合者至少，是以知傳爲錯。今張胄玄信情置閏，命曆序及傳氣朔並差。

又宋元嘉冬至影有七，張賓曆合者五，差者二，亦在前一日。張胄玄曆合者三，差者四，在後一日。元嘉十二年十一月甲寅朔，十五日戊辰冬至，日影長。張賓曆合戊辰冬至，張胄玄曆己巳冬至，差後一日。十三年十一月己酉朔，二十六日甲戌冬至，日影長。張賓曆癸酉冬至，差前一日，張胄玄曆合甲戌冬至。十五年十一月丁卯朔，十八日甲申冬至，日影長。二曆並合甲申冬至。十六年十一月辛酉朔，二十九日己丑冬至，日影長。張賓曆合己丑冬至，張胄玄曆庚寅冬至，差後一日。十七年十一月乙酉朔，十日甲午冬至，日影長。張賓曆合甲午冬至，張胄玄曆乙未冬至，差後一日。十八年十一月己卯朔，二十一日己亥冬至，日影長。張賓曆合己亥冬至，張胄玄曆庚子冬至〔一九〕，差後一日。十九年十一月癸卯朔，三日乙巳冬至，影長。張賓曆甲辰冬至，差前一日，張胄玄曆合乙巳冬至。

又周從天和元年丙戌至開皇十五年乙卯，合得冬夏至日影一十四。張賓曆合得者十，差者四，三差前一日，一差後一日。張胄玄曆合者五，差者九，八差後一日，一差前一日。天和二年十一月戊戌朔，三日庚子冬至，日影長。張賓曆合庚子冬至〔二〇〕，張胄玄曆辛丑冬至，差後一日。三年十一月壬辰朔，十四日乙巳冬至，日影長。張賓曆合乙巳冬至，張胄玄曆丙午冬至，差後一日。建德元年十一月己亥朔，二十九日丁卯冬至，日影長。張賓曆丙寅冬至，差前一日，張胄玄曆合丁卯冬至。二年五月丙寅朔，三日戊辰夏至，日影短。張賓曆己巳夏至，差後一日，張胄玄曆庚午夏至，差後二日。三年十一月戊午朔，二十日丁丑冬至，日影長。張賓曆合丁丑冬至，張胄玄曆戊寅冬至，差後一日。六年十一月庚午朔，二十三日壬辰冬至，日影長。張賓曆合壬辰冬至，張胄玄曆癸巳冬至，差後一日。宣政元年十一月甲午朔，五日戊戌冬至，日影長。兩曆並合戊戌冬至。開皇四年十一月己未朔，十一日己巳冬至，日影長。張賓曆合己巳冬至，張冑玄曆庚午冬至，差後一日。五年十一月甲寅朔，二十二日乙亥冬至，日影長。張賓曆甲戌冬至，差前一日，張冑玄曆合庚辰冬至[二]。七年五月乙亥朔，九日癸未夏至，日影短。張賓曆壬午夏至，差前一日，張冑玄曆合癸未夏至。十一月壬申朔，十四日乙酉冬至，日影長。張賓曆合乙酉冬至，張冑玄曆丙戌冬至，差後一日。十一年十一月己卯朔，二十八日丙午冬至，日影長。張賓曆合丙午冬至，張冑玄曆丁未冬至，差後一日。十四年十一月辛酉朔旦冬至。張賓曆合十一月辛酉朔旦冬至，張冑玄曆十一月辛酉朔，二日壬戌冬至，差後一日。建德四年四月大、乙酉朔，三十日甲寅，月晨見東方。張賓曆四月大、乙酉朔，三十日甲寅，月晨見東方，張冑玄曆四月小、乙酉朔，五月大，甲寅朔，月晨見東方。宜案影極長爲冬至，影極短爲夏至，二至自古史分可勘者二十四，其二十一有影，三有至日無影。見行曆合一十八，差者六。旅騎尉張冑玄曆合者八，差者一十六，二差後二日，一十四差後一日。又開皇四年，在洛州測冬至影，與京師二處，進退絲毫不差。周天和已來案驗並在後。更檢得建德四年，晦朔東見；張冑玄曆，五月朔日，月晨見東方。今十七年，張賓曆閏七月，張冑玄曆閏五月。又審至以定閏，冑玄曆至既不當，故知置閏必乖。見行曆四月、五月頻大，張冑玄曆九月、十月頻大，爲冑玄朔弱，頻大在後晨〔一二〕，故朔日殘月晨見東方。

宜又案開皇四年十二月十五日癸卯，依曆月行在鬼三度，時加酉，月在卯上，食十五分之九，虧起西北〔一三〕。今伺候，一更一籌起食東北角，十五分之十，至四籌還生，至二更一籌復滿。五年六月三十日，依曆太陽虧，日在七星六度，加時在午少强上，食十五分之一半强，虧起西南角。今伺候，日乃在午後六刻上始食，虧起西北角，十五分之六，至未後一刻還生，至五刻復滿。六年六月十五日，依曆太陰虧，加時酉，在卯上，食十五分之九半弱，虧起西南〔一四〕。當其時陰雲不見月。至辰巳，雲裏見月，已食三分之二，虧從東北，即還雲合。至巳午間稍生，至午後，雲裏蹔見，已復滿。十月三十日丁丑，依曆太陽虧，日在斗九度，時加在辰少弱上，食十五分之九强，虧起東北角。今候所見，日出山一丈，辰二刻始食，虧起正西，食三分之二，辰後二刻始生，入巳時三刻上復滿。十年三月十六日癸卯，依曆月行在氐七度，時加戌，月在辰太半上，食十五分之七半强，虧起東北。今候，月初出卯南，帶半食，出至辰初三分，可食二分許，漸生，辰未已復滿。見行曆九月十六日庚子，月行在胃四度，時加丑，月在未半强上，食十分之三半强〔一五〕，虧起正東。今伺候，月以午後二刻，食起正東，須臾如南，至未正上，食南畔五分之四〔二六〕，漸生，入申一刻半復滿。十二年七月十五日己未，依曆月行在室七度，時加戌，月在辰太强上，食十五分之十二半弱，虧起西北〔二七〕。今伺候，一更三籌起西北上〔二八〕，食准三分之二强，與曆注同。十三年七月十六日，依曆月在申半强上，食十五分之半弱，虧起西南。十五日夜，從四更候月，五更一籌起東北上，食半强，入雲不見。十四年七月一日，依曆時加巳弱上，食十五分之十二半强〔二九〕。至未後三刻，日乃食，虧起西北，食半許，入雲不見，食頃暫見，猶未復生，因即雲鄣。十五年十一月十六日庚午，依曆月行在井十七度，時加亥，月在巳半上，食十五分之九半强，虧西北〔三〇〕。其夜一更四籌後，月在辰上起食，虧東南，至二更三籌，月在巳上，食三分之二許，漸生，至三更一籌，月在丙上，復滿。十六年十一月十六日乙丑，依曆月行在井十七度，時加丑，月在未太弱上，食十五分之十二半弱，虧起東南。十五日夜伺候，至三更一籌，月在丙上，雲裏見，已食十五分之三許，虧起正東，至丁上，食既，後從東南生，至四更三籌，月在未末，復滿。而胄玄不能盡中。

迭相駁難，高祖惑焉，踰時不決。

會通事舍人顏慜楚上書云：「漢落下閎改顓頊曆作太初曆，云後八百歲，此曆差一日。」語在胄玄傳。高祖欲神其事，遂下詔曰：「朕應運受圖，君臨萬寓，思欲興復聖教，恢弘令典，上順天道，下授人時，搜揚海内，廣延術士。旅騎尉張胄玄，理思沉敏，術藝宏深，懷道白首，來上曆法。令與太史舊曆，並加勘審。仰觀玄象，參驗璿璣[三]，胄玄曆數與七曜符合，太史所行，乃多疏舛，羣官博議，咸以胄玄爲密。太史令劉暉，司曆郭翟、劉宜，驍騎尉任悦，往經修造，致此乖謬。通直散騎常侍、領太史令庾季才，太史丞邢儁，司曆郭遠，曆博士蘇粲，曆助教傅儁、成珍等，既是職司，須審疎密。遂虚行此曆，無所發明。論暉等情狀，已合科罪，方共飾非護短，不從正法。季才等，附下罔上，義實難容。」於是暉等四人，元造詐者，並除名；季才等六人，容隱姦慝，俱解見任。胄玄所造曆法，付有司施行。擢拜胄玄爲員外散騎侍郎，領太史令。胄玄進袁充，互相引重，各擅一能，更爲延譽。胄玄言充曆，妙極前賢，充言胄玄曆術，冠於今古。胄玄學祖沖之，兼傳其師法。自茲厥後，剋食頗中。其開皇十七年所行曆術，命冬至起虚五度。後稍覺其疎，至大業四年劉焯卒後，乃敢改法，命起虚七度，諸法率更有增損，朔終義寧。今録戊辰年所定曆術著之于此云。

自甲子元至大業四年戊辰，百四十二萬七千六百四十四年，筭外。

章歲，四百一十。

章閏，百五十一。

章月，五千七十一。

日法，千一百四十四。

月法，三萬三千七百八十三。

辰法，二百八十六。

歲分，一千五百五十七萬三千九百六十三〔三〕。

度法，四萬二千六百四十。

没分，五百一十九萬一千三百二十一〔三〕。

没法，七萬四千五百二十一。

周天分，一千五百五十七萬四千四百六十六。

斗分，一萬八百六十六。

氣法，四十六萬九千四十。

氣時法，一萬六百六十。

周日，二十七。

日餘，一千四百一十三。

周通，七萬二百九。

周法，二千五百四十八。

推積月術：

置入元已來至所求年，以章月乘之，如章歲得一，爲積月，餘爲閏餘。閏餘三百九十七已上，若冬至不在其月，加積月一。

推月朔弦望術：

以月法乘積月，如法得一，爲積日，餘爲小餘。以六十去積日，餘爲大餘，命以甲子筭外，爲所求年天正月朔日。天正月者，建子月也，今爲去年十一月。凡朔小餘五百三十七已上[三四]，其月大。加大餘七，小餘四百三十七太；凡四分一爲少，二爲半，三爲太。小餘滿日法去之，從大餘；滿六十去之，命如前，爲上弦日。又加，得望、下弦、後月朔。朔餘滿五百三十七，其月大，減者小。

推二十四氣術：

以月法乘閏餘，又以章歲乘朔小餘，加之，如氣法得一，爲日，命朔筭外，爲冬至日。不盡者，以十一約之，爲日分。

求次氣：加日十五，日分九千三百一十五，小分一；小分滿八從日分一，日分滿度法從日一；如月大小去之，日不滿月，筭外，爲次氣日。其月無中氣者，爲閏。

| 二十四氣 | 損益率 | 盈縮數 |
| --- | --- | --- |
| 冬至十一月中 | 益七十 | 縮初 |
| 小寒十二月節 | 益三十五 | 縮七十 |
| 大寒十二月中 | 益三十五 | 縮百五 |
| 立春正月節 | 益二十 | 縮百四十〔三五〕 |
| 雨水正月中 | 益三十〔三六〕 | 縮百六十 |
| 啓蟄二月節 | 益三十五 | 縮百九十 |
| 春分二月中 | 損五十五 | 縮二百二十五 |
| 清明三月節 | 損四十五〔三七〕 | 縮百七十 |
| 穀雨三月中 | 損四十 | 縮百二十五 |
| 立夏四月節 | 損三十 | 縮八十五 |
| 小滿四月中 | 損五十五 | 縮五十五 |
| 芒種五月節 | 益六十五 | 盈初 |
| 夏至五月中 | 益五十五 | 盈六十五 |
| 小暑六月節 | 益四十 | 盈百二十 |

| 大暑六月中 | 益二十五 | 盈百六十 |
| --- | --- | --- |
| 立秋七月節 | 益五 | 盈百八十五 |
| 處暑七月中 | 益三十 | 盈百九十 |
| 白露八月節 | 益四十 | 盈二百二十 |
| 秋分八月中 | 損六十〔三八〕 | 盈二百六十 |
| 寒露九月節 | 損五十五 | 盈二百 |
| 霜降九月中 | 損五十 | 盈百四十五 |
| 立冬十月節 | 損四十五 | 盈九十五 |
| 小雪十月中 | 損四十 | 盈五十 |
| 大雪十一月節 | 損十 | 盈十 |

求朔望入氣盈縮術：

以入氣日筭乘損益率，如十五得一，餘八已上，從一；以損益盈縮數爲定盈縮。其入氣日十五筭者，如十六得一，餘半法已上亦從一，以下皆准此。

推土王術：

加分至日二十七，日分一萬六千七百六十七，小分九；小分滿四十從日分一，滿去如前，即分至後土始王日。

推没日術：

其氣有小分者，以八乘日分[三九]，内小分，又以十五乘之，以減没分；無小分者，以百二十乘日分，以減之；滿没法爲日，不盡爲日分，以其氣去朔日加之，去、命如前。

求次没：加日六十九，日分四萬九千三百七十二；日分滿没法，從日，去、命如前。

推入遲疾曆術：

以周通去朔積日，餘以周法乘之，滿周通又去之，餘滿周法得一日，餘爲日餘，即所求年天正朔筭外夜半入曆日及餘。

求次月：大月加二日，小月加一日，日餘皆千一百三十五，滿周日及日餘去之[四〇]。

求次日：加一，滿、去如前。

求朔望加時入曆術：

以四十九乘朔小餘，滿二十二得一爲日餘，不盡爲小分，以加夜半入曆日及餘分。

求次月：加日一，餘二千四百八十六，小分二十一，滿、去如前，即次月入曆日及餘。

求望：加日十四日，餘千九百四十九，小分二十一半，滿、去如前，爲望入曆日及餘。

| 曆日 | 轉分 | 轉法[四一] | 損益率[四二] | 盈縮積分 | 差法 |
| --- | --- | --- | --- | --- | --- |

| | | | | | |
|---|---|---|---|---|---|
| 一日 | 六百一 | 退六 | 益二百三十八〔四三〕 | 盈初 | 五千六百 |
| 二日 | 五百九十五 | 退七 | 益二百一十一〔四四〕 | 盈六十萬五千一百五十九 | 五千五百四十 |
| 三日 | 五百八十八 | 退八 | 益一百七十九 | 盈一百一十四萬一千六百七十八 | 五千四百七十 |
| 四日 | 五百八十 | 退九 | 益一百四十三〔四五〕 | 盈一百五十九萬八千一百一十七 | 五千三百九十 |
| 五日 | 五百七十一 | 退九 | 益一百三 | 盈一百九十六萬三千三十六 | 五千三百 |
| 六日 | 五百六十二 | 退九 | 益六十二 | 盈二百二十二萬四千九百九十五 | 五千二百一十 |
| 七日 | 五百五十三 | 退十 | 益二十二 | 盈二百三十八萬三千九百九十四 | 五千一百二十 |
| 八日 | 五百四十三 | 退十 | 損二十三 | 盈二百四十四萬三十三〔四六〕 | 五千二十 |
| 九日 | 五百三十三 | 退九 | 損六十八 | 盈二百三十八萬一千六百七十二 | 四千九百二十 |
| 十日 | 五百二十四 | 退八 | 損一百八 | 盈二百二十萬八千九百一十一 | 四千八百三十 |
| 十一日 | 五百一十六 | 退七 | 損一百四十四 | 盈一百九十三萬三千一百九十 | 四千七百五十 |
| 十二日 | 五百九 | 退七 | 損一百七十六 | 盈一百五十六萬五千九百四十九〔四七〕 | 四千六百八十 |
| 十三日 | 五百二 | 退六 | 損二百七 | 盈一百一十一萬八千六百二十八〔四八〕 | 四千六百一十 |
| 十四日 | 四百九十六 | 進二 | 損二百三十四 | 盈五十九萬一千二百二十七 | 四千五百五十 |
| 十五日 | 四百九十八 | 進六 | 益二百二十五 | 縮四千八百一十四 | 四千五百七十 |

| | | | | | |
|---|---|---|---|---|---|
| 十六日 | 五百四 | 進七 | 益一百九十八 | 縮五十七萬七千九百七十五 | 四千六百三十〔四九〕 |
| 十七日 | 五百一十一 | 進八 | 益一百六十七 | 縮一百八萬二千四百九十六 | 四千七百 |
| 十八日 | 五百一十九 | 進八 | 益一百三十一 | 縮一百五十萬六千九百三十七 | 四千七百八十 |
| 十九日 | 五百二十七 | 進九 | 益九十五 | 縮一百八十三萬九千八百五十八 | 四千八百六十 |
| 二十日 | 五百三十六 | 進九 | 益五十四 | 縮二百八萬一千二百五十九〔五〇〕 | 四千九百五十 |
| 二十一日 | 五百四十五 | 進十 | 益十四 | 縮二百二十一萬九千七百 | 五千四十 |
| 二十二日 | 五百五十五 | 進九 | 損三十一 | 縮二百二十五萬五千一百八十一 | 五千一百四十 |
| 二十三日 | 五百六十四 | 進九 | 損七十一 | 縮二百一十七萬六千二百六十二 | 五千二百三十〔五一〕 |
| 二十四日 | 五百七十三 | 進八 | 損一百一十二 | 縮一百九十九萬四千三百八十三 | 五千三百二十 |
| 二十五日 | 五百八十一 | 進八 | 損一百四十八 | 縮一百七十萬九千五百四十四 | 五千四百 |
| 二十六日 | 五百八十九 | 進六 | 損一百八十四 | 縮一百三十三萬三千一百八十五〔五二〕 | 五千四百八十 |
| 二十七日 | 五百九十五 | 進五 | 損二百一十一〔五三〕 | 縮八十六萬五千三百六 | 五千五百四十 |
| 二十八日 | 六百 | 進一 | 損二百三十三 | 縮三十二萬八千七百八十七 | 五千五百九十 |

推朔望加時定日及小餘術：

以入曆日餘乘所入曆日損益率〔五四〕，以損益盈縮積分，如差法而一，爲定積分。乃與入氣定盈縮〔五五〕，皆以盈減、縮加本朔望小餘；不足減者，加日法乃減之，加時在往日；加之，滿日法者去之，則在來日；餘爲定小餘。無食者不須氣盈縮。

角十二度　亢九度　氐十五度　房五度　心五度　尾十八度　箕十一度

東方七宿七十五度

斗二十六度　牛八度　女十二度　虚十度　危十七度　室十六度　壁九度

北方七宿九十八度

奎十六度　婁十二度　胃十四度　昴十一度　畢十六度　觜二度　參九度

西方七宿八十度

井三十三度　鬼四度　柳十五度　星七度　張十八度　翼十八度　軫十七度

南方七宿百一十二度

推日度術：

置入元至所求年，以歲分乘之，爲通實，滿周天分去之，餘如度法而一，爲積度，不盡爲度分。命度以虚七度，宿次去之，經斗去其分，度不滿宿，筭外〔五六〕，即所求年天正冬至日所在度及分。以冬至去朔日以減分度數，分不足減者，減度一，加度法，乃減之，命如前，即天正朔前夜半日所在度及分。須求朔共度者，用去定用日數減之，俟後所須。

求次月：大月加度三十，小月加度二十九，宿次去去其分〔五七〕。

求次日：加度一，去、命如前。

求朔望加時日所在度術：

各以定小餘乘章歲，滿十一爲度分，以加其前夜半度分，滿之去如前。凡朔加時日月同度。

求轉分：以千四十約度分，不盡爲小分。

求望加時月所在度術：

置望加時日所在度及分，加度一百八十二，轉分二十五，小分七百五十三；小分滿千四十從轉分一，轉分滿四十一從度；去、命如前，經斗去轉分十，小分四百六十六。

求月行遲疾日轉定分術：

以夜半入曆日餘乘轉差，滿周法得一爲變差，以進加、退減日轉分爲定分。

推朔望夜半月定度術〔五八〕：

以定小餘乘所入曆日轉定分，滿日法得一爲分，分滿四十一爲度，各以減加時月所在度，即各其前夜半定度。

求次日：以日轉定分加轉分，滿四十一從度，去、命如前；朔日不用前加〔五九〕。

推五星術：

木數，千七百萬八千三百三十二四分。

火數，三千三百二十五萬六千二十六。

土數，千六百一十二萬一千七百六十七。

金數，二千四百八十九萬八千四百一十七。

水數，四百九十四萬一千九十八。

木終日，三百九十八。日分，三萬七千六百一十二四分。

火終日，七百七十九。日分，三萬九千四百六十六。

土終日，三百七十八。日分，三千八百四十七。

金終日，五百八十三。日分，三萬九千二百九十七。晨見伏，三百二十七日，分同；夕見伏，二百五十六日〔六〇〕。

水終日，百一十五。日分，三萬七千四百九十八。晨見伏，六十三日，分同；夕見伏，五十二日。

求星見術：

置通實，各以數去之，餘以減數，其餘如度法得一爲日，不盡爲日分，即所求年天正冬至後晨平見日及分。其金、水，以夕見伏日去之，得者餘爲夕平見日及分。

求平見見月日：置冬至去朔日數及分，各以冬至後日數及分加之，分滿度法從日，起天正月，依大小去之，不滿月者爲去朔日，命日筭外〔六一〕，即星見所在月日及分。

求後見：各以終日及分加之，滿去如前。其金、水各以晨夕加之，滿去如前，加晨得夕，加夕得晨。

木：平見在春分前者，以三千三百四十乘去大寒後十日數，以加平見分，滿法去之〔六二〕，以爲定見日及分。立秋後者，以四千二百乘去寒露日，加之，滿同前。春分至清明均加四日，後至立夏五日，以後至芒種加六日，均至立秋。小雪前者，以七千四百乘去寒露日數，以減平見日分；冬至後者，以八千三百乘去大寒後十日數，以減之；小雪至冬至均減八日，爲定見日數。初見伏去日各十四度。

火：平見在雨水前，以二萬六千八百八十乘去大寒日數；在立夏後，以萬三千四百四十乘去立秋日數，以加見日分〔六三〕，滿去如前；雨水至立夏，均加二十九日。小雪前，以萬一千五百八十乘去處暑日數；冬至後，以三萬四千三百八十乘去大寒日數，滿去如前，以減之；小雪至冬至，均減二十五日。初見伏去日各十七度。

土：平見在處暑前，以萬二千三百七十乘去大暑日數；白露後，以八千三百四十乘去霜降日數，以加見日分，滿去如前〔六四〕；處暑至白露均加九日。小寒前，以四千九百八十乘去霜降日數，小寒至立春均減九日，立春後減八日，啓蟄後去七，氣別去一，至穀雨去三，夏至後十日去一，至大暑去盡。初見伏去日各十七度。

金：晨平見，在立春前者，以四千一百二十乘去小寒日數，小滿後〔六五〕，以乘去夏至日數〔六六〕，以加見日分，滿均加三日〔六七〕。立秋前，以乘去冬至日數〔六八〕，滿去如前，以減之，立秋至小雪均減三日。夕平見，在啓蟄前，以六千二百九十乘去小雪日數〔六九〕。清明後，以六千二百九十乘去芒種日數，滿去如前，以減之，啓蟄至清明均減九日。處暑前，以六千二百九十乘去夏至日數；寒露後〔七〇〕，以六千二百九十乘去大雪日數；以加之，處暑至寒露均加九日。初見伏去日各十一度〔七一〕。

水：晨平見，在雨水後、立夏前者，應見不見。啓蟄至雨水，去日十八度外、三十六度内〔七二〕，晨有木、火、土、金一星已上者，見；無者不見。立夏至小滿，去日度如前，晨有木、火、土、金一星已上者，見；無者亦不見。從霜降至小雪加一日，冬至至小寒減四日，立春至雨水減三日。冬至前，一去三，二去二，三去一。夕平見，在處暑後、霜降前者，應見不見。立秋至處暑，夕有星，去日如前者，見；無者亦不見。霜降至立冬，夕有星，去日如前者，見；無者亦不見。從穀雨至夏至，減二日。初見伏去日各十七度。

行五星法：

置星定見之前夜半日所在宿度筭及分，各以定見日分加其分，滿度法從度〔七三〕。又以星初見去日度數，晨減、夕加之，滿去如前，即星初見所在度及分。

求次日：各加一日所行度及分，有小分者，各日數爲母，小分滿其母去從分，分滿度法從度。其行有益疾遲者，副置一日行分，各以其分疾遲損乃加之〔七四〕。留者因前，退則減之，伏不注度，順行出斗去其分，退行入斗先加分。訖，皆以千四十約分，爲大分，以四十一爲母。

木：初見，順，日行萬六百一十八分，日益遲六十分，一百一十四日行十九度、萬三千八百三十二分而留。二十六日乃退，日六千一百一分，八十四日退十二度、八百四分。又留二十五日、三萬七千六百一十二分、小分四，乃順。初日行三千八百三十七分，日益疾六十分，百一十四日行十九度、萬三千七百一十八分而伏。

土：初見，順，日行三千八百一十四分，八十三日行七度、萬八千八十二分而留。三十八日乃退，日二千五百六十三分，百日退六度、四百六十分。又留三十七日、三千八百四十七分乃順，日三千八百一十三分，八十三日行七度、萬七千九百九十九分如初乃伏。

火：初見已後各如其法：

損益日度各一。　冬至初　二百四十一日　行百六十三度

二日損一　盡百二十八日　百七十七日　行九十九度盡百六十一日同〔七五〕。

三日損一　　盡百八十二日　　百七十日　　行九十二度盡百八十八日同。

三日益一　　盡二百二十七日　　百八十三日　　行一百五度

二日益一　　盡二百四十九日　　百九十四日　　行百一十六度

一日益一　　盡三百一十日　　二百五十五日　　行百七十七度盡三百三十七日同〔七六〕。

二日損一　　盡三百六十五日　　復二百四十一日　　行百六十三度〔七七〕

見在雨水前，以見去小寒日數，小滿後，以去大暑日數，三約之，所得減日爲定日；雨水至小滿，均去二十日爲定日。已前皆前疾日數及度數。各計冬至後日數，依損益之，爲定日數及度數。以度法乘定度，如定日得一，即平行一日分，不盡爲小分。大寒至立秋差行，餘平行。處暑至白露，皆去定皆度六日〔七八〕。白露至寒露，初日行半度，四十日行二十度，餘日及餘度續同前。置日數減一，以三十乘之，加平行一日分，爲初日分。差行者，日益遲六十分，各盡其日度而遲。初日行二萬六百分，日益遲百分，六十日行二十四度、三萬五千六百四十分其前疾去度六者〔七九〕，此遲初日加四千二百六十四分，六十日行三十度，分同。而留。十三日前去日者，分、日於二留，奇從後留。乃退，日萬二千八十二分，六十日退十七度、四十分。又留，十二日三萬九千四百六十六分。又順，遲，初日行萬四千七百分，日益疾百分，六十日行二十四度，分同前，此遲在立秋至秋分加一日行分四千二百六十四，六十日行四十度〔八〇〕，分同前。而後疾。

| 損益 | 冬至初 | 二百一十四日 | 行百三十六度 |
|---|---|---|---|
| 一日損一 | 盡三十七日 | 百七十七日 | 行九十九度 |
| 二日損一 | 盡五十七日〔八一〕 | 一百六十七日 | 行八十九度盡七十九日同。 |
| 三日益一 | 盡百三十日〔八二〕 | 百八十四日 | 行百六度〔八三〕 |
| 一日益一 | 盡百九十日 | 二百三十七日 | 行百五十九度 |
| 一日益二〔八四〕 | 盡二百日 | 二百五十七日 | 行百七十九度 |
| 一日益一 | 盡二百一十日 | 二百六十七日 | 行百八十九度盡二百五十九日同。 |
| 二日損一〔八五〕 | 盡三百六十五日 | 復二百一十四日 | 行百三十六度 |

後遲加六度者，此後疾去度爲定度，已前皆後疾日數及度數。其在立夏至〔八六〕、小暑、至立秋，盡四十日，行二十度。計餘日及度，從前法。前法皆平行。求行分亦如前。各盡其日度而伏。

金：晨初見，乃退，日半度，十日退五度而留。九日乃順，遲，差行，先遲日益五百分，四十日行三十度。小暑前以去芒種日數，十日減一度；立冬後以去大雪日數，十日減一度；小暑至立冬，均減三度爲定度。大雪至芒種不加減。求初日，以三十乘度法，四十得一爲平分。又以三十九乘二百五十，以減平分爲初日行分〔八七〕。平行，日一度，十五日行十五度。小寒後十日，益日度各一，至雨水二十一日，行二十一度。均至春分後十日減一，至小滿，復十五日行十五度。其後六日減一，至處暑，日及度皆盡。至霜降後，四日益一，至復十五日行十五度〔八八〕。疾，百七十日行二百四度。前順遲減度者，計減數益此度爲定度。求一日行度分者，以百七十日日一度以減定度，餘乘度法，如百七十得一〔八九〕，爲一日平行度分。晨伏東方。夕初見，順，疾，百七十日行二百四度。夏至前，以見去小滿日數，六日加一度；小暑後〔九〇〕，以去立秋日數，六日加一度〔九一〕，夏至至小暑均加五度〔九二〕，爲定度。白露至清明，差行，先疾日益遲百分〔九三〕；清明至白露平行。求一日平行同晨疾〔九四〕；求差行，以五十乘百六十九，加之，爲初日行度分。平行，日一度，十五日行十五度。冬至後十日減日度各一〔九五〕，至啓蟄九日行九度。均至夏至後五日益一，至大暑復十五日行十五度。均至立秋後六日益一，至寒露二十五日行二十五度〔九六〕。後六日減一，至大雪復十五日行十五度，均至冬至。順，遲，差行，先疾，日益五百分〔九七〕，四十日行三十度。前加度者，此依數減之。求初日行分〔九八〕，如晨遲，唯減者爲加之。又留，九日乃退，日半度，十日退五度，而夕伏西方。

水：晨初見，留六日。順，遲，日行萬六百六十分，四日行一度。大寒至雨水不須此遲行。平行，日一度，十日行十度。大寒後二日，去日度各一，盡二十日，日及度俱盡。疾，日行一度三萬八千三百七十六分，十日行十九度，前無遲行者，減此分萬二千七百九十二分，十日行十六度。晨伏東方。夕初見，順，疾，日行一度三萬八千三百七十六分，十日行十九度。小暑至白露減萬二千七百九十二分，十日行十六度。平行，日一度，十日行十度。大暑後二日，去日度各一，盡二十日，日及度俱盡。遲，日行萬六百六十分〔九九〕，四日行一度。疾減萬二千七百九十二分者，不須此遲。行又留六日〔一〇〇〕，夕伏西方。

推交會術〔一〇一〕：

會通，千六十四萬六千七百二十九。

朔差，九十萬七千五十七。

望差，四十五萬三千五百二十八半。

單數，五百三十二萬三千三百六十四半。

時法，三萬二千六百四。

望數，五百七十七萬六千八百九十三。

外限，四百八十六萬九千八百三十六。

內限，千一十九萬三千二百半。

中限，五百六十四萬九千四百四半。

次限，千三十二萬六百八十九。

推入交法：

以會通去積月，餘以朔望差乘之〔一〇二〕，滿會通又去之，餘爲所求年天正朔入交餘。

求望，望數加之〔一〇三〕，滿、去如前〔一〇四〕。

求次月，以朔差加之，滿、去如前。

推交道内外及先後去交術：

其朔望在啓蟄前，以一千三百八十乘去小寒日數；在穀雨後〔一〇五〕，以乘去芒種日數，爲氣差以加之，啓蟄至穀雨均加六萬三千六百；滿會通去之〔一〇六〕，餘爲定餘。其小寒至春分，立夏至芒種，朔值盈二時已下，皆半氣差而加之；二時已上，皆不加。朔入交餘如望差、望數已下，中限已上，有星伏，木、土去見十日外，火去見四十日外，金、晨伏去見二十二日外。有一星者不加氣差。朔望在白露前者，以九百乘去小暑日數；在立冬後者，以千七百七十乘去大雪日數，以減之；白露至立冬均減五萬五千，不足減者，加會通乃減之，餘爲定餘。朔入交餘如外限、内限已上，單數次限已下有星伏〔一〇七〕。如前者，不減氣差。定餘不滿單數者，爲在外；滿去之，餘在内。其餘如望差已下、外限已上，望則月食；在内者，朔則日食〔一〇八〕。其餘如望差已下者，即爲去先交餘；如外限已上者，以減單數，餘爲去後交餘。如時法得一，然爲去交時數。

推月食加時術：

置食定日小餘，三之，如辰法得一辰，命以子，筭外即所在辰。不盡爲時餘，四之，如法，無所得爲辰初，一爲少，二爲半，三爲太。又不盡者，三之，如法，得一爲强，以并少爲少强，并半爲半强，并太爲太强；得二强者爲少弱，并少爲半弱，并半爲太弱，并太爲辰末。此加時謂食時月在衝也〔一〇九〕。

推日食加時術〔一一〇〕：

置食定日小餘，秋三月，内道，去交八時已上，加二十四，十二時以加四十八；春三月，内道，去交七時已上，加二十四。乃以三乘之，如辰法得一辰，以命子筭外，即所在辰。不盡爲時餘。副置時餘，仲辰不滿半辰，減半辰，已上去半辰〔一一一〕；季辰者直加半辰；孟辰者減辰法，餘加半辰爲差率。

又，置去交時數，三已下加三，六已下加二，九已下加一，九已上依數，十二已上從十二；以乘差率，如十四得一爲時差。子半至卯半、午半至酉半，以加時餘；卯半至午半、酉半至子半，以減時餘。加之，滿辰法去之，進一辰〔一一二〕，餘爲定時餘。乃如月食法，子午卯酉爲仲，辰戌丑未爲季，寅申巳亥爲孟。日出前入後各二時外，不注日食。三乘氣時法得一，命子筭外爲時。

求外道日食法：

去交一時內者，食。夏去交二時內，加時在南方三辰者，食。若去分至十二時內〔一三〕，去交六時內者，亦食。若去春分三日內，後交二時內，秋分三日內，先交二時內者，亦食。先交二時內，值盈二時外，及後交二時內，值縮二時外，亦食。諸去交三時內〔一四〕，星伏如前者，食。

求內道日不食法：

加時南方三辰，五月朔先交十三時外，六月朔後交十三時外，不食。啓蟄至穀雨，先交十三時外〔一五〕，值縮加時在未以西者，不食。處暑至霜降，後交十三時外，值盈加時在巳以東者，不食。

求月食分：

春後交、秋先交、冬後交，皆去不食餘一時，不足去者，食既。餘以三萬二百三十五爲法，得一爲不食分。不盡者，半法已上爲半强，已下爲半弱，以減十五，餘爲食分。

推日食分術：

在秋分前者，以去夏至日數乘二千，以減去交餘，餘爲不食餘；不足減者，反減十八萬四千，餘爲不食餘。亦減望差爲定法。其後交值縮〔一六〕，並不減望差，直以望差爲定法。在啓蟄後者，以去夏至日數乘千五百以減之〔一七〕；秋分至啓蟄，均減十八萬四千，不足減者，如前，大寒至小滿，去後交五時外，皆去不食餘一時。時差減者，先交減之，後交加之，不足減者食既；值加，先交減之[一八]，不足減者食[一九]。

求所起：內道西北，虧東北；外道西南，虧東南[二〇]。十三分以上，正左起。虧皆據甚時，月則行上起。

| 氣 | 日出 | 日入 |
| --- | --- | --- |
| 冬至 | 辰六十分刻之五十[二一] | 申七刻分刻之三十[二二] |
| 小寒 大雪[二三] | 辰三十二分 | 申七刻四十八分 |
| 大寒 小雪 | 卯八刻四十九分[二四] | 酉一分 |
| 立春 立冬 | 卯七刻二十八分[二五] | 酉五十二分 |
| 啓蟄 霜降 | 卯六刻二十五分 | 酉一刻五十五分[二六] |
| 雨水 寒露 | 卯五刻十三分 | 酉三刻七分 |
| 春分 秋分 | 卯三刻五十五分 | 酉四刻二十五分[二七] |
| 清明 白露 | 卯二刻三十七分[二八] | 酉五刻四十三分 |
| 穀雨 處暑 | 卯一刻二十八分 | 酉六刻五十二分 |
| 立夏 立秋 | 卯二十八分 | 酉七刻五十二分[二九] |

| | | |
|---|---|---|
| 小滿 大暑 | 寅八刻三分 | 戌十七分 |
| 芒種 小暑 | 寅七刻三十六分 | 戌四十四分 |
| 夏至 | 寅七刻三十分〔三〇〕 | 戌五十分 |

求日出入所在術：

以所入氣辰刻及分，與後氣辰刻及分相減，餘乘入氣日筭，如十五得一，以損益所入氣，依刻及分爲定刻。

## 校勘記

〔一〕積十一萬五百二十六筭外　「二十」二字原闕，據推算補。

〔二〕虛退則日數減於周年　據文意，「虛」上當有「冬至」二字。

〔三〕並以六百五十七爲章　「章」，原作「率」，據文意改。

〔四〕劉孝孫以六百一十九爲章　「六」字原闕，據推算補。

〔五〕一千九百六十六爲歲餘　「一千」二字原闕，據推算補。

〔六〕四萬八千九百一爲紀　「一」字原闕，據推算補。

〔七〕萬一千九百四十五爲斗分　「一」，原作「四」，據推算改。

〔八〕訖干敬禮　原作「訖于敬禮」，據本書卷一九天文志上改。惟天文志上作「訖干景禮」，「景」、「敬」音近，姑存疑。

〔九〕張孟賓言食於甲時　「甲」，原作「申」，據至順本改。按，古曆加時法有甲丙庚壬時等，寅末卯初是爲甲時。

〔一〇〕小周餘盈縮積　此句及下文疑有奪文。

〔一一〕以上元甲子己巳已來　玉海卷九律曆隋甲子元曆，「隋甲子元曆，又名己巳元。」疇人傳卷一二張賓：「依率推之，其上元歲名、日名，並起甲子，而不直己巳。劉孝孫等駁賓術之失，以五星別元爲非，然則己巳蓋五星之元也。」姑存疑。

〔一二〕春秋經書日食三十五　「食」，原作「合」，羣書考索續集卷二二曆門引隋志作「食」，今據改。

〔一三〕襄公十五年秋八月丁未日有食之　「丁未」，殿本作「丁巳」。按，原注稱「推合丁巳朔」，殿本蓋據注文改「丁巳」。又，左傳襄公十五年：「秋八月丁巳，日有食之。」杜注：「無傳。八月無丁巳，丁巳七月一日也。日月必有誤。」

〔一四〕十日影長　「十」下原有「一」字，據推算刪。

〔一五〕天正二十五日曆注冬至　「二十五」，原作「二十九」，據推算改。

〔一六〕王頍　原作「王頗」，據本書卷七六文學王頍傳改。

〔一七〕命曆序　原作「命序曆」，本卷上下文多處作「命曆序」，即上文春秋緯命曆序之簡稱，今據乙正。

〔一八〕宜案命曆序及春秋左氏傳　「命曆序」，原作「命序」，據汲本補。本卷上下文俱作「命曆序」。

〔一九〕張胄玄曆　「曆」字原闕，據汲本補。

〔二〇〕張賓曆　「曆」字原闕，據汲本補。

〔二一〕張胄玄曆合庚辰冬至　按，「庚辰」爲開皇六年冬至，「曆」下當有脱文。依張賓、張胄玄術推算，此處脱文應爲「合乙亥冬至。六年十一月丁丑朔，四日庚辰冬至，日影長。兩曆並」。

〔二二〕頻大在後晨　「晨」字疑衍。

〔二三〕虧起西北　據陳美東歷代律曆志校證推算，「西」當作「東」。按，律曆志校勘多據陳美東推算結果，以下除特別情況外，凡引此書不另注明。

〔二四〕虧起西南　據推算，「西」當作「東」。

〔二五〕食十分之三半强　據推算，「十」下應奪「五」字。

〔二六〕食南畔五分之四　據推算，「五」上應奪「十」字。

〔二七〕虧起西北　據推算，「西」當作「東」。

〔二八〕一更三籌起西北上　據推算，「籌」下應奪「虧」字，「西」當作「東」。

〔二九〕食十五分之十二半强　原文「食」字重出，據殿本删。

〔三〇〕虧西北　據推算，「西」當作「起東」。

〔三一〕參驗璿璣　「璣」，原作「機」，據至順本、汲本改。

〔三二〕一千五百五十七萬三千九百六十三　前「三」，原作「二」，據推算改。

〔三三〕五百一十九萬一千三百二十一　「二」，原作「一」，據推算改。

〔三四〕凡朔小餘五百三十七已上　「三」，原作「四」，據推算改。

〔三五〕縮百四十　「四」，原作「三」，據推算改。

〔三六〕益三十　「三」，原作「二」，據推算改。

〔三七〕損四十五　「四」，原作「三」，據推算改。

〔三八〕損六十　「損」，原作「益」，據推算改。

〔三九〕以八乘日分　「八」，原作「水」，據文意改。

〔四〇〕日餘皆千一百三十五滿周日及日餘去之　據推算，「皆」下疑奪「加」字，「滿」上應奪「日餘滿周法得一日，入曆日及餘」十三字。

〔四一〕轉法　據文意，「法」當作「差」。

〔四二〕損益率　原作「益損率」，據文意乙正。

〔四三〕益二百三十八　「三」，原作「四」，據推算改。

〔四四〕益二百一十一　後「一」，原作「八」，據推算改。

〔四五〕益一百四十三　「三」，原作「二」，據推算改。

〔四六〕二百四十四萬三十三　前「四」，原作「三」，據推算改。

〔四七〕一百五十六萬五千九百四十九　後「九」，原作「七」，據推算改。

〔四八〕一百一十一萬八千六百二十八　後「一」，原作「八」，據推算改。

〔四九〕四千六百三十　「三」，原作「四」，據推算改。

〔五〇〕二百八萬一千二百五十九　「一」，原作「二」，後「二」，原作「一」，據推算改。

〔五一〕五千二百三十　「三」，原作「四」，據推算改。

〔五二〕一百三十三萬三千一百八十五　後「三」，原作「二」，據推算改。

〔五三〕損二百一十一　後「一」，原作「六」，據推算改。

〔五四〕以入曆日餘乘所入曆日損益率　後「入曆」下原有「所」字，據文意删。

〔五五〕乃與入氣定盈縮　「乃」上原有「如差法」三字，據文意删。

〔五六〕筭外　「筭」前原有「度以虛七度宿次去之經斗去其分度不滿宿」十八字，與上文重出，當是衍文，今删。

〔五七〕宿次去去其分　據文意，本句當作「宿次去之，經斗去其分」。

〔五八〕推朔望夜半月定度術　「度」字原闕，據文意補。

〔五九〕朔日不用前加　「用」，至順本、汲本作「因」。

〔六〇〕夕見伏二百五十六日　此九字原誤闌入下文「水終日」條下，據文意乙正。

〔六一〕命日筭外　「外」，原作「卯」，據文意改。

〔六二〕滿法去之　「去」字原闕，據文意補。

〔六三〕以加見日分　「加」字原闕，據文意補。

〔六四〕滿去如前　「去」字原闕，據文意補。

〔六五〕以四千一百二十乘去小寒日數小滿後　「寒日數小」四字原闕，據文意補。

〔六六〕以乘去夏至日數　據推算，「以」下當奪「四千一百二十」六字。

〔六七〕滿均加三日　據文意，「滿」上當奪「滿去如前立春至小」八字。

〔六八〕以乘去冬至日數　據推算，本句當作「以四千一百二十乘去小暑日數，小雪後以四千一百二十乘去冬至日數」。

〔六九〕以六千二百九十乘去小雪日數　「二」，原作「三」，據文意改。又，「小雪」應作「冬至」。

〔七〇〕寒露後　「後」字原闕，據文意補。

〔七一〕初見伏去日各十一度　「見」字原闕，據文意補。

〔七二〕三十六度内　「三」，原作「四」，據推算改。

〔七三〕滿度法從度　後「度」字原闕，據文意補。

〔七四〕各以其分疾遲損乃加之　據文意，本句當作「各以其分疾益遲損之」。

〔七五〕盡百六十一日同　「同」下原有「日」字，據文意删。

〔七六〕盡三百三十七日同　後「三」，原作「四」，據推算改。

〔七七〕行百六十三度　「六十三」，原作「七十七」，據推算改。

〔七八〕皆去定皆度六日　據文意，本句當作「皆去定日，定度六」。

〔七九〕其前疾去度六者　「疾」字原闕，據文意補。

〔八〇〕六十日行四十度　據推算，「四」應作「三」。

〔八一〕盡五十七日　「七」，原作「五」，據推算改。

〔八二〕盡百三十日　「三」，原作「四」，據推算改。

〔八三〕行百六度　據推算，以下應奪一行：「二日益一　盡百四十四日　百九十一日　行一百一十三度。」

〔八四〕一日益二　「二」，原作「一」，據推算改。

〔八五〕二日損一　據推算，「二」應作「三」。

〔八六〕其在立夏至　據推算，「夏至」下奪「小暑，日行半度，盡六十日，行三十度」。

〔八七〕以減平分爲初日行分　「平」，原作「半」，據文意改。

〔八八〕至復十五日行十五度　「至」下當奪「冬至」二字。按，霜降後，依四日益一的比率，復十五度，須六十日，當爲冬至。

〔八九〕如百七十得一　「如」，原作「加」，據文意改。

〔九〇〕小暑後　「小暑」，原作「大暑」，據文意改。
〔九一〕六日加一度　「六日」，原作「五日」，據文意改。
〔九二〕夏至至小暑均加五度　「小暑」，原作「大暑」，據文意改。
〔九三〕先疾日益遲百分　「疾」，原作「度」，據文意改。
〔九四〕求一日平行同晨疾　「同」，原作「周」，據文意改。
〔九五〕冬至後十日減日度各一　據文意，「冬至」下應奪「均至小寒」四字。
〔九六〕至寒露二十五日行二十五度　「行二十五度」，原作「日行五度」，據文意改。
〔九七〕日益五百分　據文意，「益」下應奪「遲」字。
〔九八〕求初日行分　「初」，原作「一」，據文意改。
〔九九〕日行萬六百六十分　「日行」，原作「行日」，據文意乙正。
〔一〇〇〕行又留六日　「行」字原闕，據文意補。
〔一〇一〕推交會術　「術」，原作「行」，據文意改。
〔一〇二〕餘以朔望差乘之　據文意，「望」字疑是衍文。
〔一〇三〕求望望數加之　「望」字原不重，據文意補。
〔一〇四〕滿去如前　「去」字原闕，據文意補。
〔一〇五〕在穀雨後　「後」字原作「雨水」，據文意改。

〔一〇六〕滿會通去之　「去」字原闕，據文意補。

〔一〇七〕單數次限已下有星伏　「下」，原作「上」，據文意改。

〔一〇八〕朔則日食　「食」字原闕，據文意補。

〔一〇九〕此加時謂食時月在衝也　「食」下原有「四」字，據文意删。

〔一一〇〕推日食加時術　「加」，原作「四」，據文意改。

〔一一一〕已上去半辰　「去」，原作「云」，據文意改。

〔一一二〕進一辰　據文意，「辰」下當奪「減之若不足，退一辰」八字。

〔一一三〕若去分至十二時内　「分」字原闕，據文意補。

〔一一四〕諸去交三時内　「去」，原作「志」，據文意改。至順本作「後」。

〔一一五〕先交十三時外　「外」字原闕，據文意補。

〔一一六〕其後交值縮　「後」字原闕，據文意補。

〔一一七〕以去夏至日數乘千五百以減之　據推算，「五百」下應奪「一十」二字。

〔一一八〕先交減之　據文意，本句當作「先交加之，後交減之」。

〔一一九〕不足減者食　據文意，「食」下當奪「既」字。

〔一二〇〕内道西北虧東北外道西南虧東南　據文意，「内道」、「外道」下均當奪「起」字。

〔一二一〕六十分刻之五十　「分」，原作「八」，據文意改。

〔二二〕分刻之三十　「三」，原作「四」，據文意改。

〔二三〕小寒大雪　「大雪」原闕，據文意補。下文「小雪」原在下欄，今前移，與「大寒」並列一欄；以下「立冬」、「霜降」、「寒露」、「秋分」、「白露」、「處暑」、「立秋」、「大暑」、「小暑」並依次相應前移至上欄。

〔二四〕四十九分　據推算，「四」字應是衍文。

〔二五〕二十八分　「八」，原作「九」，據推算改。

〔二六〕五十五分　後「五」，原作「一」，據推算改。

〔二七〕二十五分　「二」字原闕，據推算補。

〔二八〕三十七分　「三」，原作「四」，據推算改。

〔二九〕五十二分　「二」，原作「三」，據推算改。

〔三〇〕三十分　「三」，原作「四」，據推算改。

# 隋書卷十八

## 志第十三

### 律曆下

開皇二十年，袁充奏日長影短，高祖因以曆事付皇太子，遣更研詳著日長之候。太子徵天下曆筭之士，咸集于東宮。劉焯以太子新立，復增修其書，名曰皇極曆，駁正胄玄之短。太子頗嘉之，未獲考驗。焯爲太學博士，負其精博，志解胄玄之印，官不滿意，又稱疾罷歸。至仁壽四年，焯言胄玄之誤於皇太子。

其一曰，張胄玄所上見行曆，日月交食，星度見留，雖未盡善，得其大較，官至五品，誠無所愧。但因人成事，非其實録，就而討論，違舛甚衆。

其二曰，胄玄弦望晦朔，違古且疎，氣節閏候，乖天爽命。時不從子半，晨前別爲後日。日躔莫悟緩急，月逡妄爲兩種，月度之轉，輒遺盈縮，交會之際，意造氣差。七曜之行，不循其道，月星之度，行無出入，應黄反赤，當近更遠，虧食乖準，陰陽無法。星端不協，珠璧不同，盈縮失倫，行度愆序。去極晷漏，應有而無，食分先後，彌爲煩碎。測今不審，考古莫通，立術之疎，不可紀極。今隨事糾駁，凡五百三十六條。

其三曰，胄玄以開皇五年，與李文琮，於張賓曆行之後，本州貢舉，即齎所造曆擬以上應。其曆在鄉陽流布，散寫甚多，今所見行，與焯前曆不異。玄前擬獻，年將六十，非是怱迫倉卒始爲，何故至京未幾，即變同焯曆，與舊懸殊。焯作於前，玄獻於後，捨己從人，異同暗會。且孝孫因焯，胄玄後附孝孫，曆術之文，又皆是孝孫所作，則元本偷竊，事甚分明。恐胄玄推諱，故依前曆爲駁，凡七十五條，并前曆本俱上。

其四曰，玄爲史官，自奏虧食，前後所上，多與曆違，今筭其乖舛有一十三事。又前與太史令劉暉等校其疎密五十四事，云五十三條新。計後爲曆應密於舊，見用筭推，更疎於本。今糾發并前，凡四十四條。

其五曰，胄玄於曆，未爲精通。然孝孫初造，皆有意〔一〕，徵天推步，事必出生，不是空文，徒爲臆斷。

其六曰，焯以開皇三年，奉勑修造，顧循記注，自許精微，秦、漢以來，無所與讓。

尋聖人之迹，悟曩哲之心，測七曜之行，得三光之度，正諸氣朔，成一曆象，會通今古，符允經傳，稽於庶類，信而有徵。胄玄所違，焯法皆合，胄玄所闕，今則盡有，隱括始終，謂爲總備。

仍上啓曰：「自木鐸寢聲，緒言成燼，羣生蕩析，諸夏沸騰，曲技雲浮，疇官雨絶，曆紀廢壞，千百年矣。焯以庸鄙，謬荷甄擢，專精藝業，耽翫數象，自力羣儒之下，冀覩聖人之意。開皇之初，奉勑脩撰，性不諧物，功不克終，猶被胄玄竊爲己法，未能盡妙，協時多爽，尸官亂日，實點皇猷。請徵胄玄答，驗其長短。」

焯又造曆家同異，名曰稽極。大業元年，著作郎王劭、諸葛潁二人，因入侍宴，言劉焯善曆，推步精審，證引陽明。帝曰：「知之久矣。」仍下其書與胄玄參校。胄玄駁難云：「焯曆有歲率、月率，而立定朔，月有三大、三小。案歲率、月率者，平朔之章歲、章月也。以平朔之率而求定朔，值三小者，猶似減三五爲十四；值三大者，增三五爲十六也。校其理實，並非十五之正。故張衡及何承天創有此意，爲難者執數以校其率，率皆自敗，故不克成。今焯爲定朔，則須除其平率，然後爲可。」互相駁難，是非不決，焯又罷歸。

四年，駕幸汾陽宮，太史奏曰：「日食無效。」帝召焯，欲行其曆。袁充方幸於帝，左右胄玄，共排焯曆，又會焯死，曆竟不行。術士咸稱其妙，故録其術云。

甲子元，距大隋仁壽四年甲子，積一百萬八千八百四十筭〔二〕。

歲率，六百七十六。

月率，八千三百六十一。

朔日法，千二百四十二。

朔實，三萬六千六百七十七。

旬周，六十。

朔辰百三半〔三〕。

日干元，五十二。

日限，十一。

盈汎，十六。

虧總，十七。

推經朔術：

置入元距所求年，月率乘之，如歲率而一，爲積月，不滿爲閏衰。朔實乘積月，滿朔日法得一，爲積日，不滿爲朔餘。旬周去積日，不盡爲日，即所求年天正經朔日及餘。

求上下弦、望：加經朔日七、餘四百七十五小，即上弦經日及餘。又加得望、下弦及後月朔。就徑求望者，加日十四、餘九百五十半；下弦加日二十二、餘百八十四〔四〕；餘九百五十半下弦加五十九〔五〕。每月加閏衰二十大，即各其月閏衰也。

凡月建子爲天正，建丑爲地正，建寅爲人正。即以人正爲正月，統求所起，本於天正。若建歲曆從正月始，氣、候、月、星，所值節度，雖有前却，並亦隨之。其前地正爲十二月，天正爲十一月，并諸氣度皆屬往年。其日之初，亦從星起，晨前多少，俱歸昨日。若氣在夜半之後，量影以後日爲正。諸因加者，各以其餘減法，殘者爲全餘。若所因之餘滿全餘以上〔六〕，皆增全一而加之，減其全餘；即因餘少於全餘者〔七〕，不增全加，皆得所求。分度亦爾。凡日不全爲餘，積以成餘者曰秒；度不全爲分，積以成分者曰篾；其有不成秒曰麼，不成篾曰幺。其分、餘、秒、篾，皆一爲小，二爲半，三爲大，四爲全，加滿全者從一。其三分者，一爲少，二爲太。若加者，秒篾成法〔八〕，分餘滿法從日度一，日度有所滿〔九〕，則從去之。而日命以日辰者，滿旬周則亦除；命有連分、餘、秒、篾者，亦隨全而從去。其日度雖滿，而分秒不滿者，未可從去，仍依本數。若減者，秒篾不足，減分餘一，加法而減之；分餘不足減者，加所從去或前日度乃減之。即其名有總，而日度全及分餘共者，須相加除，當皆連全及分餘共加除之。若須相乘，有分餘者，母必通全內子，乘訖報除。或分餘相并，母不同者，子乘而并之〔一〇〕，母相乘爲法，其并，滿法從一爲全，此即齊同之也。既除爲分餘而有不成，若例有秒篾，法乘而又法除，得秒篾數。已爲秒篾及正有分餘，而所不成不復須者，須過半從一，無半棄之。若分餘其母不等，須變相通，以彼所法之母乘此分餘[一]，而此母除之，得彼所須之子。所有秒篾者，亦法乘，不滿此母，又除而得其數。麼幺亦然。其所除去而有不盡全，則謂之不盡，亦曰不如。其不成全，全乃爲不滿分、餘、秒、篾，更曰不成。凡以數相減，而有小及半、太須相加減，同於分餘法者，皆以其母三四除其氣度日法，以半及太、大本率二三乘之，少、小即須因所除之數隨其分餘而加減焉。秋分後春分前爲盈汎，春分後秋分前爲虧總，須取其數。汎總爲名，指用其時，春分爲主，虧日分後，盈日分前。凡所不見，皆放於此。

氣日法，四萬六千六百四十四。

歲數，千七百三萬六千四百六十六半。

度準，三百三十八[二]。

約率，九。

氣辰，三千八百八十七。

餘通，八百九十七。

秒法，四十八。

麼法，五。

推氣術：

半閏衰乘朔實，又度準乘朔餘〔一三〕，加之，如約率而一，所得滿氣日法爲去經朔日，不滿爲氣餘。以去經朔日，即天正月冬至恒日定餘，乃加夜數之半者，減日一，滿者因前，皆爲定日。命日甲子筭外，即定冬至日。其餘如半氣辰千九百四十三半以下者，爲氣加子半後也；過以上，先加此數，乃氣辰而一，命以辰筭外，即氣所在辰。十二辰外，爲子初以後餘也。又十二乘辰餘：

四爲小太，亦曰少；　五爲半少；　六爲半；

七爲半太；　八爲大少，亦曰太；　九爲太〔一四〕；

十爲大太；　十一爲窮辰少。

其又不成法者，半以上爲進，以下爲退。退以配前爲强，進以配後爲弱。即初不成一而有退者，謂之沾辰；初成十一而有進者，謂之窮辰。未旦其名有重者，則於間可以加之，命辰通用其餘，辨日分辰而判諸日。因別亦皆準此。因冬至有減日者，還加之。每加日十五、餘萬一百九十二、秒三十七〔一五〕，即各次氣恒日及餘。諸月齊其閏衰，如求冬至法，亦即其月中氣恒日去經朔數。其求後月節氣恒日，如次之求前節者減之。

| 月 | 氣 | 躔衰 | 衰總 | 陟降率 | 遲速數 |
|---|---|---|---|---|---|
| 十一月 | 大雪 冬至中 | 增二十八 | 先端 | 陟五十 | 速本 |
| 十二月 | 小寒節 | 增二十四 | 先二十八 | 陟四十三〔一六〕 | 速五十 |
| | 大寒中 | 增二十 | 先五十二 | 陟三十六 | 速九十三 |
| 正月 | 立春節 | 增二十 | 先七十二 | 陟三十六 | 速一百二十九 |
| | 雨水中 | 增二十四 | 先九十二 | 陟四十三 | 速一百六十五 |
| 二月 | 驚蟄節 | 增二十八 | 先一百一十六 | 陟五十 | 速二百八〔一八〕 |
| | 春分中 | 損二十八 | 先一百四十四 | 降五十〔一七〕 | 速二百五十八 |
| 三月 | 清明節 | 損二十四 | 先一百一十六 | 降四十三 | 速二百八 |
| | 穀雨中 | 損二十 | 先九十二 | 降三十六 | 速一百六十五 |
| 四月 | 立夏節 | 損二十 | 先七十二 | 降三十六 | 速一百二十九 |
| | 小滿中 | 損二十四 | 先五十二 | 降四十三 | 速九十三 |
| 五月 | 芒種節 | 損二十八 | 先二十八〔一九〕 | 降五十 | 速五十 |
| | 夏至中 | 增二十八 | 後端 | 陟五十〔二〇〕 | 遲本〔二一〕 |
| 六月 | 小暑節 | 增二十四〔二二〕 | 後二十八〔二三〕 | 陟四十三〔二四〕 | 遲五十〔二五〕 |
| | 大暑中 | 增二十 | 後五十二 | 陟三十六 | 遲九十三 |
| 七月 | 立秋節 | 增二十 | 後七十二 | 陟三十六 | 遲一百二十九 |
| | 處暑中 | 增二十四 | 後九十二 | 陟四十三〔二六〕 | 遲一百六十五〔二七〕 |
| 八月 | 白露節 | 增二十八 | 後一百一十六 | 陟五十 | 遲二百八 |
| | 秋分中 | 損二十八 | 後一百四十四 | 降五十〔二八〕 | 遲二百五十八 |
| 九月 | 寒露節 | 損二十四 | 後一百一十六 | 降四十三〔二九〕 | 遲二百八 |
| | 霜降中 | 損二十 | 後九十二 | 降三十六 | 遲一百六十五〔三〇〕 |
| 十月 | 立冬節 | 損二十 | 後七十二 | 降三十六 | 遲一百二十九 |
| | 小雪中 | 損二十四 | 後五十二 | 降四十三 | 遲九十三 |
| 十一月 | 大雪節 冬至 | 損二十八 | 後二十八 | 降五十 | 遲五十 |

推每日遲速數術：

見求所在氣陟降率，并後氣率半之，以日限乘而汎總除，得氣末率。又日限乘二率相減之殘，汎總除，爲總差。其總差亦日限乘而汎總除，爲別差。率前少者，以總差減末率，爲初率，乃別差加之〔三一〕；前多者，即以總差加末率〔三二〕，皆爲氣初日陟降數。以別差前多者日減，前少者日加初數，得每日數。所曆推定氣日隨筭其數，陟加、降減其遲速，爲各遲速數。其後氣無同率及有數同者，皆因前末，以末數爲初率，加總差爲末率，及差漸加初率〔三三〕，爲每日數，通計其秒，調而御之。

求月朔弦望應平會日所入遲速：各置其經餘爲辰，以入氣辰減之，乃日限乘日，日內辰爲入限，以乘其氣前多之末率，前少之初率，日限而一，爲總率。其前多者，入限減汎總之殘，乘總差，汎總而一，爲入差，并於總差，入限乘，倍日限除，以加總率〔三四〕；前少者，入限自乘，再乘別差〔三五〕，日限自乘，倍而除，亦加總率，皆爲總數。乃以陟加、降減其氣遲速數，爲定，即速加、遲減其經餘，各其月平會日所入遲速定日及餘。

求每日所入先後：各置其氣躔衰與衰總，皆以餘通乘之，所乃躔衰如陟降率〔三六〕；衰總如遲速數，亦如求遲速法，即得每所入先後及定數。

求定氣：其每日所入先後數即爲氣餘，其所曆日皆以先加之〔三七〕，以後減之〔三八〕，隨筭其日，通准其餘，滿一恒氣，即爲二至後一氣之數。以加二氣〔三九〕，如法用別其日而命之。

又筭其次，每相加命，各得其定氣日及餘也。亦以其先後已通者，先減、後加其恒氣，即次氣定日及餘。亦因别其日，命以甲子，各得所求。

求土王：距四立各四氣外所入先後加減，滿一十二日〔四〇〕、餘八千一百五十四、秒十、麽二〔四一〕。除所滿日外，即土始王日。

求候日：定氣即初候日也。三除恒氣，各爲平候日。餘亦以所入先後數爲氣餘，所曆之日皆以先加、後減，隨計其日，通準其餘，每滿其平，以加氣日而命之，即得次候日。亦筭其次，每相加命，又得末候及次氣日。

| 氣 | 初候 | 次候 | 末候 | 夜半漏 | 昏去中星 |
|---|---|---|---|---|---|
| 冬至夜五十九刻八十六分〔四二〕 | 武始交〔四三〕 | 芸始生 | 荔挺出 | 二十七刻分四十三〔四四〕 | 八十二度轉分四十七〔四五〕 |
| 小寒 | 蚯蚓結 | 麋角解 | 水泉動 | 二十七刻二十六 | 八十三度十六〔四六〕 |
| 大寒 | 雁北向 | 鵲始巢 | 雉始雊 | 二十六刻七十六 | 八十五度六 |
| 立春 | 雞始乳 | 東風解凍 | 蟄蟲始振 | 二十五刻九十八半〔四七〕 | 八十七度四十九〔四八〕 |
| 雨水 | 魚上冰 | 獺祭魚 | 鴻雁來 | 二十四刻九十六半 | 九十一度三十六〔四九〕 |
| 驚蟄 | 始雨水 | 桃始華 | 倉庚鳴 | 二十三刻七十七半 | 九十六度三 |
| 春分 | 鷹化爲鳩 | 玄鳥至 | 雷始發聲 | 二十二刻五十 | 一百度三十七半 |

| | | | | | |
|---|---|---|---|---|---|
| 清明 | 電始見 | 蟄蟲咸動 | 蟄蟲啓户 | 二十一刻二十二半 | 百五度二十一 |
| 穀雨 | 桐始華 | 田鼠爲鴽 | 虹始見 | 二十刻三半 | 百九度三十九 |
| 立夏 | 萍始生 | 戴勝降桑 | 螻蟈鳴 | 十九刻一半 | 百一十三度二十五〔五〇〕 |
| 小滿 | 蚯蚓出 | 王瓜生 | 苦菜秀 | 十八刻二十三 | 百十六度十九 |
| 芒種 | 靡草死 | 小暑至 | 螳蜋生 | 十七刻六十九 | 百一十八度十八 |
| 夏至夜四十刻十四分 | 鵙始鳴 | 反舌無聲 | 鹿角解 | 十七刻五十七 | 百一十八度四十〔五一〕 |
| 小暑 | 蟬始鳴 | 半夏生 | 木堇榮 | 十七刻六十九 | 百一十八度十八 |
| 大暑 | 温風至 | 蟋蟀居壁 | 鷹乃學習 | 十八刻二十三 | 百一十六度十九 |
| 立秋 | 腐草爲螢 | 土潤溽暑 | 涼風至 | 十九刻一半 | 百一十三度二十五〔五二〕 |
| 處暑 | 白露降 | 寒蟬鳴 | 鷹祭鳥 | 二十刻三半〔五三〕 | 百九度三十九 |
| 白露 | 天地始肅 | 暴風至 | 鴻雁來 | 二十一刻二十二半〔五四〕 | 百五度二十一 |
| 秋分 | 玄鳥歸 | 羣鳥養羞〔五五〕 | 雷始收聲 | 二十二刻五十 | 百度三十七半〔五六〕 |
| 寒露 | 蟄蟲附户 | 殺氣盛 | 陽氣始衰 | 二十三刻七十七半 | 九十六度三 |
| 霜降 | 水始涸 | 鴻雁來賓 | 雀入水爲蛤 | 二十四刻九十六半 | 九十一度三十六 |
| 立冬 | 菊有黄華 | 豺祭獸 | 水始冰 | 二十五刻九十八半 | 八十七度五十〔五七〕 |

| | | | | | |
|---|---|---|---|---|---|
| 小雪 | 地始凍 | 雉入水爲蜃 | 虹藏不見 | 二十六刻七十六[五八] | 八十五度六 |
| 大雪 | 冰益壯 | 地始坼 | 鶡旦不鳴[五九] | 二十七刻二十六 | 八十三度十六[六〇] |

倍夜半之漏，得夜刻也。以減百刻，不盡爲晝刻。每減晝刻五，以加夜刻，即其晝爲日見、夜爲不見刻數。刻分以百爲母。

求日出入辰刻：十二除百刻，十二除百刻[六一]，得辰刻數，爲法。半不見刻以半辰加之，爲日出實；又加日出見刻，爲日入實。如法而一，命子筭外，即所在辰，不滿法，爲刻及分。

求辰前餘數：氣、朔日法乘夜半刻，百而一，即其餘也。

求每日刻差：每氣準爲十五日，全刻二百二十五爲法。其二至各前後於二分，而數因相加減，間皆六氣；各盡於四立，爲三氣。至與前日爲一，乃每日增太；又各二氣，每日增少；其末之氣，每日增少之小，而末六日，不加而裁焉。二至前後一氣之末日[六二]，終於十少；二氣初日，稍增爲十二半[六三]，終於二十大[六四]，三氣初日，二十一，終於三十少；四立初日，三十一，終於三十五太；五氣亦少增[六五]，初日三十六太[六六]，終四十一少[六七]；末氣初日，四十一少，終於四十二[六八]。每氣前後累筭其數，又百八十乘爲實，各汎總乘法而除，得其刻差。隨而加減夜刻而半之，各得入氣夜半定刻[六九]。其分後十五日外，累筭盡日，乃副置之，百八十乘，虧總除，爲其所因數。以減上位，不盡爲所加也。不全日者，隨辰率之。

求晨去中星：加周度一，各昏去中星減之，不盡爲晨去度〔七〇〕。

求每日度差：準日因增加裁，累筭所得，百四十三之，四百而一，亦百八十乘，汎總除，爲度差數。滿轉法爲度，隨日加減，各得所求。分後氣間，亦求準外與前求刻，至前加減，皆因日數逆筭求之。亦可因至向背其刻，冬減夏加〔七一〕；而度冬加夏減〔七二〕。若至前，以入氣減氣間，不盡者，因後氣而反之，以不盡日累筭乘除所定，從後氣而逆以加減，皆得其數。此但略校其總，若精存于稽極云。

轉終日，二十七；餘，千二百五十五。

終法，二千二百六十三。

終實，六萬二千三百五十六。

終全餘，千八。

轉法，五十二。

篾法，八百九十七。

閏限，六百七十六。

推入轉術：終實去積日，不盡，以終法乘而又去，不如終實者，滿終法得一日，不滿爲餘，即其年天正經朔夜半入轉日及餘。

求次日：加一日，每日滿轉終則去之，其二十八日者加全餘爲夜半入初日餘〔七三〕。

求弦望：皆因朔加其經日，各得夜半所入日餘。

求次月：加大月二日，小月一日，皆及全餘，亦其夜半所入。

求經辰所入朔弦望：經餘變從轉，不成爲秒，加其夜半所入，皆其辰入日及餘。因朔辰所入，每加日七、餘八百六十五、秒千一百六十大，秒滿日法成餘，亦得上弦。望、下弦、次朔經辰所入徑求者，加望日十四、餘千七百三十一、秒千七十九半，下弦日二十二、餘三百三十四、秒九百九十八小〔七四〕，次朔日一、餘二千二百八、秒九百一十七。亦朔望各增日一，減其全餘：望五百三十一、秒百六十二半，朔五十四、秒三百二十五。

求月平應會日所入〔七五〕：以月朔弦望會日所入遲速定數，亦變從轉餘，乃速加、遲減其經辰所入餘，即各平會所入日餘。

| 轉日 | 速分 | 速差〔七六〕 | 加減 | 朓朒積 |
|---|---|---|---|---|
| 一日 | 七百六十四 | 消七 | 加六十八 | 朓初 |
| 二日 | 七百五十七 | 消八 | 加六十一 | 朓百二十三 |

| | | | | |
|---|---|---|---|---|
| 三日 | 七百四十九 | 消十一 | 加五十三 | 朓二百三十四〔七七〕 |
| 四日 | 七百三十八〔七八〕 | 消十二 | 加四十二 | 朓三百三十一 |
| 五日 | 七百二十六 | 消十三 | 加三十一 | 朓四百八 |
| 六日 | 七百一十三 | 消十三 | 加十八 | 朓四百六十四 |
| 七日 | 七百 | 消十二〔七九〕 | 加五減秒太八加一減〔八〇〕 | 朓四百九十六 |
| 八日 | 六百八十八 | 消十四 | 減七 | 朓五百五 |
| 九日 | 六百七十四 | 消十四 | 減二十一 | 朓四百九十二 |
| 十日 | 六百六十 | 消十二 | 減三十四 | 朓四百五十四 |
| 十一日 | 六百四十八 | 消九 | 減四十六 | 朓三百九十一 |
| 十二日 | 六百三十九 | 消七 | 減五十五 | 朓三百七 |
| 十三日 | 六百三十二 | 消六 | 減六十二 | 朓二百七 |
| 十四日 | 六百二十六 | 息二 | 減五十六加十六七減二加〔八一〕 | 朓九十四 |
| 十五日 | 六百二十八 | 息七 | 加六十六 | 朒二十八 |
| 十六日 | 六百三十五 | 息九 | 加五十九 | 朒百四十八 |
| 十七日 | 六百四十四 | 息十一 | 加五十 | 朒二百五十六 |

| | | | | |
|---|---|---|---|---|
| 十八日 | 六百五十五 | 息十一 | 加三十九 | 朒三百四十七 |
| 十九日 | 六百六十六 | 息十三 | 加二十九 | 朒四百一十九 |
| 二十日 | 六百七十九 | 息十四 | 加十六 | 朒四百七十一 |
| 二十一日 | 六百九十三 | 息十二 | 加三減大　六加三減 | 朒五百 |
| 二十二日 | 七百五 | 息十四 | 減十〔八二〕 | 朒五百五當日自減，減見爲五百四。 |
| 二十三日 | 七百一十九 | 息十三 | 減二十三 | 朒四百八十七 |
| 二十四日 | 七百三十二〔八三〕 | 息十二 | 減三十六 | 朒四百四十六 |
| 二十五日 | 七百四十四 | 息十 | 減四十八 | 朒三百八十一〔八四〕 |
| 二十六日 | 七百五十四 | 息七 | 減五十八 | 朒二百九十三 |
| 二十七日 | 七百六十一 | 息五箴四 | 減六十五 | 朒百八十八 |
| 二十八日 | 七百六十六箴四〔八五〕 | 平五息四消 | 減七十三十八少終餘三十一太全餘〔八六〕 | 朒七十 |

推朔弦望定日術：

各以月平會所入之日加減限，限并後限而半之，爲通率〔八七〕；又二限相減，爲限衰〔八八〕。前多者，以入餘減終法，殘乘限衰，終法而一，并於限衰而半之；前少者，半入餘乘限衰，亦終法而一。皆加通率，入餘乘之，日法而一〔八九〕，所得爲平會加減限數。其限數又別從轉餘爲變餘，朓減、朒加本入餘。限前多者，朓以減與未減，朒以加與未加，皆減終法，并而半之，以乘限衰；前少者，亦朓朒各并二入餘，半之，以乘限衰〔九〇〕；皆終法而一，加於通率，變餘乘之，日法而一〔九一〕。所得以朓減、朒加限數，加減朓朒積而定朓朒。乃朓減、朒加其平會日所入餘，滿若不足進退之，即朔弦望定日及餘。不滿晨前數者，借減日筭，命甲子筭外，各其日也。不減與減，朔日立筭與後月同。若俱無立筭者，月大，其定朔筭後加所借減筭。閏衰限滿閏限，定朔無中氣者爲閏。滿之前後在分前，若近春分後、秋分前，而或月有二中者，皆量置其朔，不必依定。其後無同限者，亦因前多以通率數爲半衰而減之〔九二〕，前少，即爲通率。其加減變餘進退日者，分爲一日，隨餘初末如法求之，所得并以加減限數。凡分餘秒篾，事非因舊，文不著母者，皆十爲法。若法當求數，用相加減，而更不過通遠，率少數微者，則不須筭。其入七日餘二千一十一〔九三〕，十四日餘千七百五十九，二十一日餘千五百七，二十八日始終餘以下爲初數〔九四〕，各減終法以上爲末數。其初末數皆加減相返，其要各爲九分，初則七日八分，十四日七分，二十一日六分，二十八日五分；末則七日一分，十四日二分，二十一日三分，二十八日四分。雖初稍弱而末微强，餘差止一，理勢兼舉，皆今有轉差〔九五〕，各隨其數。若恒筭所求，七日與二十一日得初、衰數，而末初加隱而不顯，且數與平行正等，亦初末有數而恒筭所無。其十四日、二十八日既初末數存，而虛衰亦顯，其數當去，恒法不見。

求朔弦望之辰所加：

定餘半朔辰五十一大以下，爲加子過；以上，加此數，乃朔辰而一，亦命以子，十二筭外，又加子初。以後其求入辰強弱，如氣。

求入辰法度：

度法，四萬六千六百四十四。

周數，千七百三萬七千七十六。

周分，萬二千一十六。

轉，十三。

篾，三百五十五。

周差，六百九半。

在日謂之餘通，在度謂之篾法，亦氣爲日法、爲度法，隨事名異，其數本同。女末接虛，謂之周分。變周從轉，謂之轉。晨昏所距日在黃道中，準度赤道計之。

斗二十六〔九六〕　牛八　女十二　虛十　危十七　室十六　壁九

北方玄武七宿，九十八度〔九七〕。

奎十六　婁十二　胃十四　昴十一　畢十六　觜二〔九八〕　參九

西方白虎七宿，八十度。

井三十三　鬼四　柳十五　星七　張十八　翼十八　軫十七

南方朱雀七宿，百一十二度。

角十二　亢九　氐十五　房五　心五　尾十八　箕十一

東方蒼龍七宿，七十五度。

前皆赤道度，其數常定，紘帶天中，儀極攸準。

推黄道術：

準冬至所在爲赤道度，後於赤道四度爲限〔九九〕。初數九十七，每限增一，以終百七。其三度少弱，平，乃初限百九，亦每限增一〔一〇〇〕，終百一十九〔一〇一〕，春分所在；因百一十九，每限損一〔一〇二〕，又終百九〔一〇三〕，亦三度少弱，平，乃初限百七，每限損一，終九十七，夏至所在；又加冬至後法，得秋分、冬至所在數。各以數乘其限度，百八而一〔一〇四〕，累而總之，即皆黄道度也。度有分者，前後輩之〔一〇五〕，宿有前却，度亦依體，數逐差遷，道不常定，準令爲度，見步天行，歲久差多，隨術而變。

斗二十四〔一〇六〕　牛七　女十一半　虛十　危十七　室十七　壁十

北方九十六度半〔一〇七〕。

奎十七　婁十三　胃十五　昴十一　畢十五半　觜二　參九〔一〇八〕

西方八十二度半〔一〇九〕。

井三十　鬼四　柳十四半　星七　張十七　翼十九　軫十八

南方一百九度半。

角十三　亢十　氐十六　房五　心五　尾十七　箕十半〔一一〇〕

東方七十六度半。

前見黄道度〔一一一〕，步日所行。月與五星出入，循此。

推月道所行度術：

準交定前後所在度半之，亦於赤道四度爲限，初十一，每限損一，以終於一。其三度强〔一一二〕，平。乃初限數一，每限增一，亦終十一，爲交所在。即因十一，每限損一，以終於一。亦三度强〔一一三〕，平。又初限數一，每限增一，終於十一，復至交半，返前表裏。仍因十一增損，如道得後交及交半數。各積其數，百八十而一，即道所行每與黄道差數。其月在表，半後交前，損減增加〔一一四〕；交後半前，損加增減於黄道。其月在裏，各返之，即得月道所行度。其限未盡四度，以所直行數乘入度，四而一。若月在黄道度，增損於黄道之表裏，不正當於其極，可每日準去黃道度，增損於黃道，而計去赤道之遠近，準上黃道之率以求之，遁伏相消〔一五〕，朓朒互補，則可知也。積交差多，隨交爲正。其五星先候，在月表裏出入之漸，又格以黃儀，準求其限。若不可推明者，依黃道命度。

推日度術：

置入元距所求年歲數乘之，爲積實，周數去之，不盡者，滿度法得積度，不滿爲分。以冬至餘減分；命積度以黃道起於虛一宿次除之，不滿宿筭外，即所求年天正冬至夜半日所在度及分。

求年天正定朔度：

以定朔日至冬至每日所入先後；餘爲分，日爲度。加分以減冬至度，即天正定朔夜半日在所度分〔一六〕。亦去朔日乘衰總已通者，以至前定氣除之，又如上求差加以并去朔日乃減度，亦即天正定朔日所在度。皆日爲度，餘爲分。其所入先後及衰總用增損者，皆分前增、分後損其平日之度。

求次日：

每日所入先後分增損度，以加定朔度，得夜半。

求弦望：

去定朔每日所入分，累而增損去定朔日，乃加定朔度，亦得其夜半。

求次月：

曆筭大月三十日，小月二十九日，每日所入先後分增損其月，以加前朔度，即各夜半所在至虚去周分。

求朔弦望辰所加：

各以度準乘定餘，約率而一，爲平分。又定餘乘其日所入先後分，日法而一，乃增損其平分，以加其夜半，即各辰所加。其分皆篾法約之，爲轉分，不成爲篾。凡朔辰所加者，皆爲合朔日月同度。

推月而與日同度術〔一七〕：

各以朔平會加減限數加減朓朒，爲平會朓朒。以加減定朔〔一八〕，度準乘，約率除，以加減定朔辰所加日度，即平會辰日所在。又平會餘乘度準，約率除，減其辰所在，爲平會夜半日所在。乃以四百六十四半乘平會餘，亦以周差乘，朔實除，從之，以減夜半日所在，即月平會夜半所在。三十七半乘平會餘，增其所減，以加減半，得月平會辰平行度。五百二乘朓朒，亦以周差乘，朔實除而從之，朓減、朒加其平行，即月定朔辰所在度，而與日同。若即以平會朓朒所得分加減平會辰所在，亦得同度。

求月弦望定辰度：

各置其弦望辰所加日度及分，加上弦度九十一，轉分十六，篾三百一十三；望度百八十二，轉分三十二，篾六百二十六；下弦度二百七十三，轉分四十九，篾四十二〔一九〕，皆至虛，去轉周求之。

定朔夜半入轉：

經朔夜半所入準於定朔日有增損者，亦以一日加減之，否者因經朔爲定。

其因定求朔次日、弦望、次月夜半者，如於經月法爲之。

推月轉日定分術：

以夜半入轉餘乘逡差，終法而一，爲見差。以息加、消減其日逡分，爲月每日所行逡定分。

求次日：

各以逡定分加轉分，滿轉法從度，皆其夜半。因日轉若各加定日，皆得朔、弦望夜半月所在定度〔二〇〕。其就辰加以求夜半，各以逡分〔二一〕，消者，定餘乘差，終法除，并差而半之；息者，半定餘以乘差，終法而一。皆加所減，乃以定餘乘之，日法而一，各減辰所加度，亦得其夜半度。因夜半亦如此求逡分，以加之，亦得辰所加度。諸轉可初以逡分及差爲篾，而求其次，皆訖，乃除爲轉分。因經朔夜半求定辰度者，以定辰去經朔夜半減〔二二〕，而求其增損數，乃以數求逡定分，加減其夜半，亦各定辰度。

求月晨昏度：

如前氣與所求每日夜漏之半，以逡定分乘之〔二三〕，百而一，爲晨分；減逡定分，爲昏分。除爲轉度，望前以昏，後以晨，加夜半定度，得所在。

求晨昏中星：

各以度數加夜半定度，即中星度。其朔、弦、望，以百刻乘定餘，滿日法得一刻，即各定辰近入刻數。皆減其夜半漏，不盡爲晨，初刻不滿者屬昨日。

復月，五千四百五十八。

交月，二千七百二十九。

交率，四百六十五。

交數，五千九百二十三。

交法，七百三十五萬六千三百六十六。

會法，五十七萬七千五百三十。

交復日，二十七。　餘，二百六十三。　秒，三千四百三十五。

交日，十三。餘，七百五十二〔二四〕。秒，四千六百七十九。

交限，日，十二〔二五〕。餘，五百五十五〔二六〕。秒，四百七十三半。

望差，日，一。餘，百九十七。秒，四千二百五半〔二七〕。

朔差，日，二。餘，三百九十五。秒，二千四百八十八〔二八〕。

會限，百五十八。餘，六百七十六。秒，五十半。

會日，百七十三。餘，三百八十四。秒，二百八十三。

推月行入交表裏術：

置入元積月，復月去之，不盡，交率乘而復去〔二九〕，不如復月者，滿交月去之，爲在裏數；不滿爲在表數，即所求年天正經入交表裏數〔三〇〕。

求次月：以交率加之，滿交月去之，前表者在裏，前裏者在表。

| 入交日 | 去交衰 | 衰積 |
|---|---|---|
| 一　日 | 進十四 | 衰始 |
| 二　日餘百九十八以下食限 | 進十三 | 十四 |
| 三　日 | 進十一半 | 二十七 |
| 四　日 | 進九半 | 三十八半 |

| | | |
|---|---|---|
| 五日 | 進七 | 四十八〔一三一〕 |
| 六日 | 進四 | 五十五 |
| 七日 | 進二退二〔一三二〕四進強一退弱 | 五十九 |
| 八日 | 退二 | 六十六十又一分一分當日退〔一三三〕 |
| 九日 | 退五 | 五十八 |
| 十日 | 退八 | 五十三 |
| 十一日 | 退十半 | 四十五 |
| 十二日 | 退十二半 | 三十四半〔一三四〕 |
| 十三日餘五百五十五以上食限 | 退十三半 | 二十二 |
| 十四日 | 退十四小三退強二進弱〔一三五〕 | 八半 |

推月入交日術：

以朔實乘表裏數，爲交實；滿交法爲日，不滿者交數而一，爲餘，不成爲秒〔一三六〕，命日筭外，即其經朔月平入交日餘〔一三七〕。

求望：以望差加之，滿交日去之，則月在表裏與朔同；不滿者與朔返。其月食者，先交與當月朔，後交與月朔表裏同〔一三八〕。

求次月：朔差加月朔所入，滿交日去之，表裏與前月返〔一三九〕；不滿者，與前月同。

求經朔望入交常日：

以月入氣朔望平會日遲速定數，速加、遲減其平入交日餘，爲經交常日及餘。

求定朔望入交定日：

以交率乘定朓朒，交數而一，所得以朓減、朒加常日餘，即定朔望所入定日及餘〔一四〇〕。其去交如望差以下〔一四一〕、交限以上者月食，月在裏者日食〔一四二〕。

推日入會日術〔一四三〕：

會法除交實爲日，不滿者，如交率爲餘，不成爲秒，命日筭外，即經朔日入平會日及餘。

求望：加望日及餘，次月加經朔，其表裏皆準入交。

求入會常日：以交數乘月入氣朔望所平會日遲速定數〔一四四〕，交率而一，以速加、遲減其入平會日餘，即所入常日餘。亦以定朓朒，而朓減、朒加其常日餘〔一四五〕，即日定朔望所入會日及餘。皆滿會日去之，其朔望去會，如望以下〔一四六〕、會限以上者，亦月食；月在日道裏則日食。

求月定朔望入交定日夜半：

交率乘定餘，交數而一，以減定朔望所入定日餘，即其夜半所定入。

求次日：以每日遲速數，分前增、分後損定朔所入定日餘，以加其日，各得所入定日及餘。

求次月：加定朔，大月二日，小月一日，皆餘九百七十八〔一四七〕，秒二千四百八十八。各以一月遲速數，分前增、分後損其所加，爲定。其入七日，餘九百九十七，秒二千三百三十九半以下者，進；其入此以上，盡全餘二百四十四，秒三千五百八十三半者，退。其入十四日，如交餘及秒以下者，退；其入此以上，盡全餘四百八十九，秒千二百四十四者，進而復也。其要爲五分，初則七日四分，十四日三分；末則七日後一分〔一四八〕，十四日後二分，雖初强末弱，衰率有檢。

求月入交去日道：皆同其數，以交餘爲秒積，以後衰并去交衰，半之，爲通數〔一四九〕。進則秒積減衰法〔一五〇〕，以乘衰，交法除，而并衰以半之；退者，半秒積以乘衰，交法而一〔一五一〕；皆加通數，秒積乘，交法除，所得以進退衰積，十而一爲度，不滿者求其强弱，則月去日道數。月朔望入交，如限以上〔一五二〕，減交日，殘爲去後交數；如望差以下即爲去先交數〔一五三〕。有全日同爲餘，各朔辰而一，得去交辰。其月在日道裏，日應食而有不食者；月在日不應食而亦有食者〔一五四〕。

推應食不食術：

朔先後在夏至十日内，去交十二辰少；二十日内，十二辰半；一月内，十二辰大；閏四月、六月，十三辰以上，加南方三辰。若朔在夏至二十日内，去交十三辰，以加辰申半以南四辰；閏四月、六月〔一五五〕，亦加四辰；穀雨後、處暑前，加三辰；清明後、白露前，加巳半以西、未半以東二辰；春分前，加午一辰〔一五六〕。皆去交十三辰半以上者，並或不食。

推不應食而食術：

朔在夏至前後一月内，去交二辰；四十六日内，一辰半，以加二辰；又一月内，亦一辰半，加三辰及加四辰〔一五七〕，與四十六日内加三辰；穀雨後、處暑前，加巳少後、未太前；清明後、白露前，加二辰；春分後、秋分前〔一五八〕，加一辰。皆去交半辰以下者，並得食。

推月食多少術：

望在分後，以去夏至氣數三之；其分前，又以去分氣數倍而加分後者〔一五九〕；皆又以十加去交辰，倍而并之〔一六〇〕，減其去交餘，爲不食定餘。乃以減望差，殘者九十六而一，不滿者求其强弱，亦如氣辰法，以十五爲限，命之，即各月食多少。

推日食多少術：

月在内者，朔在夏至前後二氣，加南二辰，增去交餘一辰太；加三辰，增一辰少；加四辰，增太。三氣內，加二辰，增一辰〔一六一〕；加三辰，增太；加四辰，增少。四氣內，加二辰，增太；加三辰及五氣內〔一六二〕，加二辰，增少〔一六三〕。自外所加辰，立夏後、立秋前，依本其四氣內加四辰〔一六四〕，五氣內加三辰，六氣內加二辰。六氣內加二辰者〔一六五〕，亦依平。自外所加之北諸辰，各依其去立夏、立秋、白露數〔一六六〕，隨其依平辰，辰北每辰以其數三分減去交餘；雨水後、霜降前，又半其去二分日數〔一六七〕，以加二分去二立之日，乃減去交餘；其在冬至前後，更以去霜降、雨水日數三除之，以加霜降、雨水當氣所得之數〔一六八〕，而減去交餘，皆爲定不食餘。以減望差，乃如月食法。

月在外者，其去交辰數，若日氣所繫之限，止一而無等次者，加所去交辰一〔一六九〕，即爲食數。若限有等次，加別繫同者，隨所去交辰數而返其衰，以少爲多，以多爲少，亦加其一，以爲食數。皆以十五爲限，乃以命之，即各日之所食多少。

凡日食月行黃道，體所映蔽，大較正交如累璧，漸減則有差，在內食分多，在外無損。雖外全而月下，內損而更高，交淺則間遥；交深則相搏而不淹。因遥而蔽多，所觀之地又偏，所食之時亦別。月居外道，此不見虧，月外之人反以爲食。交分正等，同在南方，冬損則多，夏虧乃少。假均冬夏，早晚又殊。處南辰體則高，居東西傍而下視有邪正。理不可一，由準率若實而違。古史所詳，事有紛互，今故推其梗槩，求者知其指歸。苟地非於陽城，皆隨所而漸異。然月食以月行虛道，暗氣所衝，日有暗氣，天有虛道，正黄道常與日對，如鏡居下，魄耀見陰，名曰暗虛，奄月則食，故稱「當月月食，當星星亡」。雖夜半之辰，子午相對，正隔於地，虛道即虧。既月兆日光，當午更耀，時亦隔地，無廢稟明。諒以天光神妙，應感玄通，正當夜半，何害虧稟。月由虛道，表裏俱食。日之與月，體同勢等，校其食分，月盡爲多，容或形差，微增虧數，疎而不漏，綱要克舉。

推日食所在辰術：

置定餘，倍日限，克減之，月在裏，三乘朔辰爲法，除之，所得以艮、巽、坤、乾爲次，命艮筭外，不滿法者半法減之，無可減者爲前，所減之殘爲後，前則因餘，後者減法，各爲其率。乃以十加去交辰，三除之，以乘率，十四而一，爲差。其朔所在氣二分前後一氣内，即爲定差。近冬至，以去寒露、驚蟄，近夏至，以去清明、白露氣數〔一七〇〕，倍而三除去交辰，增之〔一七一〕。近冬至，艮、巽以加，坤、乾以減；近夏至，艮、巽以減，坤、乾以加其差爲定差。乃艮以坤加，巽以乾減定餘〔一七二〕。月在外，直三除去交辰，以乘率，十四而一，亦爲定差。艮、坤以減，巽、乾以加定餘，皆爲食餘。如氣求入辰法，即日食所在辰及小大〔一七三〕。其求辰刻，以辰克乘辰餘〔一七四〕，朔辰而一，得刻及分。若食近朝夕者，以朔所入氣日之出入刻，校食所在，知食見否之少多所在辰，爲正見。

推月食所在辰術：

三日阻減望定餘半〔一七五〕。置望之所入氣日〔一七六〕，不見刻，朔日法乘之，百而一，所得若食餘與之等、以下，又以此所得減朔日法，其殘食餘與之等、以上，爲食正見數。其食餘亦朔辰而一，如求加辰所在。又如前求刻校之，月在衝辰食，日月食既有起訖晚早，亦或變常進退，皆於正見前後十二刻半候之。

推日月食起訖辰術：

準其食分十五分爲率，全以下各爲衰。十四分以上，以一爲衰。以盡於五分，每因前衰，每降一分，積衰增二，以加於前，以至三分，每積增四。二分每增四〔一七七〕，二分增六，一分增十九，皆累筭爲各衰。三百爲率，各衰減之，各以其殘乘朔日法，皆率而一，所得爲食衰數。其率全，即以朔日法爲衰數，以衰數加減食餘，其減者爲起，加者爲訖，數亦如氣。求入辰法及求刻：以加減食所刻等，得起訖晚早之辰，與校正見多少之數。史書虧復起訖不同，今以其全一辰爲率。

推日月食所起術：

月在内者〔一七八〕，其正南，則起右上，虧左上；若正東，月自日上邪北而下；其在東南維前，東向望之，初不正，横，月高日下；乃月稍西北，日漸東南；過於維後，南向望之，月更北，日差西南。以至於午之後，亦南望之，月欹西北，日復東南。西南維後，西向而望，月爲東北，日則西南。正西，自日北下邪虧，而亦後不正，横，月高日下。若食十二分以上〔一七九〕，起右虧左〔一八〇〕。其正東，起上近虧下而北〔一八一〕；午前則漸自上邪下。維西，起西北，虧東南。維北，起西南，虧東北；午後則稍從下傍下。維東，起西南，虧東北。維北〔一八二〕，虧東南。在東則以上爲東，在西則以下爲西。

月在外者，其正南，起右下，虧左上。在正東，月自日南邪下而映。維北，則月微東南，日返西。維西南，日稍移東北，以至於午，月南日北，過午之後，月稍東南，日更西北。維北，月有西南，日復東北。正西，月自日下邪南而上。皆準此體以定起虧，隨其所處，每用不同。其月之所食，皆依日虧起，每隨類反之，皆與日食限同表裏，而與日返其逆順，上下過其分〔一八三〕。

五星：

歲爲木。　熒惑爲火。　鎮爲土。　太白爲金〔一八四〕。　辰爲水。

木數，千八百六十萬五千四百六十八。

伏半平，八十三萬六千八百四十八。

復日，三百九十八；餘，四萬一千一百五十六。

歲一，殘日，三十三；餘，二萬九千七百四十九半〔一八五〕。

見去日，十四度。

平見，在春分前，以四乘去立春日；小滿前，又三乘去春分日，增春分所乘者；白露後〔一八六〕，亦四乘去寒露日；小暑，加七日〔一八七〕。小雪前，以八乘去寒露日；冬至後，以八乘去立春日，爲減，小雪至冬至減七日。

見，初日行萬一千八百一十八分，日益遲七十分〔一八八〕，百一十日行十八度、分四萬七百三十八而留。二十八日乃逆，日退六千四百三十六分，八十七日退十二度、分二百四〔一八九〕。又留二十八日。初日行四千一百八十八分，日益疾七十分，百一十日亦行十八度、分四萬七百三十八而伏。

火數，三千六百三十七萬七千五百九十五。

伏半平，三百三十七萬九千三百二十七半。

復日，七百七十九；餘，四萬一千九百一十九。

歲再，殘日，四十九；餘，萬九千一百六。

見去日，十六度。

平見，在雨水前，以十九乘去大寒日；清明前，又十八乘去雨水日，增雨水所乘者；夏至後〔一九〇〕，以十六乘去處暑日；小滿後，又十五日〔一九一〕；寒露前，以十八乘去白露日；小雪前，又十七乘去寒露所乘者〔一九二〕；大雪後，二十九乘去大寒日，爲減，小雪至大雪減二十五日。

見，初在冬至，則二百三十六日行百五十八度，以後日度隨其日數增損各一：盡三十日，一日半損一〔一九三〕；又八十六日，二日損一；復三十八日，同；又十五日，三日損一；復十二日，同；又三十九日，三日增一；又二十四日，二日增一；又五十八日，一日增一〔一九四〕；復三十三日，同；又三十日，二日損一，還終至冬至，二百三十六日行百五十八度。其立春盡春分，夏至盡立夏〔一九五〕，八日減一日；春分至立夏，減六日；立秋至秋分，減五度，各其初行日及度數。白露至寒露，初日行半度，四十日行二十度。以其殘日及度，計充前數，皆差行，日益遲二十分，各盡其日度乃遲，初日行分二萬二千六百六十九，日益遲一百一十分，六十一日行二十五度、分萬五千四百九。初減度五者，於此初日加分三千八百二十三、篾十七；以遲日爲母，盡其遲日行三十度，分同，而留十三日。

前減日分於二留，乃逆，日退分萬二千五百二十六，六十三日退十六度〔一九六〕、分四萬二千八百三十四。又留十三日而行，初日萬六千六百六十九，日益疾百一十分，六十一日行二十五度、分萬五千四百九。立秋盡秋分，增行度五，加初日分同前，更疾。在冬至則二百一十三日行百三十五度：盡三十六日，一日損一；又二十日，二日損一；復二十四日，同；又五十四日，三日日增一〔一九七〕；又十二日，二日增一〔一九八〕；又四十二日，一日增一；又十四日，一日增一半；又十二日，增一〔一九九〕；復四十五日，同；又一百六日，二日損一，亦終冬至二百一十三日，行百三十五度。

前增行度五者，於此亦減五度，爲疾日及數。其立夏盡夏至日，亦日行半度〔二〇〇〕，六十日行三十度。夏至盡立秋，亦初日行半度，四十日行二十度。其殘亦計充如前，皆差行，日益疾二十分〔二〇一〕，各盡其日度而伏。

土數，千七百六十三萬五千五百九十四。

伏半平，八十六萬四千九百九十五。

復日，三百七十八；餘，四千一百六十二。

歲一，殘日，十二；餘，三萬九千三百九十九半。

見去日，十六度半。

平見，在大暑前，以七乘去小滿日；寒露後，九乘去小雪日，爲加，大暑至寒露加八日。小寒前，以九乘去小雪日；雨水後，以四乘去小滿日；立春後，又三乘去雨水日，增雨水所乘者，爲減，小寒至立春減八日。

見，日行分四千三百六十四，八十日行七度、分二萬二千六百一十二而留三十九日乃逆〔二〇二〕，日退分二千八百二十，百三日退六度、分萬五百九十六。又留三十九日，亦行分日四千三百六十四，八十日行七度、分二萬二千六百一十二而伏〔二〇三〕。

金數，二千七百二十三萬六千二百八。

晨伏半平，百九十五萬七千一百四。

復日，五百八十三；餘，四萬二千七百五十六。

歲一，殘日，二百一十八；餘，三萬一千三百四十九半。

夕見伏，二百五十六日。

晨見伏，三百二十七日〔二〇四〕；餘與復同。

見去日，十一度。

夕平見，在立秋前，以六乘去芒種日；秋分後，以五乘去小雪日；小雪後，又四乘去大雪日，增小雪所乘者，爲加，立秋至秋分加七日。立春前，以五乘去大雪日；雨水前，又四乘去立春日，增立春所乘者；清明後，以六乘去芒種日，爲減，雨水至清明減七日。

晨平見，在小寒前，以六乘去冬至日〔二〇五〕；立春前，又五乘去小寒日〔二〇六〕，增小寒所乘者；芒種前，以六乘去夏至日〔二〇七〕；立夏前，又五乘去芒種日〔二〇八〕，增芒種所乘者，爲加，立春至立夏加五日。小暑前，以六乘去夏至日〔二〇九〕；立秋前，又五乘去小暑日〔二一〇〕；增小暑所乘者；大雪後，以六乘去冬至日〔二一一〕；立冬後，又五乘去大雪日〔二一二〕，增大雪所乘者，爲減，立秋至立冬減五日。

夕見，百七十一日行二百六度。其穀雨至小滿、寒露〔二一三〕，皆十日加一度；小滿至白露，加三度。乃十二日行十二度。冬至後，十二日減日度各一，雨水盡夏至〔二一四〕，日度七；夏至後六日增一。大暑至立秋，還日度十二；至寒露，日度二十二，後六日減一。自大雪盡冬至，又日度十二而遲。日益疾五百二十分〔二一五〕，初日行分二萬三千七百九十一、篋三十五〔二一六〕，行日爲母，四十三日行三十二度。

前加度者，此依減之。留九日乃逆，日退太半度，九日退六度，而夕伏晨見。日退太半度，九日退六度。復留，九日而行，日益遲五百二十分〔二一七〕，初日行分四萬五千六百三十一、篋三十五〔二一八〕，四十三日行三十二度〔二一九〕。芒種至小暑，大雪至立冬，十五日減一度；小暑至立冬，減二度。又十二日行十二度。冬至後，十五日增日度各一〔二二〇〕。驚蟄至春分，日度十七，後十五日減一〔二二一〕，盡夏至，還日度十二。後六日減一，至白露，日度皆盡。霜降後，五日增一，盡冬至，又日度十二。乃疾，百七十一日行二百六度〔二二二〕。前減者，此亦加之，而晨伏。

水數，五百四十萬五千六。

晨伏半平，七十九萬九十九。

復日〔二三〕，百一十五；餘，四萬九百四十六。

夕見伏，五十一日。

晨見伏，六十四日；餘與復同。

見去日，十七度。

夕應見，在立秋後小雪前者不見〔二四〕；其白露前立夏後〔二五〕，時有見者。

晨應見，在立春後小滿前者不見〔二六〕；其驚蟄前立冬後，時有見者。

夕見，日行一度太，十二日行二十度。小暑至白露，行度半，十二日行十八度，乃八日行八度〔二七〕。大暑後，二日去度一，訖十六日，而日度俱盡。而遲，日行半度，四日行二度。益遲，日行少半度，三日行一度。前行度半者，去此益遲。乃留四日而夕伏晨見，留四日，爲日行少半度，三日行一度。大寒至驚蟄，無此行，更疾，日行半度；四日行二度；又八日行八度〔二八〕。亦大寒後，二日去度一；訖十六日；亦日度俱盡。益疾，日行一度太，十二日行二十度。初無遲者，此行度半，十二日行十八度而晨伏。

推星平見術：

各以伏半減積半實〔二九〕，乃以其數去之；殘返減數，滿氣日法爲日，不滿爲餘，即所求年天正冬至後平見日餘。金、水滿晨見伏日者，去之，晨平見。求平見月日：以冬至去定朔日、餘，加其後日及餘，滿復日又去，起天正月，依定大小朔除之，不盡筭外日，即星見所在。求後平見，因前見去其歲一、再，皆以殘日加之，亦可。其復日，金、水準以晨夕見伏日，加晨得夕，加夕得晨〔三〇〕。

求常見日：以轉法除所得加減者，爲日；其不滿，以餘通乘之，爲餘；并日，皆加減平見日、餘，即爲常見日及餘。

求定見日：以其先後已通者，先減、後加常見日，即得定見日餘。

求星見所在度：

置星定見、其日夜半所在宿度及分，以其日先後餘，分前加、分後減氣日法，而乘定見餘，氣日法而一所得加夜半度分，乃以星初見去日度數，晨減、夕加之，即星初見所在宿度及分。

求次日：各加一日所行度及分。其有益疾、遲者副置一日行分〔三一〕，各以其分疾增、遲損，乃加之〔三二〕。有篋者，滿法從分，其母有不等，齊而進退之。留即因前，逆則依減，入虛去分，逆出先加〔三三〕。皆以篋法除，爲轉分；其不盡者，仍謂之篋，各得每日所在知去日度〔一三四〕，增以日所入先後分，定之。諸行星度求水其外内〔一三五〕，準月行增損黄道而步之；不明者，依黄道而求所去日度。先後分亦分明前加後減。其金、火諸日度，計數增損定之者。其日少度多，以日減度之殘者，與日多度少之度，皆度法乘之，日數而一，所得爲分。不滿篋，以日數爲母。日少者以分并減之一度，日多者直爲度分，即皆一日平行分。其差行者，皆減所行日數一，乃半其益疾、益遲分而乘之，益疾以減、益遲以加一日平行分，皆初日所行分。有計日加減，而日數不滿，未得成度者，以氣日法若度法乘，見已所行日即日數除之，所得以增損其氣日疾法，爲日及度。其不成者，亦即爲篋。其木、火、土，晨有見而夕有伏；金、水即夕見，還夕伏，晨見即晨伏。然火之初行及後疾，距冬至日計日增損日度者，皆當先置從冬至日餘數，累加於位上，以知其去冬至遠近，乃以初見與後疾初日去冬至日數而增損定之，而後依其所直日度數行之也。

## 校勘記

〔一〕然孝孫初造皆有意　本句文意不足，應有奪文。

〔二〕積一百萬八千八百四十筭　「積」，原作「稱」，據文意改。

〔三〕朔辰百三半　「辰」，原作「晨」，據至順本改。錢大昕考異卷三三：「『晨』當作『辰』，今人所謂時也，以十二除朔日法得之。氣朔日法各不同，故朔辰與氣辰數亦異。要皆十二分日法之一也。」

〔四〕餘百八十四　據文意，「四」當作「三大」。

〔五〕餘九百五十半下弦加五十九　「餘九百五十半下弦」八字與上文重出，當是衍文。錢大昕考異卷三三略同。又，「加五十九」當作「後月朔加日二十九、餘六百五十九」。

〔六〕若所因之餘滿全餘以上　據文意，後「餘」字疑是衍文。

〔七〕即因餘少於全餘者　據文意，後「餘」字疑是衍文。

〔八〕秒篾成法　據文意，「法」下應奪「從分餘」三字。

〔九〕日度有所滿　「日」，原作「百」，據至順本、汲本改。

〔一〇〕子乘而并之　據文意，「乘」下應奪「母」字。

〔一一〕以彼所法之母乘此分餘　「此」下原有「而」字，據文意刪。

〔一二〕三百三十八　「三」，原作「四」，汲本作「三」，與推算合，今據改。

〔一三〕又度準乘朔餘　「度準」，原作「準度」，據文意乙正。

〔一四〕九爲太　錢大昕考異卷三三：「此『太』字當作『大』。」按，上文稱八爲大少，「亦曰太」，下文十爲大大，作「大」更合上下文意。

〔一五〕每加日十五餘萬一百九十二秒三十七　「二」字原闕。錢大昕考異卷三三：「此二十四氣恒日及餘也。置歲數，以二十四約之，又以氣日法收之，得十五日萬一百九十二分又四十八分之三十七也。當云『餘萬一百九十二』。脱『二』字。」今據補。

〔一六〕陟四十三　「四」，原作「五」。錢大昕考異卷三三：「當云『陟四十三』。」今據改。

〔一七〕降五十　「降」，原作「陟」，據文意改。

〔一八〕速二百八　「八」字原闕，據推算補。

〔一九〕先二十八　「二十八」，原作「後端」，據文意改。

〔二〇〕陟五十　「陟」，原作「降」，據文意改。

〔二一〕遲本　「本」，原作「九十」，據至順本改。

〔二二〕增二十四　「四」字原闕，據推算補。

〔二三〕後二十八　「二十八」，原作「五十二」，據推算改。

〔二四〕陟四十三　「四十三」，原作「三十六」，據推算改。

〔二五〕遲五十　「五十」，原作「九十三」，據推算改。

〔二六〕陟四十三　「三」，原作「四」，據推算改。

〔二七〕遲一百六十五　「五」，原作「九」，據推算改。

〔二八〕降五十　「降」，原作「陟」，據文意改。

〔二九〕降四十三　「降」，原作「陟」，據文意改。

〔三〇〕遲一百六十五　「五」，原作「三」，據推算改。

〔三一〕乃別差加之　據文意，「乃」當作「半」。

〔三二〕即以總差加末率　據文意，「率」下應奪「半別差減之」五字。

〔三三〕及差漸加初率　據文意，「及」下應奪「別」字。

〔三四〕以加總率　「加」字原闕，據文意補。

〔三五〕入限自乘再乘別差　「自乘」二字原闕；「別差」，原作「差別」，據李儼中算家的內插法研究補正。

〔三六〕所乃躔衰如陟降率　「率」字原闕，據文意補。

〔三七〕其所曆日皆以先加之　據文意，「加」當作「減」。

〔三八〕以後減之　據文意，「減」當作「加」。

〔三九〕以加二氣　「氣」字原闕，據文意補。

〔四〇〕滿一十二日　「一十」二字原闕，據推算補。

〔四一〕秒十麼二　「二」字原闕，據推算補。

〔四二〕夜五十九刻八十六分　此九字原闕，據推算補。

〔四三〕武始交　「武」，當作「虎」，唐人諱改。

〔四四〕分四十三　「三」，原作「二」，汲本作「三」，與推算合，今據改。

〔四五〕轉分四十七　據推算，「四十七」應作「三十四半」。

〔四六〕八十三度十六　據推算，「六」應作「五」。

〔四七〕九十八半　「九十八」，原作「八十六」，汲本作「九十八」，與推算合，今據改。

〔四八〕八十七度四十九　據推算，「四十九」應作「五十」。

〔四九〕九十一度三十六　「三十六」，原作「四十八」，據推算改。

〔五〇〕百一十三度二十五　據推算，「二十五」下應奪「半」字。

〔五一〕百一十八度四十　據推算，「四十」下應奪「一」字。

〔五二〕百一十三度二十五　據推算，「五」下應奪「半」字。

〔五三〕二十刻三半　「半」字原闕，據推算補。

〔五四〕二十一刻二十二半　「二十二」，原作「二十三」，據推算改。

〔五五〕羣鳥養羞　「羣鳥」，原作「鵟」，據汲本改。按，「羣鳥養羞」語出呂氏春秋卷八仲秋紀。魏書卷一〇七上律曆志上、舊唐書卷三三曆志二、新唐書卷二八上曆志四上正作「玄鳥歸，羣鳥養羞」。

〔五六〕百度三十七半　「三」，原作「二」，據推算改。

〔五七〕八十七度五十　「五十」，原作「三十九」，據推算改。

〔五八〕二十六刻七十六　「七」，原作「九」，據推算改。

〔五九〕曷旦不鳴　「不」字原闕。本句魏書卷一〇七上律曆志上作「鶡旦不鳴」，舊唐書卷三三曆志二、新唐書卷二八上曆志四上作「鶡鳥不鳴」，呂氏春秋卷一一仲冬紀作「鶡鴠不鳴」。今據補。

〔六〇〕八十三度十六　據推算，「六」應作「五」。

〔六一〕十二除百刻　此五字重出，當是衍文。

〔六二〕二至前後一氣之末日　「二」下原有「望」字，據文意删。

〔六三〕稍增爲十二半　據推算，「十二半」應作「十一」。

〔六四〕終於二十大　據推算，「大」應作「少」。

〔六五〕五氣亦少增　「少」，汲本作「稍」。

〔六六〕初日三十六太　據推算，「太」字應爲衍文。

〔六七〕終四十一少　據推算，「少」字應爲衍文。

〔六八〕終於四十二　據推算，「二」下應奪「少」字。

〔六九〕各得入氣夜半定刻　「夜半定刻」，原作「夜之半刻」，據文意改。

〔七〇〕不盡爲晨去度　「晨」，原作「辰」，據文意改。

〔七一〕冬減夏加　「冬」，原作「各」，據文意改。

〔七二〕而度冬加夏減　「冬」，原作「各」，據文意改。

〔七三〕其二十八日者加全餘爲夜半入初日餘　「其」，原作「且」，據文意改。

〔七四〕秒九百九十八小　「九百九十八」，原作「八百九十七」，據推算改。

〔七五〕求月平應會日所入　據文意，「應」字應在「平」上。

〔七六〕速差　「速」，原作「違」，據文意改。

〔七七〕朓二百三十四　「三」，原作「四」，據推算改。

〔七八〕七百三十八　「三」，原作「四」，據推算改。

〔七九〕消十二　「二」，原作「三」，據推算改。

〔八〇〕加五減秒太八加一減　「太」下原有「九分」二大字，據推算删。

〔八一〕減五十六加十六七減二加　「七減」，原作「減七」，據文意乙正。

〔八二〕減十　「十」下原有「七」字，據推算删。

〔八三〕七百三十二　「二」，原作「一」，據推算改。

〔八四〕朒三百八十一　「一」字原闕，據推算補。

〔八五〕七百六十六篾四　「四」字原闕，據推算補。

〔八六〕三十一太全餘　「三」，原作「四」，據推算改。

〔八七〕限并後限而半之爲通率　據文意，前「限」字疑衍，「爲」字下應奪「前多者」三字。

〔八八〕又二限相減爲限衰　據文意，後「限」字下應奪「以減前多者爲前少者通率」十一字。

〔八九〕日法而一　據文意，「日」應作「終」。

〔九〇〕半之以乘限衰　「之」字原闕，據文意補。

〔九一〕變餘乘之日法而一　據文意，「日」應作「終」。

〔九二〕亦因前多以通率數爲半衰而減之　據文意，本句當作「亦因前限，前多，以通率爲初數，半衰而減之」。

〔九三〕其入七日餘二千一十一　「日」，原作「百」，據文意改。

〔九四〕二十八日始終餘以下爲初數　據文意，「始」應爲衍文。

〔九五〕皆今有轉差　「今」，疑是「令」之訛文。

〔九六〕斗二十六　據推算，此四字下應奪「一萬二千一十六分」八字。

〔九七〕北方玄武七宿九十八度　據推算，「度」下應奪「一萬二千一十六分」八字。

〔九八〕觜二　「二」，原作「三」，據推算改。

〔九九〕後於赤道四度爲限　「四」，原作「西」，據文意改。

〔一〇〇〕乃初限百九亦每限增一　據推算，「九」應作「七」，「亦」字當删，「增」應作「損」。

〔一〇一〕終百一十九　據推算，「百一十九」應作「九十七」。

〔一〇二〕因百一十九每限損一　「限」字原闕，據文意補。又，據推算，「百一十九」應作「九十七」，「損」應作「增」。

〔一〇三〕又終百九　據推算，「九」應作「七」。

〔一〇四〕百八而一　據推算，「八」下應奪「十」字。

〔一〇五〕前後輩之　「後」字原闕，據文意補。

〔一〇六〕斗二十四　據推算，「四」下應奪「一萬二千一十六分」八字。

〔一〇七〕北方九十六度半　據推算，「半」應作「太」。

〔一〇八〕參九　「九」，原作「八」，據推算改。

〔一〇九〕西方八十二度半　「二」，原作「一」，據推算改。

〔一一〇〕箕十半　「半」字原闕，據推算補。

〔一一一〕前見黄道度　據文意，「見」當作「皆」。

〔一一二〕其三度强　據文意，「强」當作「弱」。

〔一一三〕亦三度强　據文意，「强」當作「弱」。

〔一一四〕損減增加　「減」字原闕，據文意補。

〔一一五〕遁伏相消　「遁」，原作「道」，據文意改。

〔一一六〕即天正定朔夜半日在所度分　據文意，「在所」當作「所在」。

〔一一七〕推月而與日同度術　據文意，「而」字應爲衍文。

〔一一八〕以加減定朔　據文意，「朔」下應奪「先後數」三字。

〔二九〕轉分四十九篾四十二　「四十九篾」四字原闕，據推算補。

〔三〇〕皆得朔弦望夜半月所在定度　「望」字原闕，據文意補。

〔三一〕各以逡分　「以」下應奪「半逡差減」四字。

〔三二〕以定辰去經朔夜半減　「朔」字原闕，據文意補。

〔三三〕如前氣與所求每日夜漏之半以逡定分乘之　「漏」字原闕，據文意補；「以」上原有「夜」字，據文意刪。

〔三四〕七百五十二　「二」，原作「三」，據推算改。

〔三五〕日十二　「二」，原作「三」，據推算改。

〔三六〕五百五十五　「五百」，原作「三百」。錢大昕考異卷三三：「『三百』當爲『五百』。」今據改。

〔三七〕四千二百五半　「半」，原作「十」，據推算改。

〔三八〕二千四百八十八　據文意，本行之下，即「朔差」與「會限」之間，應奪「望數，十四。餘，九百五十。秒，二百三十二半」一行。

〔三九〕交率乘而復去　據文意，「率」應作「數」。

〔四〇〕即所求年天正經入交表裏數　據文意，「經」下應奪「朔」字。

〔四一〕四十八　「四」，原作「三」，據推算改。

〔四二〕進二退一　本句原作「進五分退一分」，據文意改。

〔三三〕當日退　「退」，原作「限」，據文意改。

〔三四〕三十四半　「三」，原作「四」，據推算改。

〔三五〕三退強二進弱　「進」，原作「退」，據文意改。

〔三六〕爲餘不成爲秒　原作「成餘不爲秒」，據文意改。

〔三七〕即其經朔月平入交日餘　據文意，「餘」字應爲衍文。

〔三八〕後交與月朔表裏同　據文意，「交」下疑奪「且」字，「月」上應奪「下」字。

〔三九〕表裏與前月返　「返」，原作「進」，據文意改。

〔四〇〕即定朔望所入定日及餘　「及」字原闕，據文意補。

〔四一〕其去交如望差以下　「下」字原闕，據文意補。

〔四二〕月在裏者日食　「裏」，原作「衰」，據文意改。

〔四三〕推日入會日術　後「日」字原闕，據文意補。

〔四四〕以交數乘月入氣朔望所平會日遲速定數　「遲」下原有「違」字，據文意删。

〔四五〕而朓減朒加其常日餘　「減」字原闕，據文意補。

〔四六〕如望以下　據文意，「望」下應奪「數」字。

〔四七〕皆餘九百七十八　據推算，「九百七十八」應作「三百九十五」。

〔四八〕末則七日後一分　「分」，原作「日」，據文意改。

〔四九〕爲通數　據文意，「爲」下疑奪「進者」二字，「數」下應奪「又以二衰相減爲衰，以減進者爲退者通數」十七字。

〔五〇〕進則秒積減衰法　據文意，「衰」應作「交」。

〔五一〕交法而一　據文意，「一」下應奪「以減衰」三字。

〔五二〕如限以上　據文意，「限」上應奪「交」字。

〔五三〕如望差以下即爲去先交數　「下」字原闕，據文意補。

〔五四〕月在日不應食而亦有食者　「日」下當有「道外」二字。

〔五五〕閏四月六月　後「月」，原作「日」，據文意改。

〔五六〕春分前加午一辰　據文意，「春分前」當作「春分、秋分前後」。

〔五七〕加三辰及加四辰　據文意，「及加四」當作「去交一」。

〔五八〕春分後秋分前　據文意，「後」字應移至「前」下。

〔五九〕又以去分氣數倍而加分後者　「倍」，原作「位」，據文意改。

〔六〇〕皆又以十加去交辰倍而并之　「倍」，原作「位」；「并」字原重出，據文意删改。

〔六一〕加二辰增一辰　據文意，「一辰」後應奪「少」字。

〔六二〕加三辰及五氣内　「三」字原闕，據文意補。

〔六三〕加二辰增少　「少」，原作「小」，據文意改。

〔一六四〕依本其四氣内加四辰　前「四」字原闕，據至順本、汲本補。

〔一六五〕六氣内加二辰六氣内加二辰者　「六氣内加二辰」不當重出。疑爲衍文。

〔一六六〕各依其去立夏立秋白露數　「白露」二字當是衍文，「立秋」下奪「日」字。

〔一六七〕又半其去二分日數　「二」字原闕，據至順本、汲本補。與陳美東歷代律曆志校證推算結果合。

〔一六八〕以加霜降雨水當氣所得之數　「氣」上原有「水」字，據至順本、汲本删。

〔一六九〕加所去交辰一　「交」字原闕，據至順本、汲本補。

〔一七〇〕以去清明白露氣數　「以去」二字原闕，據文意補。

〔一七一〕倍而三除去交辰增之　「增」上原有「謂」字，據文意删。

〔一七二〕乃艮以坤加巽以乾減定餘　據文意，「艮以坤加」，當作「艮、坤以加」；「巽以乾減」，當作「巽、乾以減」。

〔一七三〕即日食所在辰及小大　據文意，「小大」當作「大小」。

〔一七四〕以辰克乘辰餘　據文意，「克」當作「刻」，「辰」當作「食」。

〔一七五〕三日阻減望定餘半　據文意，此八字疑是衍文。

〔一七六〕置望之所入氣日　「置」字原闕，據文意補。

〔一七七〕二分每增四　下文稱「二分增六」，此五字疑是衍文。

〔七八〕月在内者　「内」，原作「景」，至順本作「丙」。蓋誤「内」爲「丙」，又因避唐諱改「景」，今據正。

〔七九〕若食十二分以上　「分」字原闕，據文意補。

〔八〇〕起右虧左　據文意，「起」上疑奪「其正南」三字。

〔八一〕起上近虧下而北　據文意，「近」字應在「而」下。

〔八二〕維北　據文意，本句當作「維南，起西北」。

〔八三〕上下過其分　「下」，原作「勢」，據文意改。

〔八四〕太白爲金　「爲」字原闕，據文意補。

〔八五〕餘二萬九千七百四十九半　「餘」上原有「萬」字，據文意删。又，「四」，原作「三」，據推算改。

〔八六〕白露後　據文意，「白露」上疑奪「白露前，以四乘去小暑日」十字。

〔八七〕小暑加七日　據文意，「小暑」下應奪「前後」二字。

〔八八〕日益遲七十分　「日」字原闕，據文意補。

〔八九〕分二百四　「分」字原闕，據文意補。

〔九〇〕夏至後　據文意，「夏至」上應奪「清明至夏至加二十七日」十字。

〔九一〕小滿後又十五日　陳美東歷代律曆志校證謂「小滿」當作「處暑」；「十五日」當作「二十八乘

去白露日，減處暑所乘者」。劉洪濤古代曆法計算法則謂本句當作「小滿前後，又減十五日」。

〔九二〕又十七乘去寒露所乘者　據文意，本句當作「又十七乘去寒露日，增寒露所乘者」。

〔九三〕一日半損一　據推算，「半」字應爲衍文。

〔九四〕一日增一　「一日」二字原闕，據文意補。

〔九五〕夏至盡立夏　據文意，「立夏」應爲「立秋」之誤。

〔九六〕六十三日退十六度　前「十」字原闕，據文意補。

〔九七〕三日日增一　據文意，「日增」當作「損」。

〔九八〕二日增一　據推算，「一」下應奪「半」字。

〔九九〕又十二日增一　據文意，「增」上應奪「一日」二字。

〔一〇〇〕其立夏盡夏至日亦日行半度　據文意，本句當作「其立夏盡夏至，初日行半度」。

〔一〇一〕日益疾二十分　「日」下原有「盡」字，據文意删。

〔一〇二〕分二萬二千六百一十二而留三十九日乃逆　「二千」，原作「七千」，據推算改。

〔一〇三〕分二萬二千六百一十二而伏　「二千」，原作「七千」，據推算改。

〔一〇四〕三百二十七日　「百」，原作「日」，據推算改。

〔一〇五〕以六乘去冬至日　據推算，「六」當作「五」。

〔二〇六〕又五乘去小寒日　據推算，「五」當作「六」。

〔二〇七〕芒種前以六乘去夏至日　據推算，「前」當作「後」，「六」當作「五」。

〔二〇八〕立夏前又五乘去芒種日　據推算，「前」當作「後」，「五」當作「六」。

〔二〇九〕以六乘去夏至日　「日」字原闕，據文意補。又，據推算，「六」當作「五」。

〔二一〇〕又五乘去小暑日　據推算，「五」當作「六」。

〔二一一〕以六乘去冬至日　據推算，「六」當作「五」。

〔二一二〕又五乘去大雪日　據推算，「五」當作「六」。

〔二一三〕寒露　據文意，當作「白露至寒露」。

〔二一四〕雨水盡夏至　「盡」下原有「見」字，據文意删。

〔二一五〕日益疾五百二十分　「疾」，原作「遲」，據文意改。

〔二一六〕箋三十五　「五」，原作「四」，據推算改。

〔二一七〕日益遲五百二十分　「遲」，原作「疾」，據文意改。

〔二一八〕箋三十五　「五」，原作「四」，據推算改。

〔二一九〕四十三日行三十二度　「日」字原闕，據推算補。

〔二二〇〕十五日增日度各一　「度各」二字原闕，據文意補。

〔二二一〕後十五日減一　據文意，「一」下應奪「盡芒種」三字。

〔二二〕百七十一日行二百六度　「六」字原闕，據推算補。

〔二三〕復日　「復」，原作「後」，據汲本改。

〔二四〕在立秋後小雪前者不見　「立」字原闕；「後」，原作「及」，據文意補改。

〔二五〕其白露前立夏後　「夏」，原作「冬」，據文意改。

〔二六〕在立春後小滿前者不見　「立」字原闕；「後」，原作「及」，據文意補改。

〔二七〕乃八日行八度　「乃」，原作「及」，據推算改。

〔二八〕又八日行八度　前「八」字原闕，據文意補。

〔二九〕各以伏半減積半實　據文意，「伏」下應奪「見」字；後「半」字疑衍。

〔三〇〕加晨得夕加夕得晨　「得夕加夕」四字原闕，據文意補。

〔三一〕其有益疾遲者副置一日行分　「副」，原作「則」，據文意改。

〔三二〕各以其分疾增遲損乃加之　「遲」字原闕；「加」，原作「如」，據文意補改。

〔三三〕逆出先加　「先」，原作「光」，據文意改。

〔三四〕各得每日所在知去日度　據文意，「知」字疑衍。

〔三五〕諸行星度求水其外内　據文意，「水」字疑衍。

# 隋書卷十九

## 志第十四

### 天文上

若夫法紫微以居中，擬明堂而布政，依分野而命國，體眾星而効官，動必順時，教不違物，故能成變化之道，合陰陽之妙。爰在庖犧，仰觀俯察，謂以天之七曜、二十八星，周於穹圓之度，以麗十二位也。在天成象，示見吉凶。五緯入房，啓姬王之肇跡，長星孛斗，鑒宋人之首亂，天意人事，同乎影響。自夷王下堂而見諸侯，赧王登臺而避責，記曰「天子微，諸侯僭」，於是師兵吞滅，僵仆原野。秦氏以戰國之餘，怙茲凶暴，小星交鬭，長彗橫天。漢高祖驅駕英雄，墾除災害，五精從歲，七重暈畢，含樞曾緬，道不虛行。自西京創制，多歷年載。世祖中興，當塗馭物，金行水德，祗奉靈命，玄兆著明，天人不遠。昔者榮河獻籙〔一〕，温洛呈圖，六爻摘範〔二〕，三光宛備，則星官之書，自黄帝始。高陽氏使南正重司天，北正黎司地，帝堯乃命羲、和，欽若昊天。夏有昆吾，殷有巫咸，周之史佚，宋之子韋，魯之梓慎，鄭之裨竈，魏有石氏，齊有甘公，皆能言天文，察微變者也。漢之傳天數者，則有唐都、李尋之倫。光武時，則有蘇伯況、郎雅光，並能參伍天文，發揚善道，補益當時，監垂來世。而河、洛圖緯，雖有星占星官之名，未能盡列。

後漢張衡爲太史令，鑄渾天儀，總序經星，謂之靈憲。其大略曰：「星也者，體生於地，精發於天。紫宫爲帝皇之居，太微爲五帝之坐，在野象物，在朝象官。居其中央，謂之北斗，動係於占，寔司王命。四布於方，爲二十八星，日月運行，歷示休咎。五緯經次，用彰禍福，則上天之心，於是見矣。中外之官，常明者百有二十〔三〕，可名者三百二十，爲星二千五百，微星之數萬一千五百二十，庶物蠢動，咸得繫命。」而衡所鑄之圖，遇亂堙滅，星官名數，今亦不存。三國時，吴太史令陳卓，始列甘氏、石氏、巫咸三家星官，著於圖録。并注占贊，總有二百五十四官，一千二百八十三星，并二十八宿及輔官附坐一百八十二星，總二百八十三官，一千五百六十五星。宋元嘉中，太史令錢樂之所鑄渾天銅儀，以朱黑白三色，用殊三家，而合陳卓之數。

高祖平陳，得善天官者周墳，并得宋氏渾儀之器。乃命庾季才等，參校周、齊、梁、陳及祖暅、孫僧化官私舊圖，刊其大小，正彼疏密，依準三家星位，以爲蓋圖。旁摛始分，甄表常度，并具赤黄二道，内外兩規。懸象著明，纏離攸次，星之隱顯，天漢昭回，宛若穹蒼，將爲正範。以墳爲太史令。墳博考經書，勤於教習，自此太史觀生，始能識天官。煬帝又遣宫人四十人，就太史局，別詔袁充，教以星氣，業成者進内，以參占驗云。

史臣於觀臺訪渾儀，見元魏太史令晁崇所造者，以鐵爲之，其規有六。其外四規常定，一象地形，二象赤道，其餘象二極。其内二規，可以運轉，用合八尺之管，以窺星度。周武帝平齊所得。隋開皇三年，新都初成，以置諸觀臺之上。大唐因而用焉。

馬遷天官書及班氏所載，妖星暈珥，雲氣虹蜺，存其大綱，未能備舉。自後史官，更無紀録。春秋傳曰：「公既視朔遂登觀臺，凡分至啓閉，必書雲物。」神道司存，安可誣也！今略舉其形名占驗，次之經星之末云。

## 天體

古之言天者有三家，一曰蓋天，二曰宣夜，三曰渾天。

蓋天之説，即周髀是也。其本庖犧氏立周天曆度，其所傳則周公受於殷商〔四〕，周人志之，故曰周髀。髀，股也。股者，表也。其言天似蓋笠，地法覆槃，天地各中高外下。北極之下，爲天地之中，其地最高，而滂沲四隤，三光隱映，以爲晝夜。天中高於外衡冬至日之所在六萬里，北極下地高於外衡下地亦六萬里，外衡高於北極下地二萬里。天地隆高相從，日去地恒八萬里。日麗天而平轉，分冬夏之間日所行道爲七衡六間。每衡周徑里數，各依筭術，用句股重差，推晷影極游，以爲遠近之數，皆得於表股者也〔五〕，故曰周髀。

又周髀家云：「天圓如張蓋，地方如棊局。天旁轉如推磨而左行，日月右行，天左轉，故日月實東行，而天牽之以西没。譬之於蟻行磨石之上，磨左旋而蟻右去，磨疾而蟻遲，故不得不隨磨以左迴焉。天形南高而北下，日出高故見，日入下故不見。天之居如倚蓋，故極在人北，是其證也。極在天之中，而今在人北，所以知天之形如倚蓋也。日朝出陰中，暮入陰中，陰氣暗冥，故從没不見也。夏時陽氣多，陰氣少，陽氣光明，與日同暉，故日出即見，無蔽之者，故夏日長也。冬時陰氣多，陽氣少，陰氣暗冥，掩日之光，雖出猶隱不見，故冬日短也。」

漢末，揚子雲難蓋天八事，以通渾天。其一云：「日之東行，循黄道。晝夜中規〔六〕，牽牛距北極南百一十度〔七〕，東井距北極南七十度，并百八十度。周三徑一，二十八宿周天當五百四十度，今三百六十度，何也？」其二曰：「春秋分之日正出在卯，入在酉，而晝漏五十刻。即天蓋轉，夜當倍晝。今夜亦五十刻，何也？」其三曰：「日入而星見，日出而不見，即斗下見日六月，不見日六月。北斗亦當見六月，不見六月。今夜常見，何也？」其四曰：「以蓋圖視天河，起斗而東入狼弧間，曲如輪。今視天河直如繩，何也？」其五曰：「周天二十八宿，以蓋圖視天，星見者當少，不見者當多。今見與不見等，何出入無冬夏，而兩宿十四星當見，不以日長短故見有多少，何也？」其六曰：「天至高也，地至卑也。日託天而旋，可謂至高矣。縱人目可奪，水與景不可奪也。今從高山上〔八〕，以水望日，日出水下，影上行，何也？」其七曰：「視物，近則大，遠則小。今日與北斗，近我而小，遠我而大，何也？」其八曰：「視蓋橑與車輻間，近杠轂即密，益遠益踈。今北極爲天杠轂，二十八宿爲天橑輻。以星度度天，南方次地星間當數倍。今交密，何也？」

其後桓譚、鄭玄、蔡邕、陸績，各陳周髀，考驗天狀，多有所違。逮梁武帝於長春殿講義，別擬天體，全同周髀之文，蓋立新意，以排渾天之論而已。

宣夜之書，絕無師法。唯漢祕書郎郄萌，記先師相傳云：「天了無質，仰而瞻之，高遠無極，眼瞀精絕，故蒼蒼然也。譬之旁望遠道之黃山而皆青，俯察千仞之深谷而窈黑，夫青非真色，而黑非有體也。日月衆星，自然浮生虛空之中，其行其止，皆須氣焉。是以七曜或逝或住，或順或逆，伏見無常，進退不同，由乎無所根繫，故各異也。故辰極常居其所，而北斗不與衆星西没也。」

晉成帝咸康中，會稽虞喜，因宣夜之説，作安天論，以爲「天高窮於無窮，地深測於不測。天確乎在上，有常安之形，地魄焉在下，有居靜之體，當相覆冒，方則俱方，圓則俱圓，無方圓不同之義也。其光曜布列，各自運行，猶江海之有潮汐，萬品之有行藏也。」葛洪聞而譏之曰：「苟辰宿不麗於天，天爲無用，便可言無。何必復云有之而不動乎？」由此而談，葛洪可謂知言之選也。喜族祖河間相聳，又立穹天論云：「天形穹隆如雞子幕，其際周接四海之表，浮乎元氣之上。譬如覆奩以抑水而不没者，氣充其中故也。日繞辰極，没西還東，而不出入地中。天之有極，猶蓋之有斗也。天北下於地三十度，極之傾在地卯酉之北亦三十度。人在卯酉之南十餘萬里，故斗極之下，不爲地中，當對天地卯酉之位耳。日行黃道繞極。極北去黃道百一十五度，南去黃道六十七度，二至之所舍，以爲長短也。」吳太常姚信，造昕天論云：「人爲靈蟲，形最似天。今人頤前侈臨匈，而項不能覆背[九]。近取諸身，故知天之體，南低入地，北則偏高也。又冬至極低，而天運近南，故日去人遠，而斗去人近，北天氣至，故水寒也。夏至極起，而天運近北，而斗去人遠，日去人近，南天氣至，故蒸熱也。極之高時[一〇]，日行地中淺，故夜短；天去地高，故晝長也。極之低時，日行地中深，故夜長；天去地下，故晝短也。」自虞喜、虞聳、姚信，皆好奇徇異之説，非極數談天者也。

前儒舊説，天地之體，狀如鳥卵，天包地外，猶殼之裹黄，周旋無端，其形渾渾然，故曰渾天。又曰：「天表裏有水，兩儀轉運，各乘氣而浮，載水而行。」漢王仲任，據蓋天之説，以駁渾儀云：「舊説，天轉從地下過。今掘地一丈輒有水，天何得從水中行乎？甚不然也。日隨天而轉，非入地。夫人目所望，不過十里，天地合矣。實非合也，遠使然耳。今視日入，非入也，亦遠耳。當日入西方之時，其下之人亦將謂之爲中也。四方之人，各以其近者爲出，遠者爲入矣。何以明之？今試使一人把大炬火，夜行於平地，去人十里，火光滅矣。非火滅也，遠使然耳。今日西轉不復見，是火滅之類也。日月不圓也，望視之所以圓者，去人遠也。夫日，火之精也；月，水之精也。水火在地不圓，在天何故圓？」丹陽葛洪釋之曰：

渾天儀注云：「天如雞子，地如中黄，孤居於天内，天大而地小。天表裏有水，天地各乘氣而立，載水而行。周天三百六十五度、四分度之一，又中分之，則半覆地上，半繞地下。故二十八宿，半見半隱。天轉如車轂之運也。」諸論天者雖多，然精於陰陽者少。張平子、陸公紀之徒，咸以爲推步七曜之道，以度曆象昬明之證候，校以四八之氣，考以漏刻之分，占晷影之往來，求形驗於事情，莫密於渾象也。張平子既作銅渾天儀，於密室中，以漏水轉之，與天皆合如符契也。崔子玉爲其碑銘曰：「數術窮天地，制作侔造化。高才偉藝，與神合契。」蓋由於平子渾儀及地動儀之有驗故也。

若天果如渾者，則天之出入，行於水中，爲必然矣。故黄帝書曰：「天在地外，水在天外。水浮天而載地者也。」又易曰：「時乘六龍。」夫陽爻稱龍，龍者居水之物，以喻天。天陽物也，又出入水中，與龍相似，故比以龍也。聖人仰觀俯察，審其如此。故晉卦坤上離下，以證日出於地也。又明夷之卦離下坤上，以證日入於地也。又需卦乾下坎上，此亦天入水中之象也。天爲金，金水相生之物也。天出入水中，當有何損，而謂爲不可乎？然則天之出入水中，無復疑矣。

又今視諸星出於東者，初但去地小許耳。漸而西行，先經人上，後遂轉西而下焉，不旁旋也。其先在西之星，亦稍下而没，無北轉者。日之出入亦然。若謂天磨石轉者，衆星日月，宜隨天而迴，初在於東，次經於南，次到於西，次及於北，而復還於東，不應横過去也。今日出於東，冉冉轉上，及其入西，亦復漸漸稍下，都不繞邊北去。了了如此，王生必固謂爲不然者，疏矣。

今日徑千里，其中足以當小星之數十也。若日以轉遠之故，但當光曜不能復來照及人耳，宜猶望見其體，不應都失其所在也。日光既盛，其體又大於星。今見極北之小星，而不見日之在北者，明其不北行也。若日以轉遠之故，不復可見，其比入之間，應當稍小。而日方入之時，反乃更大，此非轉遠之徵也。王生以火炬喻日，吾亦將借子之矛，以刺子之楯焉。把火之人，去人轉遠，其光轉微，而日月自出至入，不漸小也。王生以火喻之，謬矣。

又日之入西方，視之稍稍去，初尚有半，如橫破鏡之狀，須臾淪沒矣。若如王生之言，日轉北去者，其比都沒之頃〔一一〕，宜先如豎破鏡之狀，不應如橫破鏡也。如此言之，日入北方，不亦孤孑乎？又月之光微，不及日遠矣。月盛之時，雖有重雲蔽之，不見月體，而夕猶朗然，是月光猶從雲中而照外也。日若繞西及北者，其光故應如月在雲中之狀，不得夜便大暗也。又日入則星月出焉。明知天以日月分主晝夜，相代而照也。若日常出者，不應日亦入而星月出也。

又案河、洛之文，皆云水火者，陰陽之餘氣也。夫言餘氣，則不能生日月可知也，顧當言日精生火者可耳。若水火是日月所生，則亦何得盡如日月之圓乎？今火出於陽燧，陽燧圓而火不圓也。水出於方諸，方諸方而水不方也。又陽燧可以取火於日，而無取日於火之理，此則日精之生火明矣。方諸可以取水於月，無取月於水之道，此則月精之生水了矣。王生又云：「遠故視之圓。」若審然者，月初生之時及既虧之後，何以視之不圓乎？而日食，或上或下，從側而起，或如鉤至盡。若遠視見圓，不宜見其殘缺左右所起也。此則渾天之體，信而有徵矣。

宋何承天論渾天象體曰：「詳尋前說，因觀渾儀，研求其意，有悟天形正圓，而水居其半，地中高外卑，水周其下。言四方者，東曰暘谷，日之所出，西曰濛汜，日之所入。莊子又云：『北溟有魚，化而爲鳥，將徙於南溟。』斯亦古之遺記，四方皆水證也。四方皆水，謂之四海。凡五行相生，水生於金。是故百川發源，皆自山出，由高趣下，歸注於海。日爲陽精，光曜炎熾，一夜入水，所經焦竭。百川歸注，足以相補，故旱不爲減，浸不爲益。」又云：「周天三百六十五度、三百四分之七十五。天常西轉，一日一夜，過周一度。南北二極，相去一百一十六度、三百四分度之六十五彊，即天經也。黄道衺帶赤道，春分交於奎七度，秋分交於軫十五度，冬至斗十四度半彊，夏至井十六度半。從北極扶天而南五十五度彊，則居天四維之中，最高處也，即天頂也。其下則地中也。」自外與王蕃大同。王蕃渾天說，具於晉史。

舊説渾天者，以日月星辰，不問春秋冬夏，晝夜晨昏，上下去地中皆同，無遠近。

列子曰：「孔子東遊，見兩小兒鬭。問其故？一小兒曰：『我以日始出去人近，而日中時遠也。』一小兒曰：『我以爲日初出遠，而日中時近也。』言初出近者曰：『日初出，大如車蓋，及其日中，裁如盤盂[一二]。此不爲遠者小，近者大乎？』言日初出遠者曰：『日初出時，滄滄涼涼，及其中時，熱如探湯。此不爲近者熱，遠者涼乎？』」

桓譚新論云：「漢長水校尉平陵關子陽，以爲日之去人，上方遠而四傍近。何以知之？星宿昏時出東方，其間甚疎，相離丈餘。及夜半在上方，視之甚數，相離一二尺。以準度望之，逾益明白，故知天上之遠於傍也。日爲天陽，火爲地陽。地陽上升，天陽下降。今置火於地，從傍與上，診其熱，遠近殊不同焉。日中正在上，覆蓋人，人當天陽之衝，故熱於始出時。又新從太陰中來，故復涼於其西在桑榆間也。桓君山曰：子陽之言，豈其然乎？」

張衡靈憲曰：「日之薄地，闇其明也〔一三〕。由闇視明，明無所屈，是以望之若大。方其中〔一四〕，天地同明，明還自奪，故望之若小。火當夜而揚光，在晝則不明也。月之於夜，與日同而差微。」

晉著作郎陽平束晳，字廣微，以爲傍方與上方等。傍視則天體存於側，故日出時視日大也。日無小大，而所存者有伸厭。厭而形小，伸而體大，蓋其理也。又日始出時色白者，雖大不甚，始出時色赤者，其大則甚，此終以人目之惑，無遠近也。且夫置器廣庭，則函牛之鼎如釜，堂崇十仞，則八尺之人猶短，物有陵之，非形異也。夫物有惑心，形有亂目，誠非斷疑定理之主。故仰遊雲以觀月，月常動而雲不移，乘舡以涉水，水去而舡不徙矣。

姜岌云〔一五〕：「余以爲子陽言天陽下降，日下熱，束晳言天體存於目，則日大，頗近之矣。渾天之體，圓周之徑，詳之於天度，驗之於晷影，而紛然之說，由人目也。參伐初出，在旁則其間疏，在上則其間數。以渾檢之〔一六〕，度則均也。旁之與上，理無有殊也。夫日者純陽之精也，光明外曜，以眩人目，故人視日如小。及其初出，地有遊氣，以厭日光，不眩人目，即日赤而大也。無遊氣則色白，大不甚矣。地氣不及天，故一日之中，晨夕日色赤，而中時日色白。地氣上升，蒙蒙四合，與天連者，雖中時亦赤矣。日與火相類，火則體赤而炎黃，日赤宜矣。然日色赤者，猶火無炎也。光衰失常，則爲異矣。」

梁奉朝請祖暅曰：

自古論天者多矣，而羣氏糾紛，至相非毁。竊覽同異，稽之典經，仰觀辰極，傍矚四維，覩日月之升降，察五星之見伏，校之以儀象，覆之以晷漏，則渾天之理，信而有徵。輒遺衆說，附渾儀云。考靈曜先儒求得天地相去十七萬八千五百里，以晷影驗之，失於過多。既不顯求之術，而虛設其數，蓋夸誕之辭，宜非聖人之旨也。學者多因其說而未之革〔一七〕，豈不知尋其理歟，抑未能求其數故也？

王蕃所考，校之前說，不啻減半。雖非揆格所知，而求之以理，誠未能遥趣其實，蓋近密乎？輒因王蕃天高數，以求冬至、春分日高及南戴日下去地中數。法，令表高八尺與冬至影長一丈三尺，各自乘，并而開方除之爲法。天高乘表高爲實，實如法，得四萬二千六百五十八里有奇，即冬至日高也。以天高乘冬至影長爲實，實如法，得六萬九千三百二十里有奇，即冬至南戴日下去地中數也。求春秋分數法，令表高及春秋分影長五尺三寸九分，各自乘，并而開方除之爲法。因冬至日高實，而以法除之，得六萬七千五百二里有奇，即春秋分日高也。以天高乘春秋分影長實，實如法而一，得四萬五千四百七十九里有奇，即春秋分南戴日下去地中數也。南戴日下，所謂丹穴也。推北極里數法，夜於地中表南，傅地遥望北辰紐星之末〔一八〕，令與表端參合。以人目去表數及表高各自乘，并而開方除之爲法。天高乘表高數爲實，實如法而一，即北辰紐星高地數也。天高乘人目去表爲實，實如法，即去北戴極下之數也。北戴斗極爲空桐。

日去赤道表裏二十四度，遠寒近暑而中和。二分之日，去天頂三十六度。日去地中，四時同度，而有寒暑者，地氣上騰，天氣下降，故遠日下而寒，近日下而暑，非有遠近也。猶火居上，雖遠而炎，在傍，雖近而微。視日在傍而大，居上而小者，仰矚爲難，平觀爲易也。由視有夷險，非遠近之効也。今懸珠於百仞之上，或置之於百仞之前，從而觀之，則大小殊矣。先儒弗斯取驗，虚繁翰墨，夷途頓轡，雄辭析辯，不亦迂哉。今大寒在冬至後二氣者，寒積而未消也。大暑在夏至後二氣者，暑積而未歇也。寒暑均和，乃在春秋分後二氣者，寒暑積而未平也。譬之火始入室，而未甚温，弗事加薪，久而逾熾。既已遷之，猶有餘熱也。

## 渾天儀

案虞書：「舜在琁璣玉衡，以齊七政。」則考靈曜所謂觀玉儀之遊，昏明主時，乃命中星者也。琁璣中而星未中爲急，急則日過其度，月不及其宿。琁璣未中而星中爲舒，舒則日不及其度，月過其宿。琁璣中而星中爲調，調則風雨時，庶草蕃蕪，而五穀登，萬事康也。所言琁璣者，謂渾天儀也。故春秋文耀鉤云：「唐堯即位，羲、和立渾儀。」而先儒或因星官書，北斗第二星名琁，第三星名璣，第五星名玉衡，仍七政之言，即以爲北斗七星。載筆之官，莫之或辨。史遷、班固，猶且致疑。馬季長創謂璣衡爲渾天儀。鄭玄亦云：「其轉運者爲璣，其持正者爲衡，皆以玉爲之。七政者，日月五星也。以璣衡視其行度，以觀天意也。」故王蕃云：「渾天儀者，羲、和之舊器，積代相傳，謂之璣衡。其爲用也，以察三光，以分宿度者也。又有渾天象者，以著天體，以布星辰。而渾象之法，地當在天中，其勢不便，故反觀其形，地爲外匡，於已解者，無異在內。詭狀殊體，而合於理，可謂奇巧。

然斯二者，以考於天，蓋密矣。」又云：「古舊渾象，以二分爲一度，周七尺三寸半分〔一九〕。而莫知何代所造。」今案虞喜云：「落下閎爲漢孝武帝於地中轉渾天，定時節，作泰初曆。」或其所製也。

漢孝和帝時，太史揆候，皆以赤道儀，與天度頗有進退。以問典星待詔姚崇等，皆曰星圖有規法，日月實從黃道。官無其器。至永元十五年，詔左中郎將賈逵，乃始造太史黃道銅儀。至桓帝延熹七年，太史令張衡，更以銅製，以四分爲一度，周天一丈四尺六寸一分。亦於密室中，以漏水轉之。令司之者，閉戶而唱之，以告靈臺之觀天者，琁璣所加，某星始見，某星已中，某星今沒，皆如合符。蕃以古製局小，以布星辰，相去稠穊，不得了察。張衡所作，又復傷大，難可轉移。蕃今所作，以三分爲一度，周一丈九寸五分、四分分之三〔二〇〕。張古法三尺六寸五分、四分分之一，減衡法亦三尺六寸五分、四分分之一。渾天儀法，黃赤道各廣一度有半。故今所作渾象〔二一〕，黃赤道各廣四分半，相去七寸二分。又云：「黃赤二道，相共交錯，其間相去二十四度。以兩儀準之，二道俱三百六十五度有奇。又赤道見者，常一百八十二度半彊。又南北考之，天見者亦一百八十二度半彊。是以知天之體圓如彈丸，南北極相去一百八十二度半彊也。而陸績所作渾象，形如鳥卵，以施二道，不得如法。若使二道同規，則其間相去不得滿二十四度。若令相去二十四度，則黃道當長於赤道。又兩極相去，不翅八十二度半彊〔三〕。案續說云：『天東西徑三十五萬七千里，直徑亦然。』則續意亦以天爲正圓也。器與言謬，頗爲乖僻。」然則渾天儀者，其制有機有衡。既動靜兼狀，以效二儀之情，又周旋衡管，用考三光之分。所以揆正宿度，準步盈虛，求古之遺法也。則先儒所言圓規徑八尺，漢候臺銅儀，蔡邕所欲寢伏其下者是也。

梁華林重雲殿前所置銅儀，其制則有雙環規相並，間相去三寸許。正豎當子午。其子午之間，應南北極之衡，各合而爲孔，以象南北樞。植楗於前後，以屬焉。又有單橫規，高下正當渾之半。皆周帀分爲度數，署以維辰之位，以象地。又有單規，斜帶南北之中，與春秋二分之日道相應。亦周帀分爲度數，而署以維辰，並相連著。屬楗植而不動。其裏又有雙規相並，如外雙規。內徑八尺，周二丈四尺，而屬雙軸。軸兩頭出規外各二寸許，合兩爲一。內有孔，圓徑二寸許，南頭入地下，注於外雙規南樞孔中，以象南極。北頭出地上，入於外雙規規北樞孔中，以象北極。其運動得東西轉，以象天行。其雙軸之間，則置衡，長八尺，通中有孔，圓徑一寸。當衡之半，兩邊有關，各注著雙軸。衡既隨天象東西轉運，又自於雙軸間得南北低仰。所以準驗辰曆，分考次度，其於揆測，唯所欲爲之者也。檢其鐫題，是僞劉曜光初六年，史官丞南陽孔挺所造，則古之渾儀之法者也。而宋御史中丞何承天及太中大夫徐爰，各著宋史，咸以爲即張衡所造。其儀略舉天狀，而不綴經星七曜。魏、晉喪亂，沉没西戎。義熙十四年，宋高祖定咸陽得之。梁尚書沈約著宋史，亦云然，皆失之遠矣。

後魏道武天興初，命太史令晁崇脩渾儀，以觀星象。十有餘載，至明元永興四年壬子，詔造太史候部鐵儀，以爲渾天法，考璇璣之正。其銘曰：「於皇大代〔三〕，配天比祚。赫赫明明，聲列遐布。爰造茲器，考正宿度。貽法後葉，永垂典故。」其製並以銅鐵，唯誌星度以銀錯之。南北柱曲抱雙規，東西柱直立，下有十字水平，以植四柱。十字之上，以龜負雙規。其餘皆與劉曜儀大同。即今太史候臺所用也。

## 渾天象

渾天象者，其制有機而無衡，梁末祕府有，以木爲之。其圓如丸，其大數圍。南北兩頭有軸。徧體布二十八宿、三家星、黄赤二道及天漢等。别爲横規環，以匡其外。高下管之，以象地。南軸頭入地，注於南植，以象南極。北軸頭出於地上，注於北植，以象北極。正東西運轉。昏明中星，既其應度，分至氣節，亦驗，在不差而已。不如渾儀，别有衡管，測揆日月，分步星度者也。吴太史令陳苗云：「先賢制木爲儀，名曰渾天。」即此之謂耶？由斯而言，儀象二器，遠不相涉。則張衡所造，蓋亦止在渾象七曜，而何承天莫辨儀象之異，亦爲乖失。

宋文帝以元嘉十三年，詔太史更造渾儀。太史令錢樂之，依案舊説，采效儀象，鑄銅爲之。五分爲一度，徑六尺八分少，周一丈八尺二寸六分少。地在天内，不動。立黄赤二道之規，南北二極之規，布列二十八宿、北斗極星。置日月五星於黄道上。爲之杠軸，以象天運。昏明中星，與天相符。梁末，置於文德殿前。至如斯制，以爲渾儀，儀則内闕衡管。以爲渾象，而地不在外。是參兩法，别爲一體。就器用而求，猶渾象之流，外内天地之狀，不失其位也。吴時又有葛衡〔二四〕，明達天官，能爲機巧。改作渾天，使地居于天中。以機動之，天動而地止〔二五〕，以上應晷度，則樂之之所放述也。

到元嘉十七年，又作小渾天，二分爲一度，徑二尺二寸，周六尺六寸。安二十八宿中外官星備足。以白青黄等三色珠爲三家星。其日月五星，悉居黄道。亦象天運，而地在其中。

宋元嘉所造儀象器，開皇九年平陳後，並入長安。大業初，移於東都觀象殿。

## 蓋圖

晉侍中劉智云：「顓頊造渾儀，黄帝爲蓋天。」然此二器，皆古之所制，但傳説義者，失其用耳。昔者聖王正曆明時，作圓蓋以圖列宿。極在其中，迴之以觀天象。分三百六十五度、四分度之一，以定日數。日行於星紀，轉迴右行，故圓規之，以爲日行道。欲明其四時所在：故於春也，則以青爲道；於夏也，則以赤爲道；於秋也，則以白爲道；於冬也，則以黑爲道。四季之末，各十八日，則以黃爲道。蓋圖已定，仰觀雖明，而未可正昏明，分晝夜，故作渾儀，以象天體。今案自開皇已後，天下一統，靈臺以後魏鐵渾天儀，測七曜盈縮，以蓋圖列星坐，分黃赤二道距二十八宿分度，而莫有更爲渾象者矣。

仁壽四年，河間劉焯造皇極曆，上啓於東宮。論渾天云：

璿璣玉衡，正天之器，帝王欽若，世傳其象。漢之孝武，詳考律曆，糾落下閎、鮮于妄人等，共所營定。逮于張衡，又尋述作，亦其體制，不異閎等。雖閎制莫存，而衡造有器。至吳時，陸績、王蕃，並要修鑄。績小有異，蕃乃事同。宋有錢樂之，魏初晁崇等，總用銅鐵。小大有殊，規域經模，不異蕃造。觀蔡邕月令章句，鄭玄注考靈曜，勢同衡法，迄今不改。

焯以愚管，留情推測，見其數制，莫不違爽。失之千里，差若毫氂，大象一乖，餘何可驗。況赤黃均度，月無出入，至所恒定，氣不別衡。分刻本差，輪迴守故。其爲踈謬，不可復言。亦既由理不明，致使異家間出。蓋及宣夜，三説並驅，平、昕、安、穹，四天騰沸。至當不二，理唯一揆，豈容天體，七種殊說？又影漏去極，就渾可推，百骸共體，本非異物。此真已驗，彼僞自彰，豈朗日未暉，爝火不息，理有而闕，詎不可悲者也？昔蔡邕自朔方上書曰：「以八尺之儀，度知天地之象，古有其器，而無其書。常欲寑伏儀下，案度成數，而爲立說。」邕以負罪朔裔，書奏不許。邕若蒙許，亦必不能。邕才不踰張衡，衡本豈有遺思也？則有器無書，觀不能悟。焯今立術，改正舊渾。又以二至之影，定去極晷漏，并天地高遠，星辰運周，所宗有本，皆有其率。祛今賢之巨惑，稽往哲之羣疑，豁若雲披，朗如霧散。爲之錯綜，數卷已成，待得影差，謹更啓送。

又云：「周官夏至日影，尺有五寸。張衡、鄭玄、王蕃、陸績先儒等，皆以爲影千里差一寸。言南戴日下萬五千里，表影正同，天高乃異。考之筭法，必爲不可。寸差千里，亦無典說，明爲意斷，事不可依。今交、愛之州，表北無影，計無萬里，南過戴日。是千里一寸，非其實差。焯今說渾，以道爲率，道里不定，得差乃審。既大聖之年，升平之日，釐改羣謬，斯正其時。請一水工，并解筭術士，取河南、北平地之所，可量數百里，南北使正。審時以漏，平地以繩，隨氣至分，同日度影。得其差率，里即可知。則天地無所匿其形，辰象無所逃其數，超前顯聖，効象除疑。請勿以人廢言。」不用。至大業三年，勑諸郡測影，而焯尋卒，事遂寢廢。

## 地中

周禮大司徒職：「以土圭之法，測土深，正日景，以求地中。」此則渾天之正說，立儀象之大本。故云：「日南則景短多暑，日北則景長多寒，日東則景夕多風，日西則景朝多陰。日至之景，尺有五寸，謂之地中。天地之所合也，四時之所交也，風雨之所會也，陰陽之所和也。然則百物阜安，乃建王國焉。」又考工記匠人：「建國，水地以縣。置槷以縣，眡以日景〔二六〕。爲規，識日出之景與日入之景。晝參諸日中之景，夜考之極星，以正朝夕。」案土圭正影，經文闕略，先儒解說，又非明審。祖暅錯綜經注，以推地中。其法曰：「先驗昏旦，定刻漏，分辰次。乃立儀表於準平之地，名曰南表。漏刻上水，居日之中，更立一表於南表影末，名曰中表。夜依中表，以望北極樞，而立北表，令參相直。三表皆以懸準定，乃觀。三表直者，其立表之地，即當子午之正。三表曲者，地偏僻。每觀中表，以知所偏。中表在西，則立表處在地中之西，當更向東求地中。若中表在東，則立表處在地中之東也，當更向西求地中。取三表直者，爲地中之正。又以春秋二分之日，旦始出東方半體，乃立表於中表之東，名曰東表。令東表與日及中表參相直。視日之夕〔二七〕，日入西方半體，又立表於中表之西，名曰西表。亦從中表西望西表及日，參相直。乃觀三表直者，即地南北之中也。若中表差近南，則所測之地在卯酉之南。中表差在北，則所測之地在卯酉之北。進退南北，求三表直正東西者，則其地處中，居卯酉之正也。」

## 晷景

昔者周公測晷景於陽城，以參考曆紀。其於周禮，在大司徒之職：「以土圭之法，測土深，正日景，以求地中。日至之景，尺有五寸，則天地之所合，四時之所交。百物阜安，乃建王國。」然則日爲陽精，玄象之著然者也。生靈因之動息，寒暑由其遞代。觀陰陽之升降，揆天地之高遠，正位辨方，定時考閏，莫近於茲也。古法簡略，旨趣難究，術家考測，互有異同。先儒皆云：「夏至立八尺表於陽城，其影與土圭等。」案尚書考靈曜稱：「日永，景尺五寸〔二八〕；日短，景丈三尺〔二九〕。」易通卦驗曰：「冬至之日，樹八尺之表，日中視其晷景長短，以占和否。夏至景一尺四寸八分，冬至一丈三尺。」周髀云：「成周土中，夏至景一尺六寸，冬至景一丈三尺五寸。」劉向鴻範傳曰：「夏至景長一尺五寸八分，冬至一丈三尺一寸四分，春秋二分，景七尺三寸六分。」後漢四分曆、魏景初曆、宋元嘉曆、大明祖沖之曆，皆與考靈曜同。漢、魏及宋，所都皆別，四家曆法，候景則齊。且緯候所陳，恐難依據。劉向二分之景，直以率推，非因表候，定其長短。然尋晷景尺丈，雖有大較，或地域不改，而分寸參差，或南北殊方，而長短維一。蓋術士未能精驗，馮古所以致乖。今删其繁雜，附於此云。

梁天監中，祖暅造八尺銅表，其下與圭相連。圭上爲溝，置水，以取平正。揆測日晷，求其盈縮。至大同十年，太史令虞劆，又用九尺表，格江左之景。夏至一尺三寸二分，冬至一丈三尺七分，立夏、立秋二尺四寸五分，春分、秋分五尺三寸九分。陳氏一代，唯用梁法。齊神武以洛陽舊器，並徙鄴中。以暨文宣受終，竟未考驗。至武平七年，訖干景禮始薦劉孝孫、張孟賓等於後主。劉、張建表測景，以考分至之氣。草創未就，仍遇朝亡。周自天和以來，言曆者紛紛復出。亦驗二至之景，以考曆之精麤。

及高祖踐極之後，大議造曆。張冑玄兼明揆測，言日長之瑞。有詔司存，而莫能考決。至開皇十九年，袁充爲太史令，欲成冑玄舊事，復表曰：「隋興已後，日景漸長。開皇元年冬至之景，長一丈二尺七寸二分，自爾漸短。至十七年冬至景，一丈二尺六寸三分。四年冬至，在洛陽測景，長一丈二尺八寸八分。二年夏至景，一尺四寸八分，自爾漸短。至十六年夏至景，一尺四寸五分。其十八年冬至，陰雲不測。元年、十七年、十八年夏至，亦陰雲不測。周官以土圭之法正日景，日至之景，尺有五寸。鄭玄云：『冬至之景，一丈三尺。』今十六年夏至之景，短於舊五分，十七年冬至之景，短於舊三寸七分。日去極近，則景短而日長；去極遠，則景長而日短。行內道則去極近，行外道則去極遠。堯典云：『日短星昴，以正仲冬。』據昴星昏中，則知堯時仲冬，日在須女十度。以曆數推之，開皇以來冬至，日在斗十一度，與唐堯之代，去極俱近。謹案元命包云：『日月出內道，琁璣得其常，天帝崇靈，聖王初功。』京房別對曰：『太平日行上道，升平日行次道，霸代日行下道。』伏惟大隋啓運，上感乾元，景短日長，振古希有。」是時廢庶人勇，晉王廣初爲太子，充奏此事，深合時宜。上臨朝謂百官曰：「景長之慶，天之祐也。今太子新立，當須改元，宜取日長之意，以爲年號。」由是改開皇二十一年爲仁壽元年。此後百工作役，並加程課，以日長故也。皇太子率百官，詣闕陳賀。案日徐疾盈縮無常，充等以爲祥瑞，大爲議者所貶。

又考靈曜、周髀、張衡靈憲及鄭玄注周官，並云：「日影於地，千里而差一寸。」案宋元嘉十九年壬午，使使往交州測影。夏至之日，影出表南三寸二分。何承天遥取陽城，云夏至一尺五寸。計陽城去交州，路當萬里，而影實差一尺八寸二分。是六百里而差一寸也。又梁大同中，二至所測，以八尺表率取之，夏至當一尺一寸七分彊。後魏信都芳注周髀四術，稱永平元年戊子，當梁天監之七年，見洛陽測影，又見公孫崇集諸朝士，共觀祕書影。同是夏至日，其中影皆長一尺五寸八分。以此推之，金陵去洛，南北略當千里，而影差四寸。則二百五十里而影差一寸也。況人路迂迴，山川登降，方於鳥道，所校彌多，則千里之言，未足依也。其揆測參差如此，故備論之。

## 漏刻

昔黃帝創觀漏水，制器取則，以分晝夜。其後因以命官，周禮挈壺氏則其職也。其法，總以百刻，分于晝夜。冬至晝漏四十刻，夜漏六十刻。夏至晝漏六十刻，夜漏四十刻。春秋二分，晝夜各五十刻。日未出前二刻半而明，既沒後二刻半乃昏。減夜五刻，以益晝漏，謂之昏旦。漏刻皆隨氣增損。冬夏二至之間，晝夜長短，凡差二十刻。每差一刻爲一箭。冬至互起其首，凡有四十一箭。晝有朝，有禺，有中，有晡，有夕。夜有甲、乙、丙、丁、戊。昏旦有星中。每箭各有其數，皆所以分時代守，更其作役。

漢興，張蒼因循古制，猶多疏闊。及孝武考定星曆，下漏以追天度，亦未能盡其理。劉向鴻範傳記武帝時所用法云：「冬夏二至之間，一百八十餘日，晝夜差二十刻。」大率二至之後，九日而增損一刻焉。至哀帝時，又改用晝夜一百二十刻，尋亦寢廢。至王莽竊位，又遵行之。光武之初，亦以百刻九日加減法，編於甲令，爲常符漏品。至和帝永元十四年，霍融上言：「官曆率九日增減一刻，不與天相應。或時差至二刻半，不如夏曆漏刻，隨日南北爲長短。」乃詔用夏曆漏刻。依日行黃道去極，每差二度四分，爲增減一刻。凡用四十八箭。終於魏、晉，相傳不改。

宋何承天，以月蝕所在，當日之衡，考驗日宿，知移舊六度。冬至之日，其影極長，測量晷度，知冬至移舊四日。前代諸漏，春分晝長，秋分晝短，差過半刻。皆由氣日不正，所以而然。遂議造漏法。春秋二分，昏旦晝夜漏各五十五刻。齊及梁初，因循不改。至天監六年，武帝以晝夜百刻，分配十二辰，辰得八刻，仍有餘分。乃以晝夜爲九十六刻，一辰有全刻八焉。至大同十年，又改用一百八刻。依尚書考靈曜，晝夜三十六頃之數，因而三之。冬至晝漏四十八刻，夜漏六十刻。夏至晝漏七十刻，夜漏三十八刻。春秋二分，晝漏六十刻，夜漏四十八刻。昏旦之數各三刻。先令祖暅爲漏經，皆依渾天黃道日行去極遠近，爲用箭日率。陳文帝天嘉中，亦命舍人朱史造漏，依古百刻爲法。周、齊因循魏漏。晉、宋、梁大同，並以百刻分于晝夜。

隋初，用周朝尹公正、馬顯所造漏經。至開皇十四年，鄜州司馬袁充上晷影漏刻。充以短影平儀，均布十二辰，立表，隨日影所指辰刻，以驗漏水之節。十二辰刻，互有多少，時正前後，刻亦不同。其二至二分用箭辰刻之法，今列之云。

冬至：日出辰正，入申正，晝四十刻，夜六十刻。

子、丑、亥各二刻，寅、戌各六刻，卯、酉各十三刻，辰、申各十四刻，巳、未各十刻，午八刻。

右十四日改箭。

春秋二分：日出卯正，入酉正，晝五十刻，夜五十刻。

子四刻，丑、亥七刻，寅、戌九刻，卯、酉十四刻，辰、申九刻，巳、未七刻，午四刻。

右五日改箭。

夏至：日出寅正，入戌正，晝六十刻，夜四十刻。

子八刻，丑、亥十刻，寅、戌十四刻，卯、酉十三刻，辰、申六刻，巳、未二刻，午二刻。

右一十九日，加減一刻，改箭。

袁充素不曉渾天黃道去極之數，苟役私智，變改舊章。其於施用，未爲精密。

開皇十七年，張胄玄用後魏渾天鐵儀，測知春秋二分，日出卯酉之北，不正當中。與何承天所測頗同，皆日出卯三刻五十五分，入酉四刻二十五分。晝漏五十刻一十分，夜漏四十九刻四十分，晝夜差六十分刻之四十。仁壽四年，劉焯上皇極曆，有日行遲疾，推二十四氣，皆有盈縮定日。春秋分定日，去冬至各八十八日有奇，去夏至各九十三日有奇。二分定日，晝夜各五十刻。又依渾天黃道，驗知冬至夜漏五十九刻、一百分刻之八十六，晝漏四十刻一十四分，夏至晝漏五十九刻八十六分，夜漏四十刻一十四分。冬夏二至之間，晝夜差一十九刻、一百分刻之七十二。胄玄及焯漏刻，並不施用。然其法制，皆著在曆術，推驗加時，最爲詳審。

大業初，耿詢作古欹器，以漏水注之，獻于煬帝。帝善之，因令與宇文愷，依後魏道士李蘭所脩道家上法稱漏，制造稱水漏器，以充行從。又作候影分箭上水方器，置於東都乾陽殿前鼓下司辰。又作馬上漏刻，以從行辨時刻。揆日晷，下漏刻，此二者，測天地，正儀象之本也。晷漏沿革，今古大殊，故列其差，以補前闕。

## 經星中宮

北極五星，鉤陳六星，皆在紫宮中。北極，辰也。其紐星，天之樞也。天運無窮，三光迭耀，而極星不移。故曰：「居其所而衆星共之。」賈逵、張衡、蔡邕、王蕃、陸績，皆以北極紐星爲樞，是不動處也。祖暅以儀準候不動處，在紐星之末，猶一度有餘。北極大星，太一之座也。第一星主月，太子也。第二星主日，帝王也。第三星主五星，庶子也。所謂第二星者，最赤明者也。北極五星，最爲尊也。中星不明，主不用事。右星不明，太子憂。鉤陳，後宮也，太帝之正妃也，太帝之坐也。北四星曰女御宮，八十一御妻之象也。鉤陳口中一星，曰天皇太帝。其神曰耀魄寶，主御羣靈，秉萬神圖。抱極樞四星曰四輔，所以輔佐北極，而出度授政也。太帝上九星曰華蓋，蓋所以覆蔽太帝之坐也。又九星直，曰杠。蓋下五星曰五帝内坐，設敍順帝所居也。客犯紫宮中坐〔三〇〕，大臣犯主。華蓋杠旁六星曰六甲，可以分陰陽而紀節候，故在帝旁，所以布政教而授人時也。極東一星曰柱下史，主記過。古者有左右史，此之象也。柱史北一星曰女史，婦人之微者，主傳漏。故漢有侍史。傳舍九星在華蓋上，近河，賓客之館，主胡人入中國。客星守之，備姦使，亦曰胡兵起。傳舍南河中五星曰造父，御官也，一曰司馬，或曰伯樂。星亡，馬大貴。西河中九星如鉤狀，曰鉤星，伸則地動。天一一星，在紫宮門右星南，天帝之神也，主戰鬭，知人吉凶者也。太一一星，在天一南，相近，亦天帝神也，主使十六神，知風雨水旱，兵革饑饉，疾疫災害所生之國也。

紫宮垣十五星〔三一〕，其西蕃七，東蕃八，在北斗北。一曰紫微，太帝之坐也，天子之常居也，主命，主度也。一曰長垣，一曰天營，一曰旗星，爲蕃衞，備蕃臣也。宮闕兵起，旗星直，天子出，自將宮中兵。東垣下五星曰天柱，建政教，懸圖法之所也。常以朔望日懸禁令於天柱，以示百司。周禮以正歲之月，懸法象魏，此之類也。門内東南維五星曰尚書，主納言，夙夜諮謀，龍作納言，此之象也。尚書西二星曰陰德、陽德，主周急振無。宮門左星內二星曰大理，主平刑斷獄也。門外六星曰天牀，主寢舍，解息燕休。西南角外二星曰內厨，主六宮之飲食，主后夫人與太子宴飲。東北維外六星曰天厨，主盛饌。

北斗七星，輔一星在太微北，七政之樞機，陰陽之元本也。故運乎天中，而臨制四方，以建四時，而均五行也。魁四星爲琁璣，杓三星爲玉衡。又象號令之主〔三二〕，又爲帝車，取乎運動之義也。又魁第一星曰天樞，二曰琁，三曰璣，四曰權，五曰玉衡，六曰開陽，七曰搖光。一至四爲魁，五至七爲杓。樞爲天，琁爲地，璣爲人，權爲時，玉衡爲音，開陽爲律，搖光爲星。石氏云：「第一曰正星，主陽德，天子之象也。二曰法星，主陰刑，女主之位也。三曰令星，主禍害也。四曰伐星，主天理，伐無道。五曰殺星，主中央，助四旁，殺有罪。六曰危星，主天倉五穀。七曰部星，亦曰應星，主兵。」又云：「一主天，二主地，三主火，四主水，五主土，六主木，七主金。」又曰：「一主秦，二主楚，三主梁，四主吳，五主趙，六主燕，七主齊。」

魁中四星，爲貴人之牢，曰天理也。輔星傅乎開陽，所以佐斗成功也。又曰：「主危正，矯不平。」又曰：「丞相之象也。」七政星明，其國昌。不明，國殃。斗旁欲多星則安，斗中少星則人恐上〔三三〕，天下多訟法者。無星二十日。有輔星明而斗不明，臣强主弱。斗明輔不明，主彊臣弱也。杓南三星及魁第一星，皆曰三公〔三四〕，宣德化，調七政，和陰陽之官也。

文昌六星，在北斗魁前，天之六府也，主集計天道。一曰上將，大將建威武。二曰次將，尚書正左右。三曰貴相，太常理文緒。四曰司祿、司中，司隸賞功進。五曰司命、司怪，太史主滅咎。六曰司寇，大理佐理寶。所謂一者，起北斗魁前，近内階者也。明潤，大小齊，天瑞臻。

文昌北六星曰内階，天皇之陛也。相一星在北斗南。相者總領百司而掌邦教，以佐帝王安邦國，集衆事也。其明吉。太陽守一星，在相西，大將大臣之象也，主戒不虞，設武備也。非其常，兵起。西北四星曰勢。勢，腐刑人也。天牢六星在北斗魁下，貴人之牢也，主愆過，禁暴淫。

太微，天子庭也，五帝之坐也，亦十二諸侯府也。其外蕃，九卿也。一曰太微爲衡。衡，主平也。又爲天庭，理法平辭，監升授德，列宿受符，諸神考節，舒情稽疑也。南蕃中二星間曰端門。東曰左執法，廷尉之象也。西曰右執法，御史大夫之象也。執法，所以舉刺凶姦者也。左執法之東，左掖門也。右執法之西，右掖門也。東蕃四星，南第一曰上相，其北東太陽門也。第二星曰次相，其北中華東門也。第三星曰次將，其北東太陰門也。第四星曰上將。所謂四輔也。西蕃四星：南第一星曰上將，其北西太陽門也。第二星曰次將，其北中華西門也。第三曰次相，其北西太陰門也。第四星曰上相。亦四輔也。東西蕃有芒及摇動者，諸侯謀天子也。執法移則刑罰尤急。月、五星所犯中坐，成刑。月、五星入太微軌道，吉。

西南角外三星曰明堂，天子布政之宫也。明堂西三星曰靈臺，觀臺也。主觀雲物，察符瑞，候災變也。左執法東北一星曰謁者，主贊賓客也。謁者東北三星曰三公内坐，朝會之所居也。三公北三星曰九卿内坐，主治萬事。九卿西五星曰内五諸侯，内侍天子，不之國者也。辟雍之禮得，則太微諸侯明。

黄帝坐一星，在太微中，含樞紐之神也。天子動得天度，止得地意，從容中道，則太微五帝坐明以光〔三五〕。黄帝坐不明，人主求賢士以輔法，不然則奪勢。又曰太微五坐小弱青黑，天子國亡。四帝坐四星，四星俠黄帝坐。東方星，蒼帝靈威仰之神也。南方星，赤帝熛怒之神也。西方星，白帝招距之神也。北方星，黑帝叶光紀之神也。

五帝坐北一星曰太子，帝儲也。太子北一星曰從官，侍臣也。帝坐東北一星曰幸臣。屏四星在端門之内，近右執法。屏所以壅蔽帝庭也。執法主刺舉，臣尊敬君上，則星光明潤澤。郎位十五星，在帝坐東北，一曰依烏，郎位也〔三六〕。周官之元士，漢官之光禄、中散、諫議、議郎、三署郎中，是其職也。或曰今之尚書也〔三七〕。郎位主衞守也。其星明，大臣有劫主。又曰，客犯上。其星不具，后死，幸臣誅。客星入之，大臣爲亂。郎將一星在郎位北，主閱具，所以爲武備也。武賁一星，在太微西蕃北，下台南，靜室旄頭之騎官也。常陳七星，如畢狀，在帝坐北〔三八〕，天子宿衛武賁之士，以設强毅也。星搖動，天子自出，明則武兵用，微則武兵弱。

三台六星，兩兩而居，起文昌，列招搖，太微。一曰天柱，三公之位也。在天曰三台，主開德宣符也。西近文昌二星曰上台，爲司命，主壽。次二星曰中台，爲司中，主宗室〔三九〕。東二星曰下台，爲司祿，主兵，所以昭德塞違也。又曰三台爲天階，太一躡以上下。一曰泰階。上階，上星爲天子，下星爲女主〔四〇〕；中階，上星爲諸侯三公，下星爲卿大夫；下階，上星爲士，下星爲庶人。所以和陰陽而理萬物也。其星有變，各以所主占人〔四一〕。君臣和集，如其常度。

南四星曰內平，近職執法平罪之官也。中台之北一星曰大尊，貴戚也。下台南一星曰武賁，衛官也。

攝提六星，直斗杓之南，主建時節，伺機祥。攝提爲楯，以夾擁帝席也〔四二〕，主九卿。明大三公恣，客星入之，聖人受制。西三星曰周鼎，主流亡。大角一星，在攝提間。大角者，天王座也。又爲天棟，正經紀。北三星曰帝席，主宴獻酬酢。梗河三星，在大角北。

梗河者，天矛也。一曰天鋒，主胡兵。又爲喪，故其變動應以兵喪也。星亡，其國有兵謀。招搖一星在其北，一曰矛楯，主胡兵。占與梗河略相類也。招搖與北斗杓間曰天庫。星去其所，則有庫開之祥也。招搖欲與棟星、梗河、北斗相應，則胡常來受命於中國。招搖明而不正，胡不受命。玄戈一星〔四三〕，在招搖北。玄戈所主，與招搖同。或云主北夷。客星守之，胡大敗。天槍三星，在北斗杓東。一曰天鉞，天之武備也。故在紫宮之左，所以禦難也。女牀三星，在其北，後宮御也，主女事。天棓五星，在女牀北，天子先驅也，主忿爭與刑罰〔四四〕，藏兵，亦所以禦難也。槍棓皆以備非常也。一星不具，國兵起。

東七星曰扶筐，盛桑之器，主勸蠶也。七公七星，在招搖東，天之相也，三公之象，主七政。貫索九星在其前，賤人之牢也。一曰連索，一曰連營，一曰天牢，主法律，禁暴彊也。牢口一星爲門，欲其開也。九星皆明，天下獄煩。七星見，小赦；五星，大赦。動則斧鑕用，中空則更元。漢志云十五星。天紀九星，在貫索東，九卿也。九河主萬事之紀，理怨訟也。明則天下多辭訟，亡則政理壞，國紀亂，散絶則地震山崩。織女三星，在天紀東端，天女也，主果蓏絲帛珍寶也。王者至孝，神祇咸喜，則織女星俱明，天下和平。大星怒角，布帛貴。東足四星曰漸臺，臨水之臺也。主晷漏律呂之事。西足五星曰輦道〔四五〕，王者嬉遊之道也，漢輦道通南、北宮，其象也〔四六〕。

左右角間二星曰平道之官。平道西一星曰進賢，主卿相舉逸才。角北二星曰天田。亢北六星曰亢池。亢，舟航也；池，水也。主送往迎來。氐北一星曰天乳〔四七〕，主甘露。房中道一星曰日，歲守之，陰陽平〔四八〕。房西二星南北列，曰天福，主乘輿之官，若禮巾車、公車之政。主祠事。東咸、西咸各四星，在房、心北，日月五星之道也。房之户，所以防淫佚也。星明則吉，暗則凶。月、五星犯守之，有陰謀。東咸西三星，南北列，曰罰星，主受金贖。鍵閉一星，在房東北，近鉤鈐，主關籥。

天市垣二十二星，在房、心東北，主權衡，主聚衆。一曰天旗庭，主斬戮之事也。市中星衆潤澤則歲實，星稀則歲虛。熒惑守之，戮不忠之臣。又曰，若怒角守之，戮者臣殺主〔四九〕。彗星除之，爲徙市易都。客星入之，兵大起，出之有貴喪。市中六星臨箕，曰市樓，市府也，主市價律度。其陽爲金錢，其陰爲珠玉。變見，各以所主占之。北四星曰天斛，主量者也。斛西北二星曰列肆，主寶玉之貨。市門左星内二星曰車肆，主衆賈之區。

帝坐一星，在天市中，候星西，天庭也。光而潤則天子吉，威令行。微小，凶，大人當之。候一星，在帝坐東北，主伺陰陽也。明大，輔臣彊，四夷開。候細微則國安，亡則主失位，移則主不安。宦者四星，在帝坐西南侍，主刑餘之人也。星微則吉，明則凶，非其常，宦者有憂。斗五星，在宦者南，主平量。仰則天下斗斛不平，覆則歲穰。宗正二星，在帝坐東南，宗大夫也。彗星守之，若失色，宗正有事。客星守之，更號令也。宗人四星，在宗正東，主録親疏享祀。族人有序，則如綺文而明正〔五〇〕，動，則天子親屬有變。客星守之，貴人死。宗星二，在候星東，宗室之象，帝輔血脉之臣也。客星守之，宗人不和。東北二星曰帛度，東北二星曰屠肆，各主其事。

天江四星在尾北，主太陰。江星不具，天下津河關道不通。明若動摇，大水出，大兵起。參差則馬貴。熒惑守之，有立王。客星入之，河津絶。

天籥八星，在南斗杓西，主關閉。建星六星，在南斗北，亦曰天旗，天之都關也。爲謀事，爲天鼓，爲天馬。南二星，天庫也。中央二星，市也，鈇鑕也〔五一〕。上二星，旗跗也。斗建之間，三光道也。星動則人勞。月暈之，蛟龍見，牛馬疫。月、五星犯之，大臣相譖，臣謀主；亦爲關梁不通，有大水。東南四星曰狗國，主鮮卑、烏丸、沃且。熒惑守之，外夷爲變。太白逆守之，其國亂。客星犯守之，有大盜，其王且來。狗國北二星曰天雞，主候時。天弁九星在建星北，市官之長也。主列肆闤闠，若市籍之事，以知市珍也。星欲明，吉。彗星犯守之，糴貴，囚徒起兵。

河鼓三星，旗九星，在牽牛北，天鼓也，主軍鼓，主鈇鉞。一曰三武，主天子三將軍。中央大星爲大將軍，左星爲左將軍，右星爲右將軍。左星，南星也，所以備關梁而距難也，設守阻險，知謀徵也。旗即天鼓之旗，所以爲旌表也。左旗九星，在鼓左旁。鼓欲正直而明，色黄光澤，將吉；不正，爲兵憂也。星怒馬貴，動則兵起，曲則將失計奪勢。旗星戾，亂相陵。旗端四星南北列，曰天桴。桴，鼓桴也。星不明，漏刻失時。前近河鼓，若桴鼓相直，皆爲桴鼓用。

離珠五星，在須女北，須女之藏府也，女子之星也。星非故，後宫亂。客星犯之，後宫凶。虚北二星曰司命〔五二〕，北二星曰司禄，又北二星曰司危，又北二星曰司非。司命主舉過行罰，滅不祥。司禄主增年延德，故在六宗之祀〔五三〕。司危主驕佚亡下〔五四〕。司非以法多就私。瓠瓜五星，在離珠北，主陰謀，主後宫，主果食。明則歲熟，微則歲惡，后失勢。非其故，則山摇，谷多水。旁五星曰敗瓜，主種。天津九星，横河中，一曰天漢，一曰天江，主四瀆津梁〔五五〕，所以度神通四方也。一星不備，津關道不通。星明動則兵起如流沙，死人如亂麻〔五六〕。微而參差，則馬貴若死。星亡，若從河水爲害，或曰水賊稱王也。東近河邊七星曰車府，主車之官也。車府東南五星曰人星，主静衆庶，柔遠能邇。一曰卧星，主防淫。其南三星内杵〔五七〕，東南四星曰杵臼，主給軍糧。客星入之，兵起，天下聚米。天津北四星如衡狀〔五八〕，曰奚仲，古車正也。

螣蛇二十二星，在營室北，天蛇星主水蟲〔五九〕。星明則不安，客星守之，水雨爲災，水物不收。王良五星，在奎北，居河中，天子奉車御官也。其四星曰天駟，旁一星曰王良，亦曰天馬。其星動，爲策馬，車騎滿野。亦曰王梁〔六〇〕，爲天橋，主御風雨水道，故或占津梁。其星移，有兵，亦曰馬病。客星守之，橋不通。前一星曰策，王良之御策也，主天子僕，在王良旁。若移在馬後，是謂策馬，則車騎滿野。閣道六星，在王良前，飛道也。從紫宮至河，神所乘也。一曰閣道，主道里，天子遊別宮之道也。亦曰閣道，所以扞難滅咎也。一曰王良旗，一曰紫宮旗，亦所以爲旌表，而不欲其動搖。旗星者，兵所用也。傅路一星，在閣道南，旁別道也。備閣道之敗，復而乘之也。一曰太僕，主禦風雨，亦遊從之義也。東壁北十星曰天廐，主馬之官，若今驛亭也，主傳令置驛，逐漏馳騖，謂其行急疾，與晷漏競馳〔六一〕。

天將軍十二星，在婁北，主武兵。中央大星，天之大將也。外小星，吏士也。大將星搖，兵起，大將出。小星不具，兵發。南一星曰軍南門，主誰何出入。太陵八星，在胃北。陵者，墓也。太陵卷舌之口曰積京〔六二〕，主大喪也。積京中星絶，則諸侯有喪，民多疾，兵起，粟聚。少則粟散。星守之，有土功。太陵中一星曰積尸，明則死人如山。天船九星，在太陵北，居河中。一曰舟星，主度，所以濟不通也，亦主水旱。不在漢中，津河不通。中四星欲其均明，即天下大安。不則兵若喪。客彗星出入之，爲大水，有兵。中一星曰積水，候水災。昴西二星曰天街，三光之道，主伺候關梁中外之境。天街西一星曰月。卷舌六星在北，主口語，以知佞讒也。曲者吉，直而動，天下有口舌之害。中一星曰天讒，主巫醫。

五車五星，三柱九星，在畢北。五車者，五帝車舍也，五帝坐也，主天子五兵，一曰主五穀豐耗。西北大星曰天庫，主太白，主秦。次東北星曰獄〔六三〕，主辰星，主燕、趙。次東星曰天倉，主歲星，主魯、衞。次東南星曰司空，主填星，主楚。次西南星曰卿星，主熒惑，主魏。五星有變，皆以其所主而占之。三柱，一曰三泉，一曰休，一曰旗。五車星欲均明，闊狹有常也。天子得靈臺之禮，則五車、三柱均明。中有五星曰天潢。天潢南三星曰咸池，魚囿也。月、五星入天潢，兵起，道不通，天下亂，易政。咸池明，有龍墮死，猛獸及狼害人，若兵起。

五車南六星曰諸王，察諸侯存亡。西五星曰厲石，金若客星守之，兵動。北八星曰八穀，主候歲。八穀一星亡，一穀不登。天關一星，在五車南，亦曰天門，日月所行也，主邊事，主開閉。芒角，有兵。五星守之，貴人多死。

東井鉞前四星曰司怪，主候天地日月星辰變異，及鳥獸草木之妖，明主聞災，脩德保福也。司怪西北九星曰坐旗，君臣設位之表也。坐旗西四星曰天高，臺榭之高，主遠望氣象。天高西一星曰天河，主察山林妖變。南河、北河各三星，夾東井。一曰天高天之闕門，主關梁。南河曰南戍，一曰南宮，一曰陽門，一曰越門，一曰權星，主火。北河一曰北戍，一曰北宮，一曰陰門，一曰胡門，一曰衡星，主水。兩河戍間，日月五星之常道也。河戍動搖，中國兵起。南河三星曰闕丘，主宮門外象魏也。五諸侯五星，在東井北，主刺舉，戒不虞。又曰理陰陽，察得失。亦曰主帝心。一曰帝師，二曰帝友，三曰三公，四曰博士，五曰太史。此五者常爲帝定疑議。星明大潤澤，則天下大治，角則禍在中。五諸侯南三星曰天樽，主盛饘粥，以給貧餒。積水一星，在北河西北，水河也，所以供酒食之正也〔六四〕。積薪一星，在積水東，供給庖厨之正也。水位四星，在東井東，主水衡。客星若水、火守犯之，百川流溢。

軒轅十七星，在七星北。軒轅，黄帝之神，黄龍之體也。后妃之主，士職也。一曰東陵，一曰權星，主雷雨之神。南大星，女主也。次北一星，妃也。次，將軍也。其次諸星，皆次妃之屬也。女主南小星，女御也。左一星少民，少后宗也。右一星大民，太后宗也。欲其色黄小而明也。軒轅右角南三星曰酒旗，酒官之旗也，主饗宴飲食。五星守酒旗，天下大酺，有酒肉財物，賜若爵宗室。酒旗南二星曰天相，丞相之象也。軒轅西四星曰爟〔六五〕，爟者烽火之爟也，邊亭之警候。

爟北四星曰内平。少微四星，在太微西，士大夫之位也。一名處士，亦天子副主，或曰博士官。一曰主衞掖門。南第一星處士，第二星議士，第三星博士，第四星大夫。明大而黄，則賢士舉也。月、五星犯守之，處士、女主憂，宰相易。南四星曰長垣，主界域及胡夷。熒惑入之，胡入中國。太白入之，九卿謀。

## 校勘記

〔一〕昔者榮河獻籙　「榮」，原作「滎」，據宋甲本、汲本改。

〔二〕六爻摛範　「爻」，原作「文」，據南監本、殿本改。

〔三〕常明者百有二十　續漢書天文志上、晉書卷一一天文志上引張衡靈憲「十」下有「四」字。

〔四〕其所傳則周公受於殷商　「殷商」，晉書卷一一天文志上作「殷高」。按，盧文弨羣書拾補云：「周髀稱周公問於商高，即殷高也。」李國祥、彭益林隋書天文志斠證稱此涉形近而誤。

〔五〕皆得於表股者也　「者」字原闕，據宋甲本補。按，本卷多有「者也」句式。

〔六〕晝夜中規　「夜」字原闕，據文意補。

〔七〕牽牛距北極南百一十度　「南」，原作「北」，據文意改。

〔八〕今從高山上　「山上」，原作「上山」，據文意乙正。

〔九〕而項不能覆背　「項」，御覽卷二天部二天部下引姚信昕天論作「頂」。

〔一〇〕極之高時　「高」，原作「立」，據御覽卷二天部二天部下引姚信昕天論改。

〔一一〕其比都没之頃　「比」，原作「北」，據宋甲本改。

〔一二〕裁如盤盂　「盂」，原作「蓋」，至順本作「盂」，與列子卷五湯問篇同，今據改。

〔一三〕日之薄地闇其明也　續漢書天文志上劉昭注引靈憲、通考卷二八〇象緯考三無「闇」字，文意較長。

〔一四〕方其中　續漢書天文志上劉昭注引靈憲、通考卷二八〇象緯考三作「方於中天」，「中」下疑脱「天」字。唐開元占經卷一天地名體引靈憲亦作「方於中天」。

〔一五〕姜岌　原作「安岌」。疇人傳卷六附姜岌：「論天一篇，隋志以爲安岌之語。錢少詹大昕曰：『安岌』當爲『姜岌』，字脱其半也。其文即渾天論是也。」按，晉書卷一八律曆志下，姜岌，後秦姚興時人，曾造三紀甲子元曆。今據改。

〔一六〕以渾檢之　「檢」，原作「驗」，據宋甲本、汲本改。

〔一七〕學者多因其説而未之革　「因」，宋甲本、至順本、汲本作「固」。按，唐開元占經卷一天地名體引祖暅渾天論作「因」。

〔一八〕傅地遥望北辰紐星之末　「紐星」，原作「細星」，據唐開元占經卷一天地名體引祖暅渾天論改。下同。

〔一九〕周七尺三寸半分　「分」字原闕，據推算補。

〔二〇〕四分分之三　後「分」字原闕，據推算補。

〔二一〕故今所作渾象　「故」，原作「汝」，據唐開元占經卷一天地名體引陸公紀渾天改。

〔二二〕不翅八十二度半彊　「八」上當補「一百」二字。

〔二三〕於皇大代　「代」，原作「伐」，據至順本改。

〔二四〕葛衡　御覽卷二天部二渾儀引晉陽秋作「葛衜」，注稱：「『衜』，古『道』字。」

〔二五〕天動而地止　「止」，原作「上」，據御覽卷二天部二渾儀改。三國志卷六三吳書趙達傳裴注引晉陽秋作「天轉而地止」，可證。

〔二六〕眂以日景　「日」字原闕，據宋甲本、至順本補。按「眂以日景」，與下文「識日出之景與日入之景」合。

〔二七〕視日之夕　「視」，原作「是」，據文意改。

〔二八〕日永景尺五寸　「尺」，宋甲本、至順本作「盡」。

〔二九〕日短景丈三尺　「丈三尺」，原作「尺三寸」，據玉海卷五天文周土圭引隋志改。按五禮通考卷一八八引方觀承說，「尺三寸」應是「丈三尺」，周髀算經李淳風注引考靈曜作「日短一十三尺」，適符「丈三尺」之數。

〔三〇〕客犯紫宮中坐　通志卷三九天文略二引隋志、晉書卷一一天文志上「客」下有「星」字。唐開元占經卷八四客星占作「客星犯紫宮中帝座」。

〔二〕紫宮垣十五星　「十」，原作「下」，據宋甲本改。

〔三〕又象號令之主　通志卷三九天文略二引隋志作：「又曰，斗爲人君之象，號令之主也。」晉書卷一一天文志上同。羣書考索卷五七引隋書作：「又曰，斗爲人君之象也，號令之主也。」「又」下當奪「曰斗爲人君之」六字。

〔三〕斗中少星則人恐上　「恐」，通志卷三九天文略二引隋志作「怨」，通考卷二七八象緯考一同。作「怨」文意較長。

〔四〕杓南三星及魁第一星皆曰三公　晉書卷一一天文志上作：「杓南三星及魁第一星西三星皆曰三公」。疑「皆」上脱「西三星」三字。

〔五〕則太微五帝坐明以光　「明」下原有「坐」字，據晉書卷一一天文志上、通志卷三九天文略二删。

〔六〕郎位十五星在帝坐東北一曰依烏郎位也　漢書卷二六天文志「後聚十五星，曰哀烏郎位」，「依烏」作「哀烏」。史記卷二七天官書：「後聚一十五星，蔚然，曰郎位。」索隱：「『哀烏』『蔚然』皆星之貌狀。其星爲郎位。」王念孫讀書雜志卷四謂，「郎位」爲星名，漢書「曰」字應在「哀烏」下。王引之稱，「哀」、「依」古同聲，依烏即哀烏，「烏」蓋「焉」之訛字。哀焉猶依然，依然猶蔚然，皆衆盛之貌。蓋唐初已訛作「曰哀烏郎位」，李淳風從誤。

〔三七〕或曰今之尚書也　史記卷二七天官書索隱、通志卷三九天文略二、通考卷二七八象緯考一「尚書」下有「郎」字。

〔三八〕在帝坐北　「在帝」二字原闕，據玉海卷一天文中宮引隋志補。晉書卷一一天文志上亦作「在帝坐北」。

〔三九〕次二星曰中台爲司中主宗室　「室」字原闕，據玉海卷一天文中宮引隋志補。晉書卷一一天文志上、通志卷三九天文略二亦有「室」字。

〔四〇〕上階上星爲天子下星爲女主　「上階」二字原闕，據晉書卷一一天文志上、史記索隱應劭引黃帝泰階六符經、通志卷三九天文略二補。

〔四一〕各以所主占人　「人」，通志卷三九天文略二、通考卷二七八象緯考一作「之」。此句，晉書卷一一天文志上作「各以所主占其人」。

〔四二〕攝提爲楯以夾擁帝席也　「席」，晉書卷一一天文志上作「座」。通志卷三九天文略二、通考卷二七八象緯考一作「坐」。漢書卷二六天文志：「大角者，天王帝坐廷。其兩旁各有三星，鼎足句之，曰攝提。」「席」疑是「座」之訛字。

〔四三〕玄戈一星　「一」，原作「二」，據宋甲本、汲本改。玉海卷一天文中宮引隋志亦作「一」，宋史卷四九天文志二「天戈一星，又名玄戈，在招搖北」，即此。

〔四四〕主忿爭與刑罰　「忿」，晉書卷一一天文志上、通考卷二九四象緯考一七作「分」。

〔四五〕西足五星曰輦道　「足」，原作「之」，據晉書卷一一天文志上改。按「西足五星曰輦道」，與上文「東足四星曰漸臺」相屬。唐開元占經卷六九甘氏中官占引甘氏星經：「輦道五星，屬織女西足。」

〔四六〕漢輦道通南北宮其象也　「其」字原闕，據玉海卷一天文中宮引石氏星經、晉書卷一一天文志上補。

〔四七〕氐北一星曰天乳　「氐」，原作「兵」，殿本改作「氐」，考證稱：「『氐』字，各本俱訛作『兵』，今改正。」按，唐開元占經卷六九甘氏中官占引甘氏星經曰：「天乳一星在氐北。」今據改。

〔四八〕房中道一星曰日歲守之陰陽平　「日」字原闕。李慈銘隋書札記疑本段有脱文。按，唐開元占經卷六九甘氏中官占引甘氏星經曰：「日一星在房中道前。」通志卷三八天文略一：「日一星在房中道前，太陽之精，主明德。」通考卷二七九象緯考二同。宋史卷五〇天文志三：「日一星，在房宿南，太陽之精，主昭明令德。（中略）歲星守，王得忠臣，陰陽和。」今據補。

〔四九〕若怒角守之戮者臣殺主　通志卷三九天文略二、通考卷二七九象緯考二：「若怒角守之者臣殺主。」「戮」字疑衍。

〔五〇〕「客星守之」至「明正」　「之更號令也宗人四星在宗正東主録親疏享祀族人有序則如綺文而明正」三十字原闕，據晉書卷一一天文志上補。通志卷三九天文略二、通考卷二七八象緯考一略同晉書。

〔五一〕鈇鑕也　「鑕也」二字原闕，據晉書卷一一天文志上、通志卷三八天文略一、通考卷二七九象緯考二補。

〔五二〕虚北二星曰司命　「北」，原作「之」，據宋甲本、汲本改。通考卷二七九象緯考二亦作「北」。

〔五三〕司禄主增年延德故在六宗之祀　「主」字原闕，通志卷三八天文略一：「又北二星曰司禄，主爵禄，增年延德，故在六宗之祀。」通考卷二七九象緯考二同。今據補。「之祀」，原作「北犯」，據汲本改，宋甲本作「之犯」。

〔五四〕司危主驕佚亡下　「驕佚亡下」，通志卷三八天文略一作「矯枉失」，宋史卷五〇天文志三作「矯失正下」。

〔五五〕「天津九星」至「主四瀆津梁」　「横河中一曰天漢一曰天江主四瀆津」十五字原闕，據晉書卷一一天文志上補。

〔五六〕兵起如流沙死人如亂麻　後「如」字原闕，據通志卷三八天文略一、通考卷二七九象緯考二補。晉書卷一一七姚興載記上亦謂「起兵如流沙，死者如亂麻」。

〔五七〕其南三星内杵　「内杵」，原作「内析」，宋甲本作「内折」。按，御覽卷六天部六星中引天文録：「内杵三星在人星旁，主軍糧。」唐開元占經卷六九甘氏中官占引甘氏星經：「内杵三星在人星旁。」今據改。「析」、「折」涉形近致誤。

〔五八〕天津北四星如衡狀　「衡」，原作「衞」，據宋甲本、汲本改。

〔五九〕騰虵二十二星在營室北天蛇星主水蟲　後「星」，晉書卷一一天文志上、唐開元占經卷六五石氏中官占引石氏星經作「也」。按，通志卷三八天文略一：「騰蛇二十二星在營室北，若盤蛇之狀，居於河濱，謂之天蛇星，主水蟲。」此處或應從晉書、唐開元占經作「也」，或「天蛇星」上有奪文。

〔六〇〕亦曰王梁　「王梁」，原作「王良梁」，漢書卷二六天文志作「王梁」。古「良」、「梁」混用，本句承上文「旁一星曰王良」衍「良」字，今據刪。

〔六一〕與晷漏競馳　「與」，原作「興」，據晉書卷一一天文志上改。

〔六二〕太陵卷舌之口曰積京　晉書卷一一天文志上：「太陵八星在胃北，亦曰積京，主大喪也。」唐開元占經卷六六石氏中官引石氏星經略同。知「積京」爲太陵別稱。疑「卷舌之口」衍，此句應作「太陵一曰積京」。

〔六三〕次東北星曰獄　「獄」，史記卷二七天官書正義、通志卷三八天文略一作「天獄」。按，前稱「天庫」，後稱「天倉」，疑作「天獄」是。

〔六四〕「以給貧餒」至「所以供酒食之正也」　「貧餒積水一星在北河西北水河也所以供」十七字原闕，據晉書卷一一天文志上補。宋史卷五一天文志四同晉書。

〔六五〕軒轅西四星曰爟　「爟」，原作「權」，據晉書卷一一天文志上、唐開元占經卷六九甘氏中官占引甘氏星經、巫咸五星占、甘氏讚改。

# 隋書卷二十

## 志第十五

### 天文中

#### 二十八舍

東方。角二星，爲天闕，其間天門也，其内天庭也。故黄道經其中，七曜之所行也。左角爲天田，爲理，主刑，其南爲太陽道。右角爲將，主兵，其北爲太陰道。蓋天之三門，猶房之四表。其星明大，王道太平，賢者在朝。動摇移徙，王者行。

亢四星，天子之内朝也。總攝天下奏事，聽訟理獄録功者也。一曰疏廟，主疾疫。星明大，輔納忠，天下寧，人無疾疫。動則多疾。

氐四星，王者之宿宫，后妃之府，休解之房。前二星適也，後二星妾也。將有徭役之事，氐先動。星明大則臣奉度，人無勢。

房四星爲明堂，天子布政之宮也，亦四輔也。下第一星，上將也；次，次將也；次，次相也；上星，上相也。南二星君位，北二星夫人位。又爲四表，中間爲天衢之大道，爲天闕，黃道之所經也。南間曰陽環，其南曰太陽。北間曰陰間，其北曰太陰。七曜由乎天衢，則天下平和。由陽道則主旱喪，由陰道則主水兵。亦曰天駟，爲天馬，主車駕。南星曰左驂，次左服，次右服，次右驂。亦曰天廐，又主開閉，爲畜藏之所由也。房星明則王者明。驂星大則兵起，星離則人流。又北二小星曰鉤鈐，房之鈐鍵，天之管籥，主閉藏，鍵天心也。王者孝則鉤鈐明。近房，天下同心，遠則天下不和，王者絶後。房、鉤鈐間有星及疎坼，則地動河清。

心三星，天王正位也。中星曰明堂，天子位，爲大辰，主天下之賞罰。天下變動，心星見祥。星明大，天下同，暗則主暗。前星爲太子，其星不明，太子不得代。後星爲庶子，後星明，庶子代。心星變黑，大人有憂。直則王失勢，動則國有憂急，角搖則有兵，離則人流。

尾九星，後宮之場，妃后之府。上第一星，后也；次三星，夫人；次星，嬪妾。第三星傍一星，名曰神宮，解衣之內室。尾亦爲九子。星色欲均明，大小相承，則後宮有敍，多子孫。星微細暗，后有憂疾。疏遠，后失勢。動搖則君臣不和，天下亂。就聚則大水。

箕四星，亦後宮妃后之府。亦曰天津，一曰天雞。主八風，凡日月宿在箕、東壁、翼、軫者，風起。又主口舌，主客蠻夷胡貉，故蠻胡將動，先表箕焉。星大明直則穀熟，内外有差。就聚細微，天下憂。動則蠻夷有使來。離徙則人流動，不出三日，大風。

北方。南斗六星，天廟也，丞相太宰之位，主褒賢進士，稟授爵禄，又主兵。一曰天機。南二星魁，天梁也。中央二星，天相也。北二星杓，天府庭也，亦爲天子壽命之期也。將有天子之事，占於斗。斗星盛明，王道平和，爵禄行。芒角動摇，天子愁，兵起移徙，其臣逐。

牽牛六星，天之關梁，主犧牲事。其北二星，一曰即路，一曰聚火。又曰，上一星主道路，次二星主關梁，次三星主南越。摇動變色則占之。星明大，王道昌，關梁通，牛貴。怒則馬貴。不明失常，穀不登。細則牛賤。中星移上下，牛多死。小星亡，牛多疫。又曰，牽牛星動爲牛災。

須女四星，天之少府也。須，賤妾之稱，婦職之卑者也，主布帛裁製嫁娶。星明，天下豐，女功昌，國充富。小暗則國藏虛。動則有嫁娶出納裁製之事。

虚二星，冢宰之官也。主北方，主邑居廟堂祭祀祝禱事，又主死喪哭泣。危三星，主天府天庫架屋，餘同虚占。星不明，客有誅。動則王者作宫殿，有土功。墳墓四星，屬危之下，主死喪哭泣，爲墳墓也。星不明，天下旱。動則有喪。營室二星，天子之宫也。一曰玄宫，一曰清廟，又爲軍糧之府，及土功事。星明國昌，小不明，祠祀鬼神不享，國家多疾。動則有土功，兵出野。離宫六星，天子之别宫，主隱藏休息之所。

東壁二星，主文章，天下圖書之秘府也，主土功。星明，王者興，道術行，國多君子。星失色，大小不同，王者好武，經士不用，圖書隱。星動則有土功。離徙就聚，爲田宅事。

西方。奎十六星，天之武庫也。一曰天豕，亦曰封豕。主以兵禁暴，又主溝瀆。西南大星，所謂天豕目，亦曰大將，欲其明。若帝淫佚，政不平，則奎有角。角動則有兵，不出年中，或有溝瀆之事。又曰，奎中星明，水大出。婁三星，爲天獄，主苑牧犧牲，供給郊祀，亦爲興兵聚衆。星明，天下平和，郊祀大享，多子孫。動則有聚衆。星直則有執主之命者。就聚，國不安。胃三星，天之厨藏，主倉廩五穀府也。明則和平倉實，動則有輸運事，就聚則穀貴人流。

昴七星，天之耳目也，主西方，主獄事。又爲旄頭，胡星也。又主喪。昴、畢間爲天街，天子出，旄頭罕畢以前驅，此其義也。黄道之所經也。昴明則天下牢獄平。昴六星皆明，與大星等，大水。七星黄，兵大起。一星亡，爲兵喪。摇動，有大臣下獄，及白衣之會。大而數盡動，若跳躍者，胡兵大起。一星獨跳躍，餘不動者，胡欲犯邊境也。

畢八星，主邊兵，主弋獵。其大星曰天高，一曰邊將，主四夷之尉也。星明大則遠夷來貢，天下安。失色則邊亂。一星亡，爲兵喪。動摇，邊城兵起，有讒臣。離徙，天下獄亂。就聚，法令酷。附耳一星在畢下，主聽得失，伺愆邪，察不祥。星盛則中國微，有盜賊，邊候驚，外國反，鬬兵連年。若移動，佞讒行，兵大起，邊尤甚。月入畢，多雨。

觜觽三星，爲三軍之候，行軍之藏府，主葆旅，收斂萬物。明則軍儲盈，將得勢。動而明，盜賊羣行，葆旅起。動移，將有逐者。

參十星，一曰參伐，一曰大辰，一曰天市，一曰鈇鉞，主斬刈。又爲天獄，主殺伐。又主權衡，所以平理也。又主邊城，爲九譯，故不欲其動也。參，白獸之體。其中三星横列，三將也。東北曰左肩，主左將。西北曰右肩，主右將。東南曰左足，主後將軍。西南曰右足，主偏將軍。故黄帝占參應七將。中央三小星曰伐，天之都尉也，主胡、鮮卑、戎狄之國，故不欲明。七將皆明大，天下兵精也。王道缺則芒角張。伐星明與參等，大臣皆謀，兵起。參星失色，軍散敗〔一〕。參芒角動摇，邊候有急，天下兵起。又曰，有斬伐之事。參星移，客伐主。參左足入玉井中，兵大起，秦大水，若有喪，山石爲怪。參星差戾，王臣貳。

南方。東井八星，天之南門，黄道所經，天之亭候。主水衡事，法令所取平也。王者用法平，則井星明而端列。鉞一星，附井之前，主伺淫奢而斬之。故不欲其明。明與井齊，則用鉞，大臣有斬者，以欲殺也。月宿井，有風雨。

輿鬼五星，天目也，主視，明察姦謀。東北星主積馬，東南星主積兵，西南星主積布帛，西北星主積金玉，隨變占之。中央爲積尸，主死喪祠祀。一曰鈇質，主誅斬。鬼星明大，穀成。不明，人散。動而光，上賦斂重，傜役多。星徙，人愁，政令急。鬼質欲其忽忽不明則安，明則兵起，大臣誅。

柳八星，天之厨宰也，主尚食，和滋味，又主雷雨，若女主驕奢。一曰天相，一曰天庫，一曰注，又主木功。星明，大臣重慎，國安，厨食具。注舉首，王命興，輔佐出。星直，天下謀伐其主。星就聚，兵滿國門。

七星七星，一名天都，主衣裳文繡，又主急兵，守盜賊。故欲明。星明，王道昌，闇則賢良不處，天下空，天子疾。動則兵起，離則易政。

張六星，主珍寶，宗廟所用及衣服，又主天厨，飲食賞賚之事。星明則王者行五禮，得天之中。動則賞賚，離徙天下有逆人，就聚有兵。

翼二十二星，天之樂府，主俳倡戲樂，又主夷狄遠客，負海之賓。星明大，禮樂興，四夷賓。動則蠻夷使來，離徙則天子舉兵。

軫四星，主冢宰輔臣也，主車騎，主載任。有軍出入，皆占於軫。又主風，主死喪。軫星明，則車駕備。動則車騎用。離徙，天子憂。就聚，兵大起。轄星，傅軫兩傍，主王侯。左轄爲王者同姓，右轄爲異姓。星明，兵大起。遠軫凶。軫、轄舉，南蠻侵。車無轄，國主憂。長沙一星，在軫之中，主壽命。明則主壽長，子孫昌。

右四方二十八宿并輔官一百八十二星。

## 星官在二十八宿之外者

庫樓十星，其六大星爲庫，南四星爲樓，在角南。一曰天庫，兵車之府也。旁十五星，三三而聚者，柱也。中央四小星，衡也。主陳兵。又曰，天庫空則兵四合。東北二星曰陽門，主守隘塞也。南門二星在庫樓南，天之外門也。主守兵。平星二星，在庫樓北，平天下之法獄事，廷尉之象也。天門二星，在平星北。

亢南七星曰折威，主斬殺。頓頑二星，在折威東南，主考囚情狀，察詐僞也。

騎官二十七星，在氐南，若天子武賁，主宿衞。東端一星，騎陣將軍，騎將也。南三星車騎，車騎之將也。陣車三星，在騎官東北，革車也。

積卒十二星，在房、心南，主爲衞也。他星守之，近臣誅。從官二星，在積卒西北。

龜五星，在尾南，主卜，以占吉凶。傅說一星，在尾後。傅說主章祝巫官也。章，請號之聲也。主王后之內祭祀，以祈子孫，廣求胤嗣。詩云：「克禋克祀，以弗無子。」此之象也。星明大，王者多子孫。魚一星，在尾後河中，主陰事，知雲雨之期也。星不明，則魚多亡，若魚少。動搖則大水暴出。出漢中，則大魚多死。

杵三星，在箕南，杵給庖舂。客星入杵臼，天下有急。糠一星，在箕舌前，杵西北。

鼈十四星，在南斗南。鼈爲水蟲，歸太陰。有星守之，白衣會，主有水令。農丈人一星，在南斗西南，老農主稼穡也。狗二星，在南斗魁前，主吠守。

天田九星，在牛南。羅堰九星，在牽牛東，岠馬也，以壅畜水潦，灌溉溝渠也。九坎九星，在牽牛南。坎，溝渠也，所以導達泉源，疏瀉盈溢〔三〕，通溝洫也。九坎間十星曰天池，一曰三池，一曰天海，主灌溉事。九坎東列星：北一星曰齊，齊北二星曰趙，趙北一星曰鄭，鄭北一星曰越，越東二星曰周，周東南北列二星曰秦，秦南二星曰代，代西一星曰晉，晉北一星曰韓，韓北一星曰魏，魏西一星曰楚，楚南一星曰燕。其星有變，各以其國。秦、代東三星南北列，曰離瑜。離圭衣也，瑜玉飾，皆婦人之服星也。

虛南二星曰哭，哭東二星曰泣，泣哭皆近墳墓。泣南十三星，曰天壘城，如貫索狀，主北夷丁零、匈奴。敗臼四星，在虛危南，知凶災。他星守之，飢兵起。

危南二星曰蓋屋，主治宮室之官也。虛梁四星，在蓋屋南，主園陵寢廟。非人所處，故曰虛梁。

室南六星曰雷電。室西南二星曰土功吏，主司過度。

壁南二星曰土公，土公西南五星曰礔礰，礔礰南四星曰雲雨，皆在壘壁北。

羽林四十五星，在營室南。一曰天軍，主軍騎，又主翼王也。壘壁陣十二星，在羽林北，羽林之垣壘也，主軍位，爲營壅也。五星有在天軍中者，皆爲兵起，熒惑、太白、辰星尤甚。北落師門一星，在羽林南。北者，宿在北方也。落，天之蕃落也。師，衆也。師門猶軍門也。長安城北門曰北落門，以象北也。主非常，以候兵。有星守之，虜入塞中，兵起。北落西北有十星，曰天錢。北落西南一星，曰天綱，主武帳。北落東南九星，曰八魁，主張禽獸。客星入之，多盜賊。八魁西北三星曰鈇質，一曰鈇鉞。有星入之，皆爲大臣誅。

奎南七星曰外屏。外屏南七星曰天溷，廁也。屏，所以障之也。天溷南一星曰土司空，主水土之事故，又知禍殃也。客星入之，多土功，天下大疾。

婁東五星曰左更，山虞也，主澤藪竹木之屬，亦主仁智。婁西五星曰右更，牧師也，主養牛馬之屬，亦主禮義。二更，秦爵名也。天倉六星，在婁南，倉穀所藏也。星黃而大，歲熟。西南四星曰天庾，積厨粟之所也。

天囷十三星在胃南。囷，倉廩之屬也，主給御糧也。星見則囷倉實，不見即虛。天廩四星在昴南，一曰天廥，主畜黍稷，以供饗祀，春秋所謂御廩，此之象也。天苑十六星，在昴、畢南，天子之苑囿，養禽獸之所也，主馬牛羊。星明則牛馬盈，希則死。苑西六星曰芻藁，以供牛馬之食也。一曰天積，天子之藏府也。星盛則歲豐穰，希則貨財散。苑南十三星曰天園，植果菜之所也。

畢附耳南八星，曰天節，主使臣之所持者也。天節下九星，曰九州殊口，曉方俗之官，通重譯者也。畢柄西五星曰天陰。

參旗九星在參西，一曰天旗，一曰天弓，主司弓弩之張，候變禦難。玉井四星，在參左足下，主水漿，以給厨。西南九星曰九游，天子之旗也。玉井東南四星曰軍井，行軍之井也。軍井未達，將不言渴，名取此也。屏二星在玉井南，屏爲屏風。客星入之，四足蟲大疾。天廁四星，在屏東，溷也，主觀天下疾病。天矢一星在廁南，色黄則吉，他色皆凶。軍市十三星，在參東南，天軍貿易之市，使有無通也。野雞一星，主變怪，在軍市中。軍市西南二星曰丈人，丈人東二星曰子，子東二星曰孫。

東井西南四星曰水府，主水之官也。東井南垣之東四星，曰四瀆，江、河、淮、濟之精也。狼一星，在東井東南。狼爲野將，主侵掠。色有常，不欲變動也。角而變色動摇，盜賊萌，胡兵起，人相食。躁則人主不靜，不居其宫，馳騁天下。北七星曰天狗，主守財。弧九星在狼東南，天弓也，主備盜賊，常向於狼。弧矢動移，不如常者，多盜賊，胡兵大起。狼弧張，害及胡，天下乖亂。又曰，天弓張，天下盡兵，主與臣相謀。弧南六星爲天社。昔共工氏之子句龍，能平水土，故祀以配社，其精爲星。老人一星在弧南，一曰南極。常以秋分之旦見于丙，春分之夕而没于丁。見則化平，主壽昌，亡則君危代天〔三〕。常以秋分候之南郊。

柳南六星曰外厨。厨南一星曰天紀，主禽獸之齒。

稷五星在七星南。稷，農正也。取乎百穀之長，以爲號也。

張南十四星曰天廟，天子之祖廟也。客星守之，祠官有憂。

翼南五星曰東區，蠻夷星也。

軫南三十二星曰器府，樂器之府也。青丘七星在軫東南，蠻夷之國號也。青丘西四星曰土司空，主界域，亦曰司徒。土司空北二星曰軍門，主營候豹尾威旗。

自攝提至此，大凡二百五十四官〔四〕，一千二百八十三星。并二十八宿輔官，名曰經星常宿。遠近有度，小大有差。苟或失常，實表災異。

天漢，起東方，經尾、箕之間，謂之漢津。乃分爲二道，其南經傳説、魚、天籥、天弁、河鼓，其北經龜，貫箕下，次絡南斗魁、左旗，至天津下而合南道。乃西南行，又分夾匏瓜，絡人星、杵、造父、騰蛇、王良，傅路、閣道北端、太陵、天船、卷舌而南行，絡五車，經北河之南，入東井、水位而東南行，絡南河、闕丘、天狗、天紀、天稷，在七星南而没。

## 天占

鴻範五行傳曰：「清而明者，天之體也，天忽變色，是謂易常。天裂，陽不足，是謂臣强，下將害上，國後分裂，其下之主當之。天開見光，流血滂滂。天裂見人，兵起國亡。天鳴有聲，至尊憂且驚。皆亂國之所生也。」

漢惠帝二年，天開東北，長二十餘丈〔五〕，廣十餘丈。後有呂氏變亂。

晉惠帝太安二年，天中裂。穆帝升平五年，又裂，廣數丈，並有聲如雷。其後皆有兵革之應。

## 七曜

日循黃道東行，一日一夜行一度，三百六十五日有奇而周天。行東陸謂之春，行南陸謂之夏，行西陸謂之秋，行北陸謂之冬。行以成陰陽寒暑之節。是故傳云：「日爲太陽之精，主生養恩德，人君之象也。」又人君有瑕，必露其慝，以告示焉。故日月行有道之國則光明，人君吉昌，百姓安寧。日變色，有軍軍破，無軍喪侯王。其君無德，其臣亂國，則日赤無光。日失色，所臨之國不昌。日晝昏，行人無影，到暮不止者，上刑急，下人不聊生，不出一年，有大水。日晝昏，烏鳥羣鳴，國失政。日中烏見，主不明，爲政亂，國有白衣會。日中有黑子、黑氣、黑雲，乍三乍五，臣廢其主。日食，陰侵陽，臣掩君之象，有亡國，有死君，有大水。日食見星，有殺君，天下分裂。王者脩德以禳之。

月者，陰之精也。其形圓，其質清，日光照之，則見其明。日光所不照，則謂之魄。故月望之日，日月相望，人居其間，盡覩其明，故形圓也。二絃之日，日照其側，人觀其傍，故半明半魄也。晦朔之日，日照其表，人在其裏，故不見也。其行有遲疾。其極遲則日行十二度强，極疾則日行十四度半强。遲則漸疾，疾極漸遲，二十七日半强而遲疾一終矣。又月行之道，斜帶黄道。十三日有奇在黄道表，又十三日有奇在黄道裏。表裏極遠者，去黄道六度。二十七日有奇，陰陽一終。張衡云：「對日之衝，其大如日，日光不照，謂之闇虚。闇虚逢月則月食，值星則星亡。」今曆家月望行黄道，則值闇虚矣。值闇虚有表裏深淺，故食有南北多少。月爲太陰之精，以之配日，女主之象也。以之比德，刑罰之義。列之朝廷，諸侯大臣之類。故君明則月行依度，臣執權則月行失道。大臣用事，兵刑失理，則月行乍南乍北。女主外戚擅權，則或進或退。月變色，將有殃。月晝明，姦邪並作，君臣爭明，女主失行，陰國兵强，中國饑，天下謀僭。數月重見，國以亂亡。

歲星曰東方春木。於人五常，仁也；五事，貌也。仁虧貌失，逆春令，傷木氣，則罰見歲星。歲星盈縮，以其舍命國。其所居久，其國有德厚，五穀豐昌，不可伐。其對爲衝，歲乃有殃。歲星安靜中度，吉。盈縮失次，其國有變，不可舉事用兵。又曰，人主出象也。色欲明光潤澤，德合同。又曰，進退如度，姦邪息；變色亂行，主無福。又主福，主大司農，主齊、吴，主司天下諸侯人君之過，主歲五穀。赤而角，其國昌；赤黄而沉，其野大穰。

熒惑曰南方夏火，禮也，視也。禮虧視失，逆夏令，傷火氣，罰見熒惑。熒惑法使行無常，出則有兵，入則兵散。以舍命國，爲亂，爲賊，爲疾，爲喪，爲飢，爲兵，居國受殃。環繞勾己，芒角動摇變色，乍前乍後，乍左乍右，其殃愈甚。其南丈夫、北女子喪。周旋止息，乃爲死喪，寇亂其野，亡地。其失行而速，兵聚其下，順之戰勝。又曰，熒惑主大鴻臚，主死喪，主司空，又爲司馬，主楚、吴、越以南，又司天下羣臣之過，司驕奢亡亂妖孽，主歲成敗。又曰，熒惑不動，兵不戰，有誅將。其出色赤怒，逆行成鉤己，戰凶，有圍軍。鉤己，有芒角如鋒刃，人主無出宫，下有伏兵。芒大則人民怒，君子逴逴，小人浪浪，不有亂臣，則有大喪，人欺吏，吏欺王。又爲外則兵，内則理政，爲天子之理也。故曰，雖有明天子，必視熒惑所在。其入守犯太微、軒轅、營室、房、心，主命惡之。

填星曰中央季夏土，信也，思心也。仁義禮智，以信爲主，貌言視聽，以心爲政，故四星皆失，填乃爲之動。動而盈，侯王不寧。縮，有軍不復。所居之宿，國吉，得地及女子，有福，不可伐。去之，失地，若有女憂。居宿久，國福厚，易則薄。失次而上二三宿曰盈，有主命不成，不乃大水。失次而下曰縮，后戚，其歲不復，不乃天裂，若地動。一曰，填爲黄帝之德，女主之象，主德厚，安危存亡之機，司天下女主之過。又曰，天子之星也。天子失信，則填星大動。

太白曰西方秋金，義也，言也。義虧言失，逆秋令，傷金氣，罰見太白。太白進退以候兵，高埤遲速，静躁見伏，用兵皆象之，吉。其出西方，失行，夷狄敗；出東方，失行，中國敗。未盡期日，過參天，病其對國。若經天，天下革，人更王，是謂亂紀，人民流亡。晝與日爭明，强國弱，小國强，女主昌。又曰，太白大臣，其號上公也，大司馬位謹候此。

辰星曰北方冬水，智也，聽也。智虧聽失，逆冬令，傷水氣，罰見辰星。辰星見，主刑，主廷尉，主燕、趙，又爲燕、趙、代以北，宰相之象，亦爲殺伐之氣，戰鬭之象。又曰，軍於野，辰星爲偏將之象，無軍爲刑事。和陰陽，應其時。不和，出失其時，寒暑失其節，邦當大饑。當出不出，是謂擊卒，兵大起。在於房、心間，地動。亦曰，辰星出入躁疾，常主夷狄。又曰，蠻夷出星，亦主刑法之得失。色黃而小，地大動。

凡五星有色，大小不同，各依其行而順時應節。色變有類。凡青皆比參左肩，赤比心大星，黃比參右肩，白比狼星，黑比奎大星。不失本色，而應其四時者，吉；色害其行，凶。凡五星所出所行所直之辰，其國爲得位者，歲星以德，熒惑有禮，填星有福，太白兵强，辰星陰陽和。所行所直之辰，順其色而有角者勝，其色害者敗。居實，有德也。居虛，無德也。色勝位，行勝色，行得盡勝之。營室爲清廟，歲星廟也。心爲明堂，熒惑廟也。南斗爲文太室，填星廟也。亢爲疏廟，太白廟也。七星爲員官，辰星廟也。五星行至其廟，謹候其命。

凡五星盈縮失位，其精降于地爲人。歲星降爲貴臣；熒惑降爲童兒，歌謡嬉戲；填星降爲老人婦女；太白降爲壯夫〔六〕，處於林麓；辰星降爲婦人。吉凶之應，隨其象告。

凡五星，木與土合，爲内亂、饑；與水合，爲變謀而更事；與火合，爲饑，爲旱；與金合，爲白衣之會，合鬭，國有内亂，野有破軍，爲水。太白在南，歲星在北，名曰牡年，穀大熟。太白在北，歲星在南，年或有或無。火與金合，爲爍爲喪，不可舉事用兵。從軍爲軍憂，離之軍却。出太白陰，分宅，出其陽，偏將戰。與土合，爲憂，主孽。與水合，爲北軍，用兵舉事大敗。一曰，火與水合爲焠，不可舉事用兵。土與水合，爲壅沮，不可舉事用兵，有覆軍下師。一曰，爲變謀更事，必爲旱。與金合，爲疾，爲白衣會，爲内兵，國亡地。與木合，國饑。水與金合，爲變謀，爲兵憂。入太白中而上出，破軍殺將，客勝。下出，客亡地，視旗所指，以命破軍。環繞太白，若與鬭，大戰，客勝。凡木、火、土、金與水鬭，皆爲戰，兵不在外，皆爲内亂。凡同舍爲合，相陵爲鬭。二星相近，其殃大，相遠無傷，七寸以内必之。

凡月蝕五星，其國亡。歲以饑，熒惑以亂，填以殺，太白以强國戰，辰以女亂。

凡五星入月，其野有逐相。太白，將僇。

凡五星所聚，其國王，天下從。歲以義從，熒惑以禮從，填以重從，太白以兵從，辰以法，各以其事致天下也。三星若合，是謂驚立絶行，其國外內有兵，天喪人民，改立侯王。四星若合，是謂太陽，其國兵喪並起，君子憂，小人流。五星若合，是謂易行，有德受慶，改立王者，奄有四方，子孫蕃昌；亡德受殃，離其國家，滅其宗廟，百姓離去，被滿四方。五星皆大，其事亦大；皆小，事亦小。

凡五星色，其圜白，爲喪，爲旱；赤中不平，爲兵，爲憂；青爲水；黑爲疾疫，爲多死；黄爲吉。皆角，赤，犯我城；黄，地之爭；白，哭泣聲；青，有兵憂；黑，有水。五星同色，天下偃兵，百姓安寧，歌儛以行，不見災疾，五穀蕃昌。

凡五星，歲，政緩則不行〔七〕，急則過分，逆則占。熒惑，緩則不入，急則不出，違道則占。填，緩則不還，急則過舍，逆則占。太白，緩則不出，急則不入，逆則占。辰星，緩則不出，急則不入，非時則占。五星不失行，則年穀豐昌。

凡五星分天之中，積于東方，中國；積于西方，外國。用兵者利。辰星不出，太白爲客；其出，太白爲主。出而與太白不相從，及各出一方，爲格，野有軍不戰。

五星爲五德之主，其行或入黄道裏，或出黄道表，猶月行出有陰陽也。終出入五常，不可以筭數求也。其東行曰順，西行曰逆，順則疾，逆則遲，通而率之，終爲東行矣。不東不西曰留。與日相近而不見，曰伏。伏與日同度曰合。其留行逆順掩合犯法陵變色芒角，凡其所主，皆以時政五常、五官、五事之得失，而見其變。

木、火、土三星行遲，夜半經天。其初皆與日合度，而後順行漸遲，追日不及，晨見東方。行去日稍遠，朝時近中則留。留經旦過中則逆行。逆行至夕時近中則又留。留而又順，先遲漸速，以至于夕伏西方，乃更與日合。金、水二星，行速而不經天。自始與日合之後，行速而先日，夕見西方。去日前稍遠，夕時欲近南方則漸遲，遲極則留。留而近日，則逆行而合日，在于日後。晨見東方。逆極則留，留而後遲。遲極去日稍遠，旦時欲近南方，則速行以追日，晨伏于東方，復與日合。此五星合見、遲速、逆順、留行之大經也。昏旦者，陰陽之大分也。南方者，太陽之位，而天地之經也。七曜行至陽位，當天之經，則虧昃留逆而不居焉。此天之常道也。三星經天，二星不經天，三天兩地之道也。

凡五星見伏留行，逆順遲速，應曆度者，爲得其行，政合于常。違曆錯度，而失路盈縮者，爲亂行。亂行則爲天矢彗孛，而有亡國革政，兵饑喪亂之禍云。

古曆五星並順行，秦曆始有金、火之逆。又甘、石並時，自有差異。漢初測候，乃知五星皆有逆行，其後相承罕能察。至後魏末，清河張子信，學藝博通，尤精曆數。因避葛榮亂，隱於海島中，積三十許年，專以渾儀測候日月五星差變之數，以筭步之，始悟日月交道，有表裏遲速，五星見伏，有感召向背。言日行在春分後則遲，秋分後則速。合朔月在日道裏則日食，若在日道外，雖交不虧。月望值交則虧，不問表裏。又月行遇木、火、土、金四星，向之則速，背之則遲。五星行四方列宿，各有所好惡。所居遇其好者，則留多行遲，見早。遇其惡者，則留少行速，見遲。與常數並差，少者差至五度，多者差至三十許度。其辰星之行，見伏尤異。晨應見在雨水後立夏前，夕應見在處暑後霜降前者，並不見。啓蟄、立夏、立秋、霜降四氣之內，晨夕去日前後三十六度內，十八度外，有木、火、土、金一星者見，無者不見。後張冑玄、劉孝孫、劉焯等，依此差度，爲定入交食分及五星定見定行，與天密會，皆古人所未得也。

梁奉朝請祖暅，天監中，受詔集古天官及圖緯舊說，撰天文録三十卷。逮周氏克梁，獲庾季才，爲太史令，撰靈臺秘苑一百二十卷，占驗益備。今略其雜星、瑞星、妖星、客星、流星及雲氣名狀，次之於此云。

## 瑞星

一曰景星，如半月，生於晦朔，助月爲明。或曰，星大而中空。或曰，有三星，在赤方氣，與青方氣相連。黄星在赤方氣中，亦名德星。二曰周伯星，黄色煌煌然，所見之國大昌。三曰含譽，光耀似彗，喜則含譽射。

## 星雜變

一曰星晝見。若星與日並出，名曰嫁女。星與日爭光，武且弱，文且强，女子爲王，在邑爲喪，在野爲兵。又曰，臣有姦心，上不明，臣下從横，大水浩洋。又曰，星晝見，虹不滅，臣人生明，星奪日光，天下有立王。二曰恒星不見。恒星者，在位人君之類。不見者，象諸侯之背畔，不佐王者奉順法度，無君之象也。又曰，恒星不見，主不嚴，法度消。又曰，天子失政，諸侯横暴。又曰，常星列宿不見，象中國諸侯微滅也。三曰星鬭，星鬭天下大亂。四曰星摇，星摇人衆將勞。五曰星隕。大星隕下，陽失其位，災害之萌也。又曰，衆星墜，人失其所也。凡星所墜，國易政。又曰，星墜，當其下有戰場，天下亂，期三年。又曰，奔星之所墜，其下有兵，列宿之所墜，滅家邦，衆星之所墜，衆庶亡。又曰，填星墜，海水泆，黄星騁，海水躍。又曰，黄星墜，海水傾。亦曰，驥星墜而勃海決。星隕如雨，天子微，諸侯力政，五伯代興，更爲盟主，衆暴寡，大并小。又曰，星辰附離天，猶庶人附離王者也。王者失道，綱紀廢，下將畔去。故星畔天而隕，以見其象。國有兵凶，則星墜爲鳥獸。天下將亡，則星墜爲飛蟲。天下大兵，則星墜爲金鐵。天下有水，則星墜爲土。國主亡，有兵，則星墜爲草木。兵起，國主亡，則星墜爲沙。星墜，爲人而言者，善惡如其言。又曰，國有大喪，則星墜爲龍。

## 妖星

妖星者，五行之氣，五星之變名，見其方，以爲殃災。各以其日五色占，知何國吉凶決矣。行見無道之國，失禮之邦，爲兵爲饑，水旱死亡之徵也。又曰，凡妖星所出，形狀不同，爲殃如一。其出不過一年，若三年，必有破國屠城。其君死，天下大亂，兵士亂行，戰死於野，積尸從横。餘殃不盡，爲水旱兵飢疾疫之殃。又曰，凡妖星出見，長大，災深期遠；短小，災淺期近。三尺至五尺，期百日。五尺至一丈，期一年。一丈至三丈，期三年。三丈至五丈，期五年。五丈至十丈，期七年。十丈以上，期九年。審以察之，其災必應。

彗星，世所謂掃星，本類星，末類彗，小者數寸，長或竟天。見則兵起，大水。主掃除，除舊布新。有五色，各依五行本精所主。史臣案，彗體無光，傅日而爲光，故夕見則東指，晨見則西指，在日南北，皆隨日光而指。頓挫其芒，或長或短，光芒所及則爲災。

又曰，孛星，彗之屬也。偏指曰彗，芒氣四出曰孛。孛者，孛然非常，惡氣之所生也。内不有大亂，則外有大兵，天下合謀，闇蔽不明，有所傷害。晏子曰：「君若不改，孛星將出，彗星何懼乎？」由是言之，災甚於彗。

歲星之精，流爲天棓、天槍、天猾、天衝、國皇、反登。一曰天棓，一名覺星，或曰天格。本類星，末鋭，長四丈。主滅兵，主奮爭。又曰，天棓出，其國凶，不可舉事用兵。又曰，期三月，必有破軍拔城。又曰，天棓見，女主用事。其本者爲主人。二曰天槍，主捕制。或曰，攙雲如牛，槍雲如馬。或曰，如槍，左右鋭，長數丈。天攙本類星，末鋭，長丈。三曰天猾，主招亂。又曰，人主自恣，逆天暴物，則天猾起。四曰天衝，狀如人，蒼衣赤首，不動。主滅位。又曰，衝星出，臣謀主，武卒發。又曰，天衝抱極泣帝前，血濁霧下天下寃。五曰國皇。或曰，機星散爲國皇。國皇之星，大而赤，類南極老人星也。主滅姦，主内寇難。見則兵起，天下急。或云，去地一二丈，如炬火狀。後客星内亦有國皇，名同而占狀異。六曰反登，主夷分，皆少陽之精，司徒之類，青龍七宿之域。有謀反，若恣虐爲害，主失春政者，以出時衝爲期。皆主君徵也。

熒惑之精，流爲析旦、蚩尤旗、昭明、司危、天攙。一曰析旦，或曰昭旦，主弱之符。又曰，析旦横出，參櫂百尺〔八〕，爲相誅滅。二曰蚩尤旗。或曰，旋星散爲蚩尤旗。或曰，蚩尤旗，五星盈縮之所生也。狀類彗而後曲，象旗。或曰，四望無雲，獨見赤雲，蚩尤旗也。

或曰，蚩尤旗如箕，可長二丈，末有星。又曰，亂國之王，衆邪並積，有雲若植雚竹長，黄上白下，名曰蚩尤旗。主誅逆國。又曰，帝將怒，則蚩尤旗出。又曰，虐王反度，則蚩尤旗出。或曰，本類星，而後委曲，其像旗旛，可長二三丈。見則王者旗鼓，大行征伐，四方兵大起。不然，國有大喪。三曰昭明者，五星變出於西方，名曰昭明，金之氣也。又曰，赤彗分爲昭明。昭明滅光，象如太白，七芒，故以爲起霸之徵。或曰，機星散爲昭明。又曰，西方有星，望之去地可六丈而有光，其類太白，數動，察之中赤，是謂西方之野星，名曰昭明。出則兵大起。其出也，下有喪。出南方，則西方之邦失地。或曰，昭明如太白，不行，主起有德。又曰，西方有星，大而白，有角，目下視之，名曰昭明。金之精，出則兵大起。若守房、心，國有喪，必有屠城。昭明下則爲天狗，所下者大戰流血。四曰司危。或曰，機星散爲司危。又曰，白彗之氣，分爲司危。司危平，以爲乖爭之徵。或曰，司危星大，有毛，兩角。又曰，司危星類太白，數動，察之而赤。司危出，强國盈，主擊强侯兵也。又曰，司危見則主失法，期八年，豪傑起，天子以不義失國。有聲之臣，行主德也。又曰，司危見，則其下國相殘賊。又曰，司危星出正西，西方之野星，去地可六丈，大而白，類太白。一曰，見，兵起强。又曰，司危出則非，其下有兵衝不利。五曰天攙，其狀白小，數動，是謂攙星，一名斬星。天攙主殺罰〔九〕。又曰，天攙見，女主用事者，其本爲主人。又曰，天攙出，其下相攙，爲饑爲兵，赤地千里，枯骨籍籍。亦曰，天攙出，其國内亂。又曰，太陽之精，赤鳥七宿之域，有謀反，恣虐爲害，主失夏政。

填星之精，流爲五殘、六賊、獄漢、大賁、炤星、絀流、茀星、旬始、擊咎。一曰五殘。或曰，旋星散爲五殘。亦曰，蒼彗散爲五殘。故爲毁敗之徵。或曰，五殘五分。亦曰，一本而五枝也。期九年，姦興[一〇]。三九二十七，大亂不可禁。又曰，五殘者，五行之變，出於東方，五殘木之氣也。一曰，五鋒又曰五殘，星出正東，東方之野星，狀類辰星，可去地六七丈，大而白，主乖亡。或曰，東方有星，望之去地可六丈，大而赤，察之中青。或曰，星表青氣如暈，有毛，其類歲星，是謂東方之野星，名曰五殘。出則兵大起。其出也，下有喪。出北則東方之邦失地。又曰，五殘出，四蕃虛，天子有急兵。或曰，五殘大而赤，數動，察之有青。又曰，五殘出則兵起。二曰六賊者，五行之氣，出於南方。或曰，六賊火之氣也。或曰，六賊星形如彗。又曰，南方有星，望之可去地六丈，赤而數動，察之有光，其類熒惑，是謂南方之野星，名曰六賊。出則兵起，其國亂。其出也，下有喪。出東方則南方之邦失地。又曰，六賊星見，出正南，南方之星，去地可六丈，大而赤，數動有光。三曰獄漢，一曰咸漢。或曰，權星散爲獄漢。又曰，咸漢者，五行之氣，出於北方，水之氣也。獄漢青中赤表，下有三彗從横，主逐王刺王。又曰，北方有星，望之可去地六丈，大而赤，數動，察之中青黑，其類辰星，是謂北方之野星，名曰咸漢。出則兵起，其下有喪。出西方則北方之邦失地。又曰，獄漢動，諸侯驚，出則陰橫。四曰大賁，主暴衝。五曰熖星，主滅邦。六曰紬流，動天下赦主伏逃。又曰，紬流，主自理，無所逃。七曰茀星，在東南，本有星，末類茀，所當之國，實受其殃。八曰旬始。或曰，樞星散爲旬始。或曰，五星盈縮之所生也。亦曰，旬始妖氣。又曰，旬始蚩尤也。又曰，旬始出於北斗旁，狀如雄雞。其怒青黑，象伏鼈。又曰，黄彗分爲旬始。旬始者，今起也。狀如雄雞，土含陽，以文白接，精象雞，故以爲立主之題。期十年，聖人起代。又曰，旬始主爭兵，主亂，主招橫。又曰，旬始照，其下必有滅王。五姦爭作，暴骨積骸，以子續食。見則臣亂兵作，諸侯爲虐。又曰，常以戊戌日，視五車及天軍天庫中有奇怪，曰旬始。狀如鳥有喙，而見者則兵大起，攻戰當其首者破死。又曰，出見北斗，聖人受命，天子壽，王者有福。九曰擊咎，出，臣下主。一曰，臣禁主，主大兵。又曰，土精，斗七星之域，以長四方，司空之位，有謀反恣虐者，占如上。

太白之精，散爲天杵、天柎、伏靈、大敗、司姦、天狗、天殘、卒起。一曰天杵，主牂羊。二曰天柎，主擊殃。三曰伏靈，主領讒。伏靈出，天下亂復人。四曰大敗，主鬭衝。或曰，大敗出，擊咎謀。五曰司姦，主見妖。六曰天狗。亦曰，五星氣合之變，出西南，金火氣合，名曰天狗。或曰，天狗星有毛，旁有短彗，下有如狗形者，主徵兵，主討賊。亦曰，天狗流，五將鬬。又曰，西北方有星，長三丈，而出水金氣交，名曰天狗。亦曰，西北三星，大而白，名曰天狗。見則大兵起，天下饑，人相食。又曰，天狗所下之處，必有大戰，破軍殺將，伏尸流血，天狗食之。皆期一年，中二年，遠三年，各以其所下之國，以占吉凶。後流星內天狗，名同，占狀小異。七曰天殘，主貪殘。八曰卒起。卒起見，禍無時，諸變有萌，臣運柄。又曰，少陰之精，大司馬之類，白獸七宿之域，有謀反，若恣虐爲害，主失秋政者，期如上占，禍亦應之。

辰星之精，散爲枉矢、破女、拂樞、滅寶、繞廷、驚理、大奮祀。一曰枉矢。或曰，填星之變爲枉矢。又曰，機星散爲枉矢。亦曰，枉矢，五星盈縮之所生也，弓弩之像也。類大流星，色蒼黑，蛇行，望之如有毛目，長數匹，著天。主反萌，主射愚。又曰，黑彗分爲枉矢。枉矢者，射是也。枉矢見，謀反之兵合，射所誅，亦爲以亂伐亂。又曰，人君暴專己，則有枉矢動。亦曰，枉矢類流星，望之有尾目，長可一匹布，皎皎著天。見則大兵起，大將出，弓弩用，期三年。曰，枉矢所觸，天下之所伐，射滅之象也。二曰破女。破女若見，君臣皆誅，主勝之符。三曰拂樞。拂樞動亂，駭擾無調時。又曰，拂樞主制時。四曰滅寶。滅寶起，相得之。又曰，滅寶主伐之。五曰繞廷。繞廷主亂孳。六曰驚理。驚理主相署。七曰大奮祀。大奮祀主招邪。或曰，大奮祀出，主安之。太陰之精，玄武七宿之域，有謀反，若恣虐爲害，主失冬政者，期如上占，禍亦應之。又曰，五精潛潭，皆以類逆所犯，行失時指，下臣承類者，乘而害之，皆滅亡之徵也。入天子宿，主滅，諸侯五百謀。

## 雜妖

一曰天鋒。天鋒，彗象矛鋒者也，主從横。天下從横，則天鋒星見。

二曰燭星，狀如太白，其出也不行，見則不久而滅。或曰，主星上有三彗上出。燭星所出邑反。又曰，燭星所燭者城邑亂。又曰，燭星所出，有大盜不成。

三曰蓬星，一名王星，狀如夜火之光，多即至四五，少即一二。亦曰，蓬星在西南，脩數丈，左右兑，出而易處。又曰，有星，其色黄白，方不過三尺，名曰蓬星。又曰，蓬星狀如粉絮，見則天下道術士當有出者，布衣之士貴，天下太平，五穀成。又曰，蓬星出北斗，諸侯有奪地，以地亡，有兵起。星所居者，期不出三年。又曰，蓬星出太微中，天子立王。

四曰長庚，狀如一匹布著天。見則兵起。

五曰四填，星出四隅，去地六丈餘。或曰，四填去地可四丈。或曰，四填星大而赤，去地二丈，當以夜半時出。四填星見，十月而兵起。又曰，四填星見四隅，皆爲兵起其下。

六曰地維臧光。地維臧光者，五行之氣，出於四季土之氣也。又曰，有星出，大而赤，去地二三丈，如月，始出謂之地維臧光。四隅有星，望之可去地四丈，而赤黃搖動，其類填星，是謂中央之野星，出於四隅，名曰地維臧光。出東北隅，天下大水。出東南隅，天下大旱。出西南隅，則有兵起。出西北隅，則天下亂，兵大起。又曰，地維臧光見，下有亂者亡，有德者昌。

七曰女帛。女帛者，五星氣合變，出東北，水、木氣合也。又曰，東北有星，長三丈而出，名曰女帛，見則天下兵起，若有大喪。又東北有大星出，名曰女帛，見則天下有大喪。

八曰盜星。盜星者，五星氣合之變，出東南，火、木氣合也。又曰，東南有星，長三丈而出，名曰盜星，見則天下有大盜，多寇賊。

九曰積陵。積陵者，五星氣合之變，出西北，金、水氣合也。又曰，西南有星，長三丈，名曰積陵，見則天下隕霜，兵大起，五穀不成，人饑。

十曰端星。端星者，五星氣合之變，出與金、木、水、火，合於四隅。又四隅有星，大而赤，察之中黃，數動，長可四丈。此土之氣，効於四季，名曰四隅端星，所出，兵大起。

十一曰昏昌。有星出西北，氣青赤以環之，中赤外青，名曰昏昌，見則天下兵起，國易政。先起者昌，後起者亡。高十丈，亂一年。高二十丈，亂二年。高三十丈，亂三年。

十二曰莘星。有星出西北，狀如有環二，名山勤〔一一〕。一星見則諸侯有失地，西北國。

十三曰白星。有如星非星，狀如削瓜，有勝兵，名曰白星。白星出，爲男喪。

十四曰菀昌。西北菀昌之星，有赤青環之，有殃，有青爲水。此星見，則天下改易。

十五曰格澤，狀如炎火。又曰，格澤星也，上黄下白，從地而上，下大上鋭，見則不種而穫。又曰，不有土功，必有大客鄰國來者，期一年、二年。又曰，格澤氣赤如火，炎炎中天，上下同色，東西絙天，若於南北，長可四五里。此熒惑之變，見則兵起，其下伏尸流血，期三年。

十六曰歸邪，狀如星非星，如雲非雲。或曰，有兩赤彗上向，上有蓋狀如氣，下連星。或曰，見必有歸國者。

十七曰濛星，夜有赤氣如牙旗，長短四面，西南最多。又曰刀星，亂之象。又曰，偏天薄雲，四方生赤黄氣，長三尺，乍見乍没，尋皆消滅。又曰，刀星見，天下有兵，戰鬭流血。或曰，偏天薄雲，四方合有八氣，蒼白色，長三尺，乍見乍没。

漢京房著風角書，有集星章，所載妖星，皆見於月旁，互有五色方雲，以五寅日見，各五星所生云。

天槍星生箕宿中，天根星生尾宿中，天荆星生心宿中，真若星生房宿中，天猿星生氐宿中，天樓星生亢宿中，天垣星生左角宿中，皆歲星所生也。見以甲寅日，其星咸有兩青方在其旁。

天陰星生軫宿中，晉若星生翼宿中，官張星生張宿中，天惑星生七宿中，天雀星生柳宿中，赤若星生鬼宿中，蚩尤星生井宿中，皆熒惑之所生也。出在丙寅日，有兩赤方在其旁。

天上、天伐、從星、天樞、天翟、天沸、荊彗，皆鎮星之所生也。出在戊寅日，有兩黄方在其旁。

若星生參宿中，帚星生觜宿中，若彗星生畢宿中，竹彗星生昴宿中，牆星生胃宿中，榬星生婁宿中，白藋星生奎宿中，皆太白之所生也。出在庚寅日，有兩白方在其旁。

天美星生壁宿中，天毚星生室宿中，天杜星生危宿中，天麻星生虚宿中，天林星生女宿中，天高星生牛宿中，端下星生斗宿中，皆辰星之所生也。出以壬寅日，有兩黑方在其旁。

已前三十五星，即五行氣所生，皆出月左右方氣之中，各以其所生星將出不出日數期候之。當其未出之前而見，見則有水旱兵喪饑亂，所指亡國失地，王死破軍殺將。

## 客星

客星者，周伯、老子、王蓬絮、國皇、温星，凡五星，皆客星也。行諸列舍，十二國分野，各在其所臨之邦，所守之宿，以占吉凶。周伯，大而色黄，煌煌然。見其國兵起，若有喪，天下饑，衆庶流亡去其鄉。瑞星中名狀與此同〔二〕，而占異。老子，明大，色白，淳淳然。所出之國，爲饑，爲凶，爲善，爲惡，爲喜，爲怒。常出見則兵大起，人主有憂。王者以赦除咎則災消。王蓬絮，狀如粉絮，拂拂然。見則其國兵起，若有喪，白衣之會，其邦饑亡。又曰，王蓬絮，星色青而熒熒然。所見之國，風雨不如節，焦旱，物不生，五穀不成登，蝗蟲多。國皇星，出而大，其色黄白，望之有芒角。見則兵起，國多變，若有水饑，人主惡之，衆庶多疾。温星，色白而大，狀如風動摇，常出四隅。出東南，天下有兵，將軍出於野。出東北，當有千里暴兵。出西北，亦如之。出西南，其國兵喪並起，若有大水，人饑。又曰，温星出東南，爲大將軍服屈不能發者。出於東北，暴骸三千里。出西亦然。

凡客星見其分，若留止，即以其色占吉凶。星大事大，星小事小。星色黄得地，色白有喪，色青有憂，色黑有死，色赤有兵，各以五色占之，皆不出三年。又曰，客星入列宿中外官者，各以其所出部舍官名爲其事。所之者爲其謀，其下之國，皆受其禍。以所守之舍爲其期，以五氣相賊者爲其使。

## 流星

流星，天使也。自上而降曰流，自下而升曰飛。大者曰奔，奔亦流星也。星大者使大，星小者使小。聲隆隆者，怒之象也。行疾者期速，行遲者期遲。大而無光者，衆人之事。小而光者，貴人之事。大而光者，其人貴且衆也。乍明乍滅者，賊敗成也。前大後小者，恐憂也。前小後大者，喜事也。蛇行者，姦事也。往疾者，往而不返也。長者，其事長久也。短者，事疾也。奔星所墜，其下有兵。無風雲，有流星見，良久間乃入，爲大風發屋折木。小流星百數，四面行者，庶人流移之象。流星異狀，名占不同。今略古書及荆州占所載云。

流星之尾，長二三丈，暉然有光竟天，其色白者，主使也，色赤者，將軍使也。流星有光，其色黄白者，從天墜有音，如炬熛火下地，野雉盡鳴，斯天保也。所墜國安有喜，若水。流星其色青赤，名曰地雁，其所墜者起兵。流星有光青赤，其長二三丈，名曰天雁，軍之精華也。其國起兵，將軍當從星所之。流星暉然有光，白，長竟天者，人主之星也，主將相軍從星所之。凡星如甕者，爲發謀起事。大如桃者爲使事。流星大如缶，其光赤黑，有喙者，名曰梁星，其所墜之鄉有兵，君失地。

飛星大如缶若甕，後皎然白，前卑後高，此謂頓頑，其所從者多死亡，削邑而不戰。有飛星大如缶若甕，後皎然白，前卑後高，摇頭，乍上乍下，此謂降石，所下民食不足。飛星大如缶若甕，後皎然白，星滅後，白者曲環如車輪，此謂解衔。其國人相斬爲爵禄，此謂自相齧食。有飛星大如缶若甕，其後皎然白，長數丈，星滅後，白者化爲雲流下，名曰大滑，所下有流血積骨。有飛星大如缶若甕，後皎白，縵縵然長可十餘丈而委曲，名曰天刑，一曰天飾，將軍均封疆。

天狗，狀如大奔星，色黄有聲，其止地類狗，所墜，望之如火光，炎炎衝天，其上鋭，其下圓，如數頃田處。或曰，星有毛，旁有短彗，下有狗形者。或曰，星出，其狀赤白有光，下即爲天狗。一曰，流星有光，見人面，墜無音，若有足者，名曰天狗。其色白，其中黄，黄如遺火狀。主候兵討賊，見則四方相射，千里破軍殺將。或曰，五將鬭，人相食，所往之鄉有流血。其君失地，兵大起，國易政，戒守禦。餘占同前。營頭，有雲如壞山墮，所謂營頭之星。所墮，其下覆軍，流血千里。亦曰，流星晝隕名營頭。

## 雲氣

### 瑞氣

一曰慶雲，若煙非煙，若雲非雲，郁郁紛紛，蕭索輪囷，是謂慶雲，亦曰景雲。此喜氣也，太平之應。一曰昌光，赤如龍狀。聖人起，帝受終則見。

妖氣

一曰虹蜺，日旁氣也。斗之亂精，主惑心，主內淫，主臣謀君，天子詘后妃，顓妻不一。二曰牂雲，如狗，赤色長尾，爲亂君，爲兵喪。

## 校勘記

〔一〕軍散敗　「敗」字原闕，據宋甲本補。史記卷二七天官書、晉書卷一一天文志上、宋史卷五一天文志四亦有「敗」字。

〔二〕疏瀉盈溢　「盈」，原作「瀛」，據晉書卷一一天文志上改。

〔三〕亡則君危代天　「代天」，御覽卷五天部五星上引春秋元命苞作「主亡」，文意較長。

〔四〕大凡二百五十四官　「官」，原作「宮」，據宋甲本、至順本、殿本改。

〔五〕長二十餘丈　「二十」，原作「三十」，據宋甲本改。漢書卷二六天文志亦作「二十」。

〔六〕太白降爲壯夫　「壯」，原作「仕」，據晉書卷一二天文志中、通考卷二八〇象緯考三改。

〔七〕凡五星歲政緩則不行　「歲」，原作「爲」，據漢書卷二六天文志、晉書卷一二天文志中改。

〔八〕參櫂百尺　「櫂」，宋甲本、汲本作「擢」。

〔九〕天攙主殺罰　「罰」，原作「時」，據晉書卷一二天文志中改。

〔一〇〕姦興　「興」，原作「與」，據唐開元占經卷八五妖星占上引春秋合誠圖改。

〔一一〕狀如有環二名山勤　「二」，疑是「一」之訛文。戎事類傳卷一四星類八作「狀如環，一名山勤」。

〔一二〕瑞星中名狀與此同　「瑞」，原作「端」，據宋甲本改。通考卷二八一象緯考四亦作「瑞」。

# 隋書卷二十一

## 志第十六

### 天文下

十煇

周禮，眡祲氏掌十煇之法，以觀妖祥，辨吉凶。一曰祲，謂陰陽五色之氣，祲淫相侵。或曰，抱珥背璚之屬，如虹而短是也。二曰象，謂雲如氣，成形象，雲如赤烏，夾日以飛之類是也。三曰鑴，日旁氣刺日，形如童子所佩之鑴也。四曰監，謂雲氣臨在日上也。五曰闇，謂日月蝕，或日光暗也〔一〕。六曰瞢，謂瞢瞢不光明也。七曰彌，謂白虹彌天而貫日也。八曰序，謂氣若山而在日上。或曰，冠珥背璚，重疊次序，在于日旁也。九曰隮，謂暈氣也。或曰，虹也。詩所謂「朝隮于西」者也。十曰想，謂氣五色，有形想也，青饑，赤兵，白喪，黑憂，黄熟。或曰，想，思也，赤氣爲人獸之形，可思而知其吉凶。自周已降，術士間出。今採其著者而言之。

日，君乘土而王，其政太平，則日五色。又曰，或黑或青或黄，師破。又曰，遊氣蔽天，日月失色，皆是風雨之候也。若天氣清静，無諸遊氣，日月不明，乃爲失色。或天氣下降，地氣未升，厚則日紫，薄則日赤，若於夜則月白，皆將雨也。或天氣未降，地氣上升，厚則日黄，薄則日白，若於夜則月赤，將旱且風。亦爲日月暈之候，雨少而多陰。或天氣已降，地氣又升，上下未交則日青，若於夜則月緑色，將寒候也。或天地氣雖交而未密，則日黑，若於夜則月青，將雨不雨，變爲雺霧，暈背虹蜺。又曰，沉陰，日月俱無光，晝不見日，夜不見星，皆有雲鄣之，兩敵相當，陰相圖議也。日矇矇光，士卒内亂。日薄赤，見日中烏，將軍出，旌旗舉，此不祥，必有敗亡。又曰，數日俱出若鬭，天下兵大戰。日鬭下有拔城。

日戴者，形如直狀，其上微起，在日上爲戴。戴者德也，國有喜也。一云，立日上爲戴。青赤氣抱在日上，小者爲冠，國有喜事。青赤氣小，而交於日下，爲纓。青赤氣小而圓，一二在日下左右者，爲紐。青赤氣如小半暈狀，在日上爲負。負者得地爲喜。又曰，青赤氣長而斜倚日傍爲戟。青赤氣圓而小，在日左右，爲珥。黄白者有喜。又曰，有軍。日有一珥爲喜，在日西，西軍戰勝，在日東，東軍戰勝。南北亦如之。無軍而珥，爲拜將。

又日旁如半環，向日爲抱。青赤氣如月初生，背日者爲背。又曰，背氣青赤而曲，外向爲叛象，分爲反城。璚者如帶，璚在日四方。青赤氣長，而立日旁，爲直。日旁有一直，敵在一旁欲自立。從直所擊者勝。日旁有二直三抱，欲自立者不成。順抱擊者勝，殺將。氣形三抱，在日四方，爲提。青赤氣横在日上下爲格。氣如半暈，在日下爲承。承者，臣承君也。又曰，日下有黄氣三重若抱，名曰承福，人主有吉喜，且得地。青白氣如履，在日下者爲履。日旁抱五重，戰順抱者勝。日一抱一背爲破走。抱者，順氣也，背者，逆氣也。兩軍相當，順抱擊逆者勝，故曰破走。日抱且兩珥，一虹貫抱，至日〔二〕，順虹擊者勝。日重抱，内有璚，順抱擊者勝；亦曰軍内有欲反者。日重抱，左右二珥，有白虹貫抱，順抱擊勝，得二將。有三虹，得三將。日抱黄白潤澤，内赤外青，天子有喜，有和親來降者。軍不戰，敵降，軍罷。色青，將喜；赤，將兵爭；白，將有喪；黑，將死。日重抱且背，順抱擊者勝，得地，若有罷師。日重抱，抱内外有璚，兩珥，順抱擊者勝，破軍，軍中不和，不相信。日旁有氣，圓而周帀，内赤而外青，名爲暈。日暈者，軍營之象。周環帀日無厚薄，敵與軍勢齊等。若無軍在外，天子失御，民多叛。日暈有五色，有喜。不得五色，有憂〔三〕。

凡占兩軍相當，必謹審日月暈氣，知其所起，留止遠近，應與不應，疾遲大小，厚薄長短，抱背爲多少，有無實虛久亟，密疎澤枯。相應等者勢等。近勝遠，疾勝遲，大勝小，厚勝薄，長勝短，抱勝背，多勝少，有勝無，實勝虛，久勝亟，密勝疎，澤勝枯。重背大破，重抱爲和親，抱多親者益多，背爲不和。分離相去，背於內者離於內，背於外者離於外也。

凡占分離相去，赤內青外，以和相去；青內赤外，以惡相去。日暈明久，內赤外青，外人勝；內青外赤，內人勝；內黃外青黑，內人勝；外黃內青黑，外人勝；外白內青，外人勝；內白外青，內人勝；內黃外青，外人勝；內青外黃，內人勝。日暈周帀，東北偏厚，厚爲軍福，在東北戰勝，西南戰敗。日暈，黃白，不鬬兵未解；青黑，和解分地；色黃，土功動，人不安；日色黑，有水，陰國盛。日暈七日無風雨，兵大作，不可起，衆大敗。不及日蝕，日暈而明，天下有兵，兵罷；無兵，兵起不戰。日暈始起，前滅而後成者，後成面勝〔四〕。日暈有兵在外者，主人不勝。日暈，內赤外青，羣臣親外；外赤內青，羣臣親內其身，身外其心。日有朝夕暈，是謂失地，主人必敗。

日暈而珥，主有謀，軍在外，外軍有悔。日暈抱珥上，將軍易。日暈而珥如井幹者，國亡，有大兵交。日暈上西，將軍易，兩敵相當。日暈兩珥，平等俱起而色同，軍勢等，色厚潤澤者賀喜。日暈有直珥爲破軍，貫至日爲殺將。日暈員且戴，國有喜，戰從戴所擊者勝，得地。日暈而珥背左右，如大車輞者，兵起，其國亡城，兵滿野而城復歸。

日暈，暈內有珥一抱，所謂圍城者在內，內人則勝。日暈有重抱，後有背，戰順抱者勝，得地有軍。日暈有一抱，抱爲順，貫暈内，在日西，西軍勝，有軍。

日暈有一背，背爲逆，在日西，東軍勝。餘方放此。日暈而背，兵起，其分，失城。日暈有背，背爲逆，有降叛者，有反城。在日東，東有叛。餘方放此。日暈背氣在暈内，此爲不和，分離相去。其色青外赤内，節臣受王命有所之。日暈上下有兩背，無兵兵起，有兵兵入。日暈四背在暈内，名曰不和，有内亂。日暈而四背如大車輞者四提，設其國衆在外，有反臣。日暈四提，必有大將出亡者。日暈有四背璚，其背端盡出暈者，反從内起。

日暈而兩珥在外，有聚雲在内與外，不出三日，城圍出戰。日暈有背珥直，而有虹貫之者，順虹擊之，大勝得地。日暈，有白虹貫暈至日，從虹所指戰勝，破軍殺將。日暈，有虹貫暈，不至日，戰從貫所擊之勝，得小將。日暈，有一虹貫暈内，順虹擊者勝，殺將。日暈，二白虹貫暈，有戰，客勝。日重暈，有四五白虹氣，從内出外，以此圍城，主人勝，城不拔。

又日重暈，攻城圍邑不拔。日暈二重，其外清内濁不散，軍會聚。日暈三重，有拔城。日交暈無厚薄，交爭，力勢均厚者勝。日交暈，人主左右有爭者，兵在外戰。日在暈上，軍罷。交暈貫日，天下有破軍死將。日交暈而爭者先衰，不勝即兩敵相向。交暈至日月，順以戰勝，殺將。一法日在上者勝。日有交者，赤青如暈狀，或如合背，或正直交者，偏交也，兩氣相交也，或相貫穿，或相向，或相背也。交主内亂，軍内不和。日交暈如連環，爲兩軍兵起，君爭地。日有三暈，軍分爲三。日方暈而上下聚二背，將敗人亡。日暈若井垣，若車輪，二國皆兵亡。又曰，有軍。

日暈不帀，半暈在東，東軍勝，在西，西軍勝。南北亦如之。日暈如車輪半，軍在外者罷〔五〕。日半暈東向者，西夷羌胡來入國。半暈西向者，東夷人欲反入國。半暈北向者，南夷人欲反入國。半暈南向者，北夷人欲反入國。

又曰，軍在外，月暈師上，其將戰必勝。月暈黄色，將軍益秩禄，得位。月暈有兩珥，白虹貫之，天下大戰。月暈而珥，兵從珥攻擊者利。月暈有蜺雲，乘之以戰，從蜺所往者大勝。月暈，虹蜺直指暈至月者，破軍殺將。

## 雜氣

天子氣，内赤外黄正四方，所發之處，當有王者。若天子欲有遊往處，其地亦先發此氣。或如城門，隱隱在氣霧中，恒帶殺氣森森然，或如華蓋在氣霧中，或有五色，多在晨昏見。或如千石倉在霧中，恒帶殺氣，或如高樓在霧氣中，或如山鎮。蒼帝起，青雲扶日。赤帝起，赤雲扶日。黄帝起，黄雲扶日。白帝起，白雲扶日。黑帝起，黑雲扶日。或曰氣象青衣人，垂手〔六〕，在日西，天子之氣也。敵上氣如龍馬，或雜色鬱鬱衝天者，此帝王之氣，不可擊。若在吾軍，戰必大勝。凡天子之氣，皆多上達於天，以王相日見。

凡猛將之氣如龍。兩軍相當，若氣發其上，則其將猛鋭。或如虎，在殺氣中。猛將欲行動，亦先發此氣；若無行動，亦有暴兵起。或如火煙之狀，或白如粉沸，或如火光之狀，夜照人，或白而赤氣繞之，或如山林竹木，或紫黑如門上樓，或上黑下赤，狀似黑旌，或如張弩，或如埃塵，頭鋭而卑，本大而高。兩軍相當，敵軍上氣如囷倉，正白，見日逾明，或青白如膏，將勇。大戰氣發，漸漸如雲，變作山形，將有深謀〔七〕。

凡氣上與天連，軍中有貞將，或云賢將。

凡軍勝氣，如堤如坂，前後磨地，此軍士衆强盛，不可擊。軍上氣如火光，將軍勇，士卒猛，好擊戰，不可擊。軍上氣如山堤，山上若林木，將士驍勇。軍上氣如埃塵粉沸，其色黄白，旌旗無風而颺，揮揮指敵，此軍必勝。敵上有白氣粉沸如樓，繞以赤氣者，兵鋭。營上氣黄白色，重厚潤澤者，勿與戰。兩敵相當，有氣如人，持斧向敵，戰必大勝。兩敵相當，上有氣如蛇，舉首向敵者戰勝。敵上氣如一匹帛者，此雍軍之氣，不可攻。望敵上氣如覆舟，雲如牽牛，有白氣出，似旌幟，在軍上，有雲如鬭雞，赤白相隨，在氣中，或發黄氣，皆將士精勇，不可擊。軍營上有赤黄氣，上達於天，亦不可攻。

凡軍營上五色氣，上與天連，此天應之軍，不可擊。其氣上小下大，其軍日增益士卒。軍上氣如堤，以覆其軍上，前赤後白，此勝氣。若覆吾軍，急往擊之，大勝。夫氣鋭，黄白團團而潤澤者，敵將勇猛，且士卒能强戰，不可擊。雲如日月而赤氣繞之，如日月暈狀有光者，所見之地大勝，不可攻。

凡雲氣，有獸居上者勝。軍上有氣如塵埃，前下後高者，將士精鋭。敵上氣如乳武豹伏者，難攻。軍上恒有氣者，其軍難攻。軍上雲如華蓋者，勿往與戰。雲如旌旗，如蜂向人者，勿與戰。兩軍相當，敵上有雲如飛鳥，徘徊其上，或來而高者，兵精鋭，不可擊。軍上雲如馬，頭低尾仰，勿與戰。軍上雲如狗形，勿與戰。望四方有氣如赤鳥，在烏氣中，如烏人在赤氣中，如赤杵在烏氣中，如人十十五五，或如旌旗，在烏氣中，有赤氣在前者，敵人精悍，不可當。敵上有雲如山，不可説。有雲如引素，如陣前鋭，或一或四，黑色有陰謀，赤色饑，青色兵有反，黄色急去。

凡氣，上黄下白，名曰善氣。所臨之軍，欲求和退。若氣出北方，求退向北，其衆死散。向東則不可信，終能爲害。向南將死。敵上氣囚廢枯散，或如馬肝色，如死灰色，或類偃蓋，或類偃魚，皆爲將敗。軍上氣，乍見乍不見，如霧起，此衰氣，可擊。上大下小，士卒日減。

凡軍營上，十日無氣發，則軍必勝。而有赤白氣，乍出即滅，外聲欲戰，其實欲退散。黑氣如壞山墮軍上者，名曰營頭之氣，其軍必敗。軍上氣昏發連夜，夜照人，則軍士散亂。軍上氣半而絶，一敗，再絶再敗，三絶三敗。在東發白氣者，災深。軍上氣中有黑雲如牛形，或如猪形者，此是瓦解之氣，軍必敗。敵上氣如粉如塵者，勃勃如煙，或五色雜亂，或東西南北不定者，其軍欲敗。軍上氣如羣羊羣猪在氣中，此衰氣，擊之必勝。軍上有赤氣，炎降於天，則將死，士衆亂。赤光從天流下入軍，軍亂將死。彼軍上有蒼氣，須臾散去，擊之必勝。在我軍上，須自堅守。軍有黑氣如牛形，或如馬形，從氣霧中下，漸漸入軍，名曰天狗下食血，則軍破。軍上氣或如羣鳥亂飛，或如懸衣，如人相隨，或紛紛如轉蓬，或如揚灰，或雲如卷席，如匹布亂穰者，皆爲敗徵。氣乍見乍没，乍聚乍散，如霧之始起，爲敗氣。氣如繫牛，如人臥，如敗車，如雙蛇，如飛鳥，如決堤垣，如壞屋，如人相指，如人無頭，如驚鹿相逐，如兩雞相向，皆爲敗氣。

凡降人氣，如人十十五五，皆叉手低頭。又亦如人叉手相向〔八〕。白氣如羣鳥，趣入屯營，連結百餘里不絶，而能徘徊，須臾不見者，當有他國來降。氣如黑山，以黄爲緣者，欲降服。敵上氣青而高漸黑者，將欲死散。軍上氣如熢生草之煙，前雖鋭，後必退。黑氣臨營，或聚或散，如鳥將宿，敵人畏我，心意不定，終必逃背，逼之大勝。

凡白氣從城中南北出者，不可攻，城不可屠。城中有黑雲如星，名曰軍精，急解圍去，有突兵出，客敗。城上白氣如旌旗，或青雲臨城，有喜慶。黃雲臨城，有大喜慶，青色從中南北出者，城不可攻。或氣如青色，如牛頭觸人者，城不可屠。城中氣出東方，其色黃，此太一。城白氣從中出，青氣從城北入，反向還者，軍不得入。攻城圍邑，過旬雷雨者，爲城有輔，疾去之，勿攻。城上氣如煙火，主人欲出戰。其氣無極者，不可攻。城上氣如雙蛇者，難攻。赤氣如杵形，從城中向外者，内兵突出，主人戰勝。城上有雲，分爲兩彗狀，攻不可得。赤氣在城上，黃氣四面繞之，城中大將死，城降。城上赤氣如飛鳥，如敗車〔九〕，及無雲氣，士卒必散。城營中有赤黑氣，如貍皮斑及赤者，並亡。城上氣上赤而下白色，或城中氣聚如樓，出見於外，城皆可屠。城營上有雲，如衆人頭，赤色，下多死喪流血。城上氣如灰，城可屠。氣出而北，城可剋。其氣出復入，城中人欲逃亡。其氣出而覆其軍，軍必病。氣出而高，無所止，用日久長。有白氣如蛇來指城，可急攻。白氣從城指營，宜急固守。攻城若雨霧日死風至，兵勝。日色無光爲日死。雲氣如雄雉臨城，其下必有降者。濛氛圍城而入城者，外勝，得入。有雲如立人五枚，或如三牛，邊城圍。

凡軍上有黑氣，渾渾圓長，赤氣在其中，其下必有伏兵。白氣粉沸起，如樓狀，其下必有藏兵萬人，皆不可輕擊。伏兵之氣，如幢節狀，在烏雲中，或如赤杵在烏雲中，或如烏人在赤雲中。

凡暴兵氣，白如瓜蔓連結，部隊相逐，須臾罷而復出，至八九來而不斷，急賊卒至，宜防固之。白氣如仙人衣，千萬連結，部隊相逐，罷而復興，如是八九者，當有千里兵來，視所起備之。黑雲從敵上來，之我軍上，欲襲我。敵人告發，宜備不宜戰。壬子日，候四望無雲，獨見赤雲如旌旗，其下有兵起。若徧四方者，天下盡有兵。若四望無雲，獨見黑雲極天，天下兵大起。半天，半起。三日内有雨，災解。敵欲來者，其氣上有雲，下有氛零，中天而下，敵必至。雲氣如旌旗，賊兵暴起。暴兵氣，如人持刀楯，雲如人，赤色，所臨城邑，有卒兵至，驚怖，須臾去。赤氣如人持節，兵來未息。雲如方虹，有暴兵。赤雲如火者，所向兵至。天有白氣，狀如匹布，經丑未者，天下多兵。

凡戰氣，青白如膏，將勇。大戰氣，如人無頭，如死人卧。敵上氣如丹蛇，赤氣隨之，必大戰，殺將。四望無雲，見赤氣如狗入營，其下有流血。

凡連陰十日，晝不見日，夜不見月，亂風四起，欲雨而無雨，名曰蒙，臣謀君。故曰，久陰不雨臣謀主。霧氣若晝若夜，其色青黄，更相奄冒，乍合乍散，臣謀君，逆者喪。山中冬霧十日不解者，欲崩之候。視四方常有大雲，五色具者，其下有賢人隱也。青雲潤澤蔽日，在西北爲舉賢良。雲氣如亂穰，大風將至，視所從來避之。雲甚潤而厚，大雨必暴至。

四始之日，有黑雲氣如陣，厚重大者，多雨。氣若霧非霧，衣冠不雨而濡，見則其城帶甲而趣。日出没時，有雲横截之，白者喪，烏者驚。三日内雨者各解。有黑氣入營者，兵相殘。有赤青氣入營者，兵弱。有雲如蛟龍，所見處將軍失魄。有雲如鵠尾，來蔭國上，三日亡。有雲如日月暈，赤色，其國凶。青白色，有大水。有雲狀如龍行，國有大水，人流亡。有雲赤黄色，四塞終日，竟夜照地者，大臣縱恣。有雲如氣，昧而濁，賢人去，小人在位。

凡白虹者，百殃之本，衆亂所基。霧者，衆邪之氣，陰來冒陽。

凡遇四方盛氣，無向之戰。甲乙日青氣在東方，丙丁日赤氣在南方，庚辛日白氣在西方，壬癸日黑氣在北方，戊己日黄氣在中央。四季戰當此日氣，背之吉。日中有黑氣，君有小過而臣不諫，又掩君惡而揚君善，故日中有黑氣不明也。

凡白虹霧，姦臣謀君，擅權立威。晝霧夜明，臣志得申，夜霧晝明，臣志不申。霧終日終時，君有憂。色黄小雨。白言兵喪，青言疾，黑有暴水，赤有兵喪，黄言土功，或有大風。

凡夜霧，白虹見，臣有憂。晝霧白虹見，君有憂。虹頭尾至地，流血之象。

凡霧氣不順四時，逆相交錯，微風小雨，爲陰陽氣亂之象。從寅至辰巳上，周而復始，爲逆者不成。積日不解，晝夜昏暗，天下欲分離。

凡霧四合，有虹各見其方，隨四時色吉，非時色凶。氣色青黃，更相掩覆，乍合乍散，臣欲謀君，爲逆者不成，自亡。

凡霧氣四方俱起，百步不見人，名曰晝昏，不有破國，必有滅門。

凡天地四方昏濛若下塵，十日五日以上，或一日，或一時，雨不霑衣而有土，名曰霾。故曰，天地霾，君臣乖，大旱。

凡海傍蜃氣象樓臺，廣野氣成宮闕。北夷之氣如牛羊羣畜穹閭，南夷之氣類舟船幡旗。自華以南，氣下黑上赤。嵩高、三河之郊，氣正赤。恒山之北，氣青。勃、碣、海、岱之間，氣皆正黑。江湖之間，氣皆白。東海氣如圓簦。附漢、河水，氣如引布。江、漢氣勁如杼。濟水氣如黑狏。渭水氣如狼白尾〔一〇〕。淮南氣如帛。少室氣如白兔青尾。恒山氣如黑牛青尾。東夷氣如樹，西夷氣如室屋，南夷氣如闍臺，或類舟船。陣雲如立垣，杼軸雲類軸搏，兩端兑。杓雲如繩〔一一〕，居前亘天，其半半天，其蛪者類闕旗，故鉤雲勾曲。諸此雲見，以五色占而澤搏密。其見，動人及有兵，必起合鬭。其直，雲氣如三匹帛，廣前兑後，大軍行氣也。韓雲如布，趙雲如牛，楚雲如日，宋雲如車，魯雲如馬，衞雲如犬，周雲如車輪，秦雲如行人，魏雲如鼠，鄭、齊雲如絳衣，越雲如龍，蜀雲如囷。車氣乍高乍下，往往而聚。騎氣卑而布。卒氣搏。前卑後高者疾，前方而高，後兑而卑者却。其氣平者，其行徐。前高後卑者，不止而返。校騎之氣正蒼黑，長數百丈。遊兵之氣如彗埽，一云長數百丈，無根本。喜氣上黄下白，怒氣上下赤，憂氣上下黑，土功氣黄白，徙氣白。

凡候氣之法，氣初出時，若雲非雲，若霧非霧，髣髴若可見。初出森森然，在桑榆上，高五六尺者，是千五百里外。平視則千里，舉目望則五百里。仰瞻中天，則百里内。平望桑榆間二千里，登高而望，下屬地者，三千里。

凡欲知我軍氣，常以甲、己日及庚、子、辰、戌、午、未、亥日，及八月十八日，去軍十里許，登高望之可見，依别記占之。百人以上皆有氣。

凡占災異，先推九宫分野，六壬日月，不應陰霧風雨而陰霧者，乃可占。對敵而坐，氣來甚卑下，其陰覆人，上掩溝蓋道者，是大賊必至。敵在東，日出候。在南，日中候。在西，日入候。在北，夜半候。王相色吉，囚死色凶。

凡軍上氣，高勝下，厚勝薄，實勝虚，長勝短，澤勝枯。我軍在西，賊軍在東，氣西厚東薄，西長東短，西高東下，西澤東枯，則知我軍必勝。

凡氣初出，似甑上氣，勃勃上升。氣積爲霧，霧爲陰，陰氣結爲虹蜺暈珥之屬。

凡氣不積不結，散漫一方，不能爲災。必須和雜殺氣，森森然疾起，乃可論占。軍上氣安則軍安，氣不安則軍不安。氣南北則軍南北，氣東西則軍亦東西。氣散則爲軍破敗。

候氣，常以平旦、下晡、日出没時處氣，以見知大。占期内有大風雨久陰，則災不成。故風以散之，陰以諫之，雲以幡之，雨以猒之。

## 五代災變應

梁武帝天監元年八月壬寅，熒惑守南斗。占曰：「糴貴，五穀不成，大旱，多火災，吴、越有憂，宰相死。」是歲大旱，米斗五千，人多餓死。其二年五月，尚書范雲卒。

二年五月丙辰，月犯心。占曰：「有亂臣，不出三年，有亡國。」其四年，交州刺史李凱舉兵反。七月丙子，太白犯軒轅大星。

四年六月壬戌，歲星晝見。占曰：「歲色黄潤，立竿影見，大熟。」是歲大穰，米斛三十。又曰：「星與日爭光，武且弱，文且强。」自此後，帝崇尚文儒，躬自講説，終於太清，不脩武備。八月庚子，老人星見。占曰：「老人星見，人主壽昌。」自此後，每年恒以秋分後見於參南，至春分而伏。武帝壽考之象云。

七年九月己亥，月犯東井。占曰：「有水災。」其年京師大水。

十年九月丙申，天西北隆隆有聲，赤氣下至地。占曰：「天狗也，所往之鄉有流血，其君失地。」其年十二月，馬仙琕大敗魏軍，斬馘十餘萬，剋復朐山城。十二月壬戌朔，日食，在牛四度。

十三年二月丙午，太白失行，在天關。占曰：「津梁不通，又兵起。」其年填星守天江。占曰：「有江河塞，有決溢，有土功。」其年，大發軍衆造浮山堰，以堨淮水。至十四年，填星移去天江而堰壞，奔流決溢。

十四年十月辛未，太白犯南斗。

十七年閏八月戊辰，月行掩昴。

普通元年春正月丙子，日有食之。占曰：「日食，陰侵陽，陽不克陰也，爲大水。」其年七月，江、淮、海溢。九月乙亥，有星晨見東方，光爛如火。占曰：「國皇見，有内難，有急兵反叛。」其二年，義州刺史文僧朗以州叛〔二〕。

四年十一月癸未朔，日有食之，太白晝見。

六年三月丙午，歲星入南斗。庚申，月食。五月己酉，太白晝見。六月癸未，太白經天。九月壬子，太白犯右執法。

七年正月癸卯，太白、歲星在牛相犯。占曰：「其國君凶，易政。」明年三月，改元，大赦。

大通元年八月甲申，月掩填星。閏月癸酉，又掩之。占曰：「有大喪，天下無主〔一三〕，國易政。」其後中大通元年九月癸巳，上又幸同泰寺捨身，王公以一億萬錢奉贖。十月己酉還宮，大赦，改元。中大通三年，太子薨，皆天下無主、易政及大喪之應。

中大通元年閏月壬戌，熒惑犯鬼積尸。占曰：「有大喪，有大兵，破軍殺將。」其二年，蕭玩帥衆援巴州，爲魏梁州軍所敗，玩被殺。

四年七月甲辰，星隕如雨。占曰：「星隕，陽失其位，災害之象萌也。」又曰：「星隕如雨，人民叛，下有專討。」又曰：「大人憂。」其後侯景狡亂，帝以憂崩，人衆奔散，皆其應也。

五年正月己酉，長星見。

六年四月丁卯，熒惑在南斗。占曰：「熒惑出入留舍南斗中，有賊臣謀反，天下易政，更元。」其年十二月，北梁州刺史蘭欽舉兵反，後年改爲大同元年。

大同三年三月乙丑，歲星掩建星。占曰：「有反臣。」其年，會稽山賊起。其七年，交州刺史李賁舉兵反〔一四〕。

五年十月辛丑，彗出南斗，長一尺餘，東南指，漸長一丈餘。十一月乙卯，至婁滅。占曰：「天下有謀王者。」其八年正月，安成民劉敬躬挾左道以反，黨與數萬。其九年，李賁僭稱皇帝於交州〔一五〕。

太清二年五月，兩月見。占曰：「其國亂，必見於亡國。」

三年正月壬午，熒惑守心。占曰：「王者惡之。」乙酉，太白晝見。占曰：「不出三年，有大喪，天下革政更王，强國弱，小國强。」三月丙子，熒惑又守心。占曰：「大人易政，主去其宮。」又曰：「人饑亡，海内哭，天下大潰。」是年，帝爲侯景所幽，崩。七月，九江大饑，人相食十四五〔一六〕。九月戊午，月在斗，掩歲星。占曰：「天下亡君。」其後侯景篡殺。

簡文帝大寶元年正月丙寅，月晝光見。占曰：「月晝光，有隱謀，國雄逃。」又云：「月晝明，姦邪並作，擅君之朝。」其後侯景篡殺，皆國亂亡君，大喪更政之應也。

元帝承聖三年九月甲午，月犯心中星。占曰：「有反臣，王者惡之，有亡國。」其後三年，帝爲周軍所俘執，陳氏取國，梁氏以亡。

陳武帝永定三年九月辛卯朔，月入南斗。占曰：「月入南斗，大人憂。」一曰：「太子殃。」後二年，帝崩〔一七〕，太子昌在周爲質，文帝立。後昌還國，爲侯安都遣盜迎殺之。

三年五月丙辰朔，日有食之。占曰：「日食君傷。」又曰：「日食帝德消。」六月庚子，填星、鉞與太白并。占：「太白與填合，爲疾爲内兵。」

文帝天嘉元年五月辛亥，熒惑犯右執法。占曰：「大臣有憂，執法者誅。」後四年，司空侯安都賜死。

九月癸丑，彗星長四尺，見芒，指西南。占曰：「彗星見則敵國兵起，得本者勝。」其年，周將獨孤盛領衆趣巴湘，侯瑱襲破之。

二年五月己酉，歲星守南斗。六月丙戌，熒惑犯東井。七月乙丑，熒惑入鬼中。戊辰，熒惑犯斧質。十月，熒惑行在太微右掖門内。

三年閏二月己丑〔一八〕，熒惑逆行，犯上相。甲子，太白犯五車、填星。七月，太白犯輿鬼。八月癸卯，月犯南斗。丙午，月犯牽牛。庚申，太白入太微。十一月丁丑，月犯畢左股。

四年六月癸丑，太白犯右執法。七月戊子，熒惑犯填星。八月甲午，熒惑犯軒轅大星。辛巳，熒惑犯歲星。戊子，月犯角。庚寅，月入氐。丁未，太白犯房。九月戊寅，熒惑入太微，犯右執法。癸未，太白入南斗。占曰：「太白入斗，天下大亂，將相謀反，國易政。」又曰：「君死，不死則廢。」又曰：「天下受爵禄。」其後安成王爲太傅，廢少帝而自立，改官受爵之應也。辛卯，熒惑犯左執法。十一月辛酉，熒惑犯右執法。甲戌，月犯畢左股。

五年正月甲子，月犯畢大星、奎。丁卯，月犯星。四月庚子，太白、歲星合，在奎，金在南，木在北，相去二尺許。壬寅，月入氐，又犯熒惑，太白、歲星又合，在婁，相去一尺許。癸卯，月犯房上星。五月庚午，熒惑逆行二十一日，犯氐東南、西南星。占曰：「月有賊臣。」又曰：「人主無出，廊廟間有伏兵。」又曰：「君死，有赦。」後二年，少帝廢之應也〔一九〕。六月丙申，月犯亢。七月戊寅，月犯畢大星。閏十月庚申，月犯牽牛。丙子，又犯左執法。十一月乙未，月食畢大星。

六年正月己亥，太白犯熒惑，相去二寸。占曰：「其野有兵喪，改立侯王。」三月丁卯，日入後，衆星未見，有流星白色，大如斗，從太微間南行，尾長尺餘。占曰：「有兵與喪。」四月丁巳，月犯軒轅。占曰：「女主有憂。」五月丁亥，太白犯軒轅。占曰：「女主失勢。」又曰：「四方禍起。」其後年，少帝廢，廢後慈訓太后崩。六月己未，月犯氐。辛酉，有彗長可丈餘。占曰：「陰謀姦宄起。」一曰：「宮中火起。」後安成王録尚書、都督中外諸軍事，廢少帝而自立，陰謀之應。八月戊辰，月掩畢大星。丙子，月與太白並，光芒相着，在太微西蕃南三尺所。九月辛巳，熒惑犯左執法。癸未，太白犯右執法。辛卯，犯左執法。乙巳，月犯上相，太白犯熒惑。其夜，月又犯太白。占曰：「其國内外有兵喪，改立侯王。」明年，帝崩，又少帝廢之應也。

七年二月庚午，日無光，烏見。占曰：「王者惡之。」其日庚午，吴、楚之分野。四月甲子，日有交暈，白虹貫之。是月癸酉，帝崩。

廢帝天康元年五月庚辰，月犯軒轅女御大星。占曰：「女主憂。」後年，慈訓太后崩〔二〇〕。癸未，月犯左執法。

光大元年正月甲寅，月犯軒轅大星。占曰：「女主當之。」八月戊寅，月食哭星。占曰：「有喪泣事。」明年，太后崩，臨海王薨〔二一〕，哭泣之應也。壬午，鎮星、辰星合於軫。九月戊午，辰星、太白相犯。占曰：「改立侯王。」己未，月犯歲星。占曰：「國亡君。」十二月辛巳，月又犯歲星。辛卯，月犯建星。占曰：「大人惡之。」

二年正月戊申，月掩歲星。占曰：「國亡君。」五月乙未，月犯太白。六月丙寅，太白犯右執法。壬子，客星見氐東。八月庚寅，月犯太微。九月庚戌，太白逆行，與鎮星合，在角。占曰：「爲白衣之會。」又曰：「所合之國，爲亡地，爲疾兵。」戊午，太白晝見。占曰：「太白晝見，國更政易王。」十一月丙午，歲星守右執法。甲申，月犯太微東南星。戊子，太白入氐〔二二〕。十二月甲寅，慈訓太后廢帝爲臨海王〔二三〕，太建二年四月薨，皆其應也。

宣帝太建七年四月丙戌，有星孛于大角。占曰：「人主亡。」五月庚辰，熒惑犯右執法。壬子，又犯右執法〔二四〕。

十年二月癸亥，日上有背。占曰：「其野失地，有叛兵。」甲子，吳明徹軍敗於吕梁，將卒並爲周軍所虜。來年，淮南之地，盡没于周。十月癸卯，月食熒惑〔二五〕。占曰：「國敗君亡，大兵起，破軍殺將。」來年三月，吴明徹敗於吕梁，十三年帝崩〔二六〕，敗國亡君之應也。

十一年四月己丑，歲星、太白、辰星，合于東井。

十二年二月壬寅〔二七〕，白虹見西方。占曰：「有喪。」其後十三年帝崩〔二八〕。十月戊午，月犯牽牛吴越之野。占曰：「其國亡，君有憂。」後年帝崩。辛酉，歲星犯執法。十二月癸酉，辰星在太白上。甲戌，辰星、太白交相掩。占曰：「大兵在野，大戰。」辛巳，彗星見西南〔二九〕。占曰：「有兵喪。」明年帝崩，始興王叔陵作亂。

後主至德元年正月壬戌，蓬星見。占曰：「必有亡國亂臣。」後帝於太皇寺捨身作奴，以祈冥助，不恤國政，爲施文慶等所惑，以至國亡。

魏普泰元年十月，歲星、熒惑、填星、太白，聚於觜、參，色甚明大。占曰：「當有王者興。」其月，齊高祖起於信都，至中興二年春而破尒朱兆，遂開霸業。

魏武定四年九月丁未，高祖圍玉壁城，有星墜於營，衆驢皆鳴。占曰：「破軍殺將。」高祖不豫，五年正月丙午崩。

齊文宣帝天保元年十二月甲申，熒惑犯房北頭第一星及鉤鈐。占曰：「大臣有反者。」其二年二月壬辰〔三〇〕，太尉彭樂謀反，誅。

八年二月己亥，歲星守少微，經六十三日。占曰：「五官亂。」五月癸卯，歲星犯太微上將。占曰：「大將憂，大臣死。」其十年五月，誅諸元宗室四十餘家，乾明元年，誅楊遵彥等，皆五官亂，大將憂，大臣死之應也。

八年七月甲辰，月掩心星。占曰：「人主惡之。」十年十月，帝崩。

九年二月，熒惑犯鬼質。占曰：「斧質用，有大喪。」三月甲午，熒惑犯軒轅。占曰：「女主惡之。」其十年五月，誅魏氏宗室，十月帝崩，斧質用，有大喪之應也。

十年六月庚子，填星犯井鉞，與太白并。占曰：「子爲玄枵，齊之分野，君有戮死者，大臣誅，斧鉞用。」其明年二月乙巳，太師常山王誅尚書令楊遵彥、右僕射燕子獻、領軍可朱渾天和、侍中宋欽道等。八月壬午，廢少帝爲濟南王。

廢帝乾明元年三月甲午，熒惑入軒轅〔三一〕。占曰：「女主凶。」後太寧二年四月，太后崩。

肅宗皇建二年四月丙子，日有食之。子爲玄枵，齊之分野。七月乙丑，熒惑入鬼中，戊辰，犯鬼質。占曰：「有大喪。」十一月，帝以暴疾崩。

武成帝河清元年七月乙亥，太白犯輿鬼。占曰：「有兵謀，誅大臣，斧質用。」其年十月壬申，冀州刺史平秦王高歸彦反〔三二〕，段孝先討禽，斬之於都市，又其二年，殺太原王紹德〔三三〕，皆斧質用之應也。八月甲寅，月掩畢。占曰：「其國君死，大臣有誅者，有邊兵大戰，破軍殺將。」其十月，平秦王歸彦以反誅，其三年，周師與突厥入并州，大戰城西，伏屍流血百餘里，皆其應也。

四年正月己亥，太白犯熒惑，相去二寸，在奎。甲辰，太白、熒惑、歲星合在婁。占曰：「甲爲齊。三星若合，是謂驚立絶行，其分有兵喪，改立侯王，國易政。」三月戊子，彗星見。占曰：「除舊布新，有易王。」至四月，傳位於太子，改元。

後主天統元年六月壬戌，彗星見於文昌，長數寸，入文昌，犯上將，然後經紫微宮西垣，入危，漸長一丈餘，指室、壁。後百餘日，在虛、危滅。占曰：「有大喪，有亡國易政。」其四年十二月，太上皇崩。

三年五月戊寅，甲夜，西北有赤氣竟天，夜中始滅。十月丙午，天西北頻有赤氣〔三四〕。占曰：「有大兵大戰。」後周武帝總衆來伐，大戰，有大兵之應也。

四年六月，彗星見東井。占曰：「大亂，國易政。」七月，孛星見房、心，白如粉絮，大如斗，東行。八月，入天市，漸長四丈，犯瓠瓜，歷虛、危，入室，犯離宮。九月入奎，至婁而滅。孛者，孛亂之氣也。占曰：「兵喪並起，國大亂易政，大臣誅。」其後，太上皇崩。至武平二年七月，領軍庫狄伏連、治書侍御史王子宜，受琅邪王儼旨，矯詔誅録尚書、淮南王和士開於南臺，伏連等即日伏誅，右僕射馮子琮賜死。此國亂之應也。

五年二月戊辰，歲星逆行，掩太微上將。占曰：「天下大驚，四輔有誅者。」五月甲午，熒惑犯鬼積尸。甲，齊也。占曰：「大臣誅，兵大起，斧質用，有大喪。」至武平二年九月，誅琅邪王儼，三年五月，誅右丞相、咸陽王斛律明月〔三五〕，四年七月，誅蘭陵王長恭〔三六〕，皆懿親名將也。四年十月，又誅崔季舒等，此斧質用之應也。

武平三年八月癸未，填星、歲星、太白合於氐，宋之分野。占曰：「其國内外有兵喪，改立侯王。」其四年十月，陳將吴明徹寇彭城，右僕射崔季舒，國子祭酒張雕，黄門裴澤、郭遵，尚書左丞封孝琰等，諫車駕不宜北幸并州。帝怒，並誅之，内外兵喪之應也。九月庚申，月在婁，食既，至旦不復。占曰：「女主凶。」其三年八月，廢斛律皇后，立穆后。四年，又廢胡后爲庶人。十一月乙亥，天狗下西北。占曰：「其下有大戰流血。」後周武帝攻晉州，進兵平并州，大戰流血。

三年十二月辛丑，日食歲星。占曰：「有亡國。」至七年，而齊亡。

四年五月癸巳，熒惑犯右執法。占曰：「大將死，執法者誅，若有罪。」其年，誅右丞相斛律明月，明年，誅蘭陵王長恭，後年，誅右僕射崔季舒〔三七〕，皆大將死，執法誅之應也。

周閔帝元年五月癸卯，太白犯軒轅。占曰：「太白行軒轅中，大臣出令。」又曰：「皇后失勢。」辛亥，熒惑犯東井北端第二星〔三八〕。占曰：「其國亂。」又曰：「大旱。」其年九月，冢宰護逼帝遜位，幽於舊邸，月餘殺崩，司會李植、軍司馬孫恒及宫伯乙弗鳳等被誅害。其冬大旱。皆大臣出令、大臣死、旱之應也。

明帝二年三月甲午，熒惑入軒轅。占曰：「王者惡之，女主凶。」其月，皇后獨孤氏崩〔三九〕。六月庚子，填星犯井鉞，與太白并〔四〇〕。占曰：「傷成於鉞，君有戮死者。」其年，太師宇文護進食，帝遇毒崩。

武帝保定元年九月乙巳，客星見於翼。十月甲戌，日有食之。戊寅，熒惑犯太微上將，合爲一。

二年閏正月癸巳，太白入昴。二月壬寅，熒惑犯太微上相。三月壬午，熒惑犯左執法。七月乙亥，太白犯輿鬼。九月戊辰，日有食之，既。十一月壬午，熒惑犯歲星於危南。

三年三月乙丑朔，日有食之。九月甲子，熒惑犯太微上將。占曰：「上將誅死。」十月壬辰，熒惑犯左執法。

四年二月庚寅朔，日有食之。甲午，熒惑犯房右驂。三月己未，熒惑又犯房右驂。占曰：「上相誅，車馳人走，天下兵起。」其年十月，冢宰晉公護率軍伐齊。十二月，柱國、庸公王雄力戰死之，遂班師。兵起將死之應也。八月丁亥朔，日有蝕之。

五年正月辛卯，白虹貫日。占曰：「爲兵喪。」甲辰，太白、熒惑、歲星合於婁。六月庚申，彗星出三台，入文昌，犯上將，後經紫宮西垣，入危，漸長一丈餘，指室、壁，後百餘日稍短，長二尺五寸，在虛、危滅，齊之分野。七月辛巳朔，日有食之。

天和元年正月己卯，日有食之。十月乙卯，太白晝見，經天。

二年正月癸酉朔，日有食之。五月己丑，歲星與熒惑合在井宿，相去五尺。井爲秦分。占曰：「其國有兵，爲飢旱，大臣匿謀，下有反者，若亡地。」閏六月丁酉，歲星、太白合，在柳，相去一尺七寸。柳爲周分。占曰：「爲内兵。」又曰：「主人凶憂，失城。」是歲，陳湘州刺史華皎，率衆來附，遣衞公直將兵援之，因而南伐。九月，衞公直與陳將淳于量戰于沌口，王師失利。元定、韋世沖以步騎數千先度，遂没陳。七月庚戌，太白犯軒轅大星，相去七寸。占曰：「女主失勢，大臣當之。」又曰：「西方禍起。」其十一月癸丑，太保、許公宇文貴薨，大臣當之驗也。十月辛卯，有黑氣一，大如杯，在日中。甲午，又加一，經六日乃滅。占曰：「臣有蔽主之明者。」十一月戊戌朔，日有食之。庚子，熒惑犯鉤鈐，去之六寸。占曰：「王者有憂。」又曰：「車騎驚，三公謀。」

三年三月己未，太白犯井北轅第一星。占曰：「將軍惡之。」其七月壬寅，隋公楊忠薨。四月辛巳，太白入輿鬼，犯積尸。占曰：「大臣誅。」又曰：「亂臣在内，有屠城。」六月甲戌，彗見東井，長一丈，上白下赤而兑，漸東行，至七月癸卯，在鬼北八寸所乃滅。占曰：「爲兵，國政崩壞。」又曰：「將軍死，大臣誅。」七月己未，客星見房心，白如粉絮，大如斗，漸大，東行；八月，入天市，長如匹所，復東行，犯河鼓右將；癸未，犯瓠瓜，又入室，犯離宫；九月壬寅，入奎，稍小；壬戌，至婁北一尺所滅。凡六十九日。占曰：「兵起，若有喪，白衣會，爲饑旱，國易政。」又曰：「兵犯外城，大臣誅。」

四年二月戊辰，歲星逆行，掩太微上將。占曰：「天下大驚，國不安，四輔有誅，必有兵革，天下大赦。」庚午，有流星，大如斗，出左攝提，流至天津滅，有聲如雷。五月癸巳，熒惑犯輿鬼，甲午，犯積尸。占曰：「午，秦也。大臣有誅，兵大起。」後三年，太師、大冢宰、晉國公宇文護，以不臣誅，皆其應也。

五年正月乙巳，月在氐，暈，有白虹長丈所貫之，而有兩珥連接，規北斗第四星。占曰：「兵大起，大戰，將軍死於野。」是冬，齊將斛律明月寇邊，於汾北築城，自華谷至於龍門。其明年正月，詔齊公憲率師禦之。三月己酉，憲自龍門度河，攻拔其新築五城，兵起大戰之應也。

六年二月己丑夜，有蒼雲，廣三丈，經天，自戌加辰。四月戊寅朔，日有蝕之。己卯，熒惑逆行，犯輿鬼。占曰：「有兵喪，大臣誅，兵大起。」其月，又率師取齊宜陽等九城。六月，齊將攻陷汾州。六月庚辰，熒惑、太白合，在張宿，相去一尺。占曰：「主人兵不勝，所合國有殃。」

建德元年三月丙辰，熒惑、太白合壁。占曰：「其分有兵喪，不可舉事，用兵必受其殃。」又曰：「改立侯王，有德者興，無德者亡。」其月，誅晉公護、護子譚公會、莒公至、崇業公靜等，大赦。癸亥，詔以齊公憲爲大冢宰，是其驗也。七月丙午，辰與太白合於井，相去七寸。占曰：「其下之國，必有重德致天下〔四一〕。」後四年，上帥師平齊，致天下之應也。九月己酉，月犯心中星，相去一寸〔四二〕。占曰：「亂臣在傍，不出五年，下有亡國。」後周武伐齊，平之，有亡國之應也。

二年二月辛亥，白虹貫日。占曰：「臣謀君，不出三年。」又曰：「近臣爲亂。」後年七月，衞王直在京師舉兵反。癸亥，熒惑掩鬼西北星。占曰：「大賊在大人之側。」又曰：「大臣有誅。」四月己亥，太白掩西北星，壬寅，又掩東北星。占曰：「國有憂，大臣誅。」六月丙辰，月犯心中後二星〔四三〕。占曰：「亂臣在傍，不出三年，有亡國。」又曰：「人主惡之。」九月癸酉，太白犯左執法。占曰：「大臣有憂，執法者誅，若有罪。」十一月壬子，太白掩填星，在尾〔四四〕。占曰：「填星爲女主，尾爲後宮。」明年皇太后崩。

三年二月戊午，客星大如桃，青白色，出五車東南三尺所，漸東行，稍長二尺所；至四月壬辰，入文昌；丁未，入北斗魁中，後出魁，漸小。凡見九十三日。占曰：「天下兵起，車騎滿野，人主有憂。」又曰：「天下有亂，兵大起，臣謀主。」其七月乙酉，衞王直在京師舉兵反，討擒之，廢爲庶人。至十月，始州民王鞅擁衆反，討平之。四月乙卯，星孛於紫宫垣外，大如拳，赤白，指五帝座，漸東南行，稍長一丈五尺；五月甲子，至上台北滅。占曰：「天下易政，無德者亡。」後二年，武帝率六軍滅齊。十一月丙子，歲星與太白相犯，光芒相及，在危。占曰：「其野兵，人主凶，失其城邑。危，齊之分野。」後二年，宇文神舉攻拔陸渾等五城。十二月庚寅，月犯歲星，在危，相去二寸。占曰：「其邦流亡，不出三年。」辛卯，月行在營室，食太白。占曰：「其國以兵亡，將軍戰死。營室，衞也，地在齊境。」後齊亡入周。

四年三月甲子，月犯軒轅大星。占曰：「女主有憂，又五官有亂。」

五年十月庚戌，熒惑犯太微西蕃上將星。占曰：「天下不安，上將誅，若有罪，其止。」

六年二月，皇太子巡撫西土，仍討吐谷渾〔四五〕。八月，至伏俟城而旋。吐谷渾寇邊，天下不安之應也。六月庚午，熒惑入鬼。占曰：「有喪旱。」其七月，京師旱。十月戊午，歲星犯大陵。又己未、庚申，月連暈，規昴、畢、五車及參。占曰：「兵起爭地。」又曰：「王自將兵。」又曰：「天下大赦。」癸亥，帝率衆攻晉州。是日虹見晉州城上，首向南，尾入紫宮，長十餘丈。庚午，克之。丁卯夜，白虹見，長十餘丈，頭在南，尾入紫宮中。占曰：「其下兵戰流血。」又曰：「若無兵，必有大喪。」至六年正月，平齊，與齊軍大戰。十一月稽胡反，齊王討平之。

六年四月〔四六〕，先此熒惑入太微宮二百日，犯東蕃上相，西蕃上將，句己往還。至此月甲子，出端門。占曰：「爲大臣代主。」又曰：「臣不臣，有反者。」又曰：「必有大喪。」後宣、武繼崩，高祖以大運代起。十月癸卯，月食熒惑，在斗。占曰：「國敗，其君亡，兵大起，破軍殺將。斗爲吴、越之星，陳之分野。」十一月，陳將吴明徹侵吕梁，徐州總管梁士彦出軍與戰，不利。明年三月，郯公王軌討擒陳將吴明徹，俘斬三萬餘人。十一月甲辰，晡時，日中有黑子，大如杯。占曰：「君有過而臣不諫，人主惡之。」十二月癸丑，流星大如月，西流有聲，蛇行屈曲，光照地。占曰：「兵大起，下有戰場。」戊辰平旦，有流星大如三斗器，色赤，出紫宮，凝著天，乃北下。占曰：「人主去其宮殿。」是月，營州刺史高寶寧據州反。其明年五月，帝總戎北伐。後年，武帝崩〔四七〕。

宣政元年正月丙子，月食昴。占曰：「有白衣之會。」又曰：「匈奴侵邊。」其月，突厥寇幽州，殺略吏人。五月，帝總戎北伐。六月，帝疾甚，還京，次雲陽而崩。六月壬午、癸丑，木、火、金三星合，在井。占曰：「其國霸。」又曰：「其國外内有兵喪，改立侯王。」是月，幽州人盧昌期據范陽反，改立王侯、兵喪之驗也。七年辛丑，月犯心前星〔四八〕。占曰：「太子惡之，若失位。」後靜帝立爲天子，不終之徵也。丙辰，熒惑、太白合，在七星，相去二尺八寸所。占曰：「君憂。」又曰：「其國有兵，改立王侯，有德興，無德亡。」後年，改置四輔官，傳位太子，改立王侯之應也。己未，太白犯軒轅大星。占曰：「女主凶。」後二年，宣帝崩，楊后令其父隋公爲大丞相，總軍國事。隋氏受命，廢后爲樂平公主，餘四后悉廢爲比丘尼。八月庚辰，太白入太微。占曰：「爲天下驚。」又曰：「近臣起兵，大臣相殺，國有憂。」其後，趙、陳等五王，爲執政所誅，大臣相殺之應也。九月丁酉，熒惑入太微西掖門，庚申，犯左執法，相去三寸。占曰：「天下不安，大臣有憂。」又曰：「執法者誅若有罪。」是月，汾州稽胡反，討平之。十一月，突厥寇邊，圍酒泉，殺略吏人。明年二月，殺柱國、郯公王軌。皆其應也。十二月癸未，熒惑入氐，守犯之三十日。占曰：「天子失其宮。」又曰：「賊臣在内，下有反者。」又曰：「國君有繫饑死，若毒死者。」靜帝禪位，隋高祖幽殺之。

宣帝大成元年正月丙午、癸丑，日皆有背。占曰：「臣爲逆，有反叛，邊將去之。」又曰：「卿大夫欲爲主。」其後，隋公作霸，尉迥、王謙、司馬消難，各舉兵反。

大象元年四月戊子，太白、歲星、辰星合，在井。占曰：「是謂驚立，是謂絶行，其國内外有兵喪，改立王公。」又曰：「其國可霸，修德者强，無德受殃。」其五月，趙、陳、越、代、滕五王並入國。後二年，隋王受命，宇文氏宗族相繼誅滅。六月丁卯，有流星一，大如雞子，出氐中，西北流，有尾迹，長一丈所，入月中，即滅。占曰：「不出三年，人主有憂。」又曰：「有亡國。」靜帝幽閉之應也。己丑，有流星一，大如斗，色青，有光明照地，出營室，抵壁入濁。七月壬辰，熒惑掩房北頭第一星。占曰：「亡君之誡。」又曰：「將軍爲亂，王者惡之，大臣有反者，天子憂。」其十二月，帝親御驛馬，日行三百里。四皇后及文武侍衛數百人，並乘馹以從。房爲天駟，熒惑主亂，此宣帝亂道德，馳騁車騎，將亡之誡。八月辛巳，熒惑犯南斗第五星。占曰：「且有反臣，道路不通，破軍殺將。」尉迥、王謙等起兵敗亡之徵也。九月己酉，太白入南斗魁中。占曰：「天下有大亂，將相謀反，國易政。」又曰：「君死，不死則疾。」又曰：「天下爵禄。」皆高祖受命，羣臣分爵之徵也。十月壬戌，歲星犯軒轅大星。占曰：「女主憂，若失勢。」周自宣政元年，熒惑、太白從歲星聚東井。大象元年四月，太白、歲星、辰星又聚井。十月，歲星守軒轅。其年，又守翼。東井，秦分，翼，楚分，漢東爲楚地，軒轅后族，隋以后族興於秦地之象，而周之后妃失勢之徵也。乙酉，熒惑在虛，與塡星合。占曰：「兵大起，將軍爲亂，大人惡之。」是月，相州段德舉謀反，伏誅。其明年三月，杞公宇文亮舉兵反，擒殺之。

二年四月乙丑，有星大如斗，出天厨，流入紫宫，抵鉤陳乃滅。占曰：「有大喪，兵大起，將軍戮。」又曰：「臣犯上，主有憂。」其五月，帝崩，隋公執國政，大喪、臣犯主之應。趙王、越王以謀執政被誅。又荆、豫、襄三州諸蠻反，尉迥、王謙、司馬消難各舉兵畔，不從執政，終以敗亡。皆大兵起，將軍戮之應也。五月甲辰，有流星一，大如三斗器，出太微端門，流入翼，色青白，光明照地，聲若風吹幡旗。占曰：「有立王，若徙王。」又曰：「國失君。」其月己酉，帝崩，劉昉矯制，以隋公受遺詔輔政，終受天命，立王、徙王、失君之應也。七月壬子，歲星、太白合於張，有流星，大如斗，出五車東北流，光明燭地。九月甲申，熒惑、歲星合于翼。

靜帝大定元年正月乙酉，歲星逆行，守右執法，熒惑掩房北第一星。占曰：「房爲明堂，布政之宫，無德者失之。」二月甲子，隋王稱尊號。

高祖文皇帝開皇元年三月甲申，太白晝見。占曰：「太白經天晝見，爲臣强，爲革政。」四月壬午，歲星晝見。占曰：「大臣强，有逆謀，王者不安。」其後，劉昉等謀反，伏誅。

十一月己巳，有流星，聲如隤牆，光燭地。占曰：「流星有光有聲，名曰天保，所墜國安有喜。」其九年，平陳，天下一統。五年八月戊申，有流星數百，四散而下。占曰：「小星四面流行者，庶人流移之象也。」其九年，平陳，江南士人，悉播遷入京師。

八年二月庚子，填星入東井。占曰：「填星所居有德，利以稱兵。」其年大舉伐陳，克之。十月甲子，有星孛于牽牛。占曰：「臣殺君，天下合謀。」又曰：「內不有大亂，則外有大兵。牛，吳、越之星，陳之分野。」後年，陳氏滅。

九年正月己巳，白虹夾日。占曰：「白虹銜日，臣有背主。」又曰：「人主無德者亡。」是月，滅陳。

十四年十一月癸未，有彗星孛于虛、危及奎、婁〔四九〕，齊、魯之分野。其後魯公虞慶則伏法，齊公高熲除名。

十九年十二月乙未，星霣於渤海。占曰：「陽失其位，災害之萌也。」又曰：「大人憂。」

二十年十月，太白晝見。占曰：「大臣强，爲革政，爲易王。」右僕射楊素，熒惑高祖及獻后，勸廢嫡立庶。其月乙丑，廢皇太子勇爲庶人。明年改元。皆陽失位及革政易王之驗也。

仁壽四年六月庚午，有星入于月中。占曰：「有大喪，有大兵，有亡國，有破軍殺將。」七月乙未，日青無光，八日乃復。占曰：「主勢奪。」又曰：「日無光，有死王〔五〇〕。」甲辰，上疾甚，丁未，宮車晏駕。漢王諒反，楊素討平之。皆兵喪亡國死王之應。

煬帝大業元年六月甲子，熒惑入太微。占曰：「熒惑爲賊，爲亂入宮，宮中不安。」

三年三月辛亥，長星見西方，竟天，干歷奎婁、角亢而没。至九月辛未，轉見南方，亦竟天，又干角亢，頻掃太微帝座，干犯列宿，唯不及參、井。經歲乃滅。占曰：「去穢布新，天所以去無道，建有德，見久者災深，星大者事大，行遲者期遠。兵大起，國大亂而亡。餘殃爲水旱饑饉，土功疾疫。」其後，築長城，討吐谷渾及高麗，兵戎歲駕，略無寧息。水旱饑饉疾疫，土功相仍，而有羣盜並起，邑落空虚。九年五月，禮部尚書楊玄感，於黎陽舉兵反。丁未，熒惑逆行入南斗，色赤如血，如三斗器，光芒震耀，長七八尺，於斗中句己而行。占曰：「有反臣，道路不通，國大亂，兵大起。」斗，吴、越分野，玄感父封於越，後徙封楚地，又次之，天意若曰，使熒惑句己之，除其分野。至七月，宇文述討平之。其兄弟悉梟首車裂，斬其黨與數萬人。其年，朱燮、管崇，亦於吴郡擁衆反。此後羣盜屯聚，剽略郡縣，屍横草野，道路不通，齎詔勑使人，皆步涉夜行，不敢遵路。

十一年六月，有星孛于文昌東南，長五六寸，色黑而鋭，夜動摇，西北行，數日至文昌，去宮四五寸，不入，却行而滅。占曰：「爲急兵。」其八月，突厥圍帝於雁門，從兵悉馮城禦寇，矢及帝前。七月，熒惑守羽林。占曰：「衞兵反。」十二月戊寅，大流星如斛，墜賊盧明月營，破其衝輣，壓殺十餘人。占曰：「奔星所墜，破軍殺將。」其年，王充擊盧明月城，破之。

十二年五月丙戌朔，日有食之，既。占曰：「日食既，人主亡，陰侵陽，下伐上。」其後宇文化及等行殺逆。癸巳，大流星隕于吳郡，爲石。占曰：「有亡國，有死王，有大戰，破軍殺將。」其後大軍破逆賊劉元進于吳郡，斬之。八月壬子，有大流星如斗，出王良閣道，聲如隤牆；癸丑，大流星如甕，出羽林。九月戊午，有枉矢二，出北斗魁，委曲蛇形，注於南斗。占曰：「主以兵去，天之所伐。」亦曰：「以亂代亂，執矢者不正。」後二年，化及殺帝僭號，王充亦於東都殺恭帝，篡號鄭。皆殺逆無道，以亂代亂之應也。

十三年五月辛亥，大流星如甕，墜於江都。占曰：「其下有大兵戰，流血破軍殺將。」六月，有星孛于太微五帝座，色黃赤，長三四尺所，數日而滅。占曰：「有亡國，有殺君。」明年三月，宇文化及等殺帝也。十一月辛酉，熒惑犯太微，日光四散如流血。占曰：「賊入宮，主以急兵見伐。」又曰：「臣逆君。」明年三月，化及等殺帝，諸王及幸臣並被戮。

# 校勘記

〔一〕或日光暗　晉書卷一二天文志中作「或曰脱光」，通考卷二八一象緯考四作「或曰光脱」。

〔二〕一虹貫抱至日　「至」上原重出「抱」，蓋因涉上文「抱」字而衍，今刪。

〔三〕日暈有五色有喜不得五色有憂　兩處「五」，原文俱作「玉」，宋甲本、至順本前「玉」作「五」，今據文意改。

〔四〕後成面勝　「面」，至順本作「而」。

〔五〕軍在外者罷　「軍」，原作「暈」，據宋甲本、至順本改。通考卷二八一象緯考四亦作「軍」。

〔六〕或曰氣象青衣人垂手　「曰」原作「日」，「垂」原作「無」，據唐開元占經卷九四雲氣雜占改。

〔七〕變作山形將有深謀　「山」，原作「此」，據晉書卷一二天文志中、通典卷一六二兵一五風雲氣候雜占、唐開元占經卷九四雲氣雜占改。

〔八〕又亦如人叉手相向　「亦」，原作「云」，據至順本改，宋甲本作「示」。蓋因形近訛「亦」爲「示」，又從而誤「示」爲「云」。

〔九〕城上赤氣如飛鳥如敗車　宋甲本「鳥」下復有「赤氣」二字。

〔一〇〕渭水氣如狼白尾　「渭水」，原作「滑水」，據宋甲本改。晉書卷一二天文志中、唐開元占經卷九四雲氣雜占、通考卷二八一象緯考四亦作「渭水」。

〔一一〕杓雲如繩　「杓」，原作「㣿」，史記卷二七天官書、漢書卷二六天文志、晉書卷一二天文志中作「杓」。王叔岷史記斠證：「案漢志補注：『晉隋志：「彴雲如繩。」「彴」蓋「杓」之誤。』晉志『杓』字同，隋志作『彴』，王氏失檢。索隱所引許注，見淮南子道應篇。王念孫淮南雜志引此文索隱，改『杓』爲『扚』，从手，不从木。云：『扚音丁了反而訓爲引，與杓字不同。晉書天文志：「扚雲如繩。」何超音義扚音鳥，鳥與丁了同音。今本淮南、史記、漢書「扚」字皆誤作「杓」。晉書又誤作「彴」。』今本晉志亦誤作『杓』，隋志乃誤作『彴』也。」今據改。

〔二〕其二年義州刺史文僧朗以州叛　「二年」，原作「三年」，據本書卷二二五行志上改。梁書卷三武帝紀下、通鑑卷一四九梁紀五繫其事在普通二年六月丁卯，與五行志合。

〔三〕天下無主　「主」，原作「王」，據宋甲本改。通考卷二八八象緯考一一亦作「主」。

〔四〕其七年交州刺史李賁舉兵反　梁書卷三武帝紀下大同七年載：「是歲，交州土民李賁攻刺史蕭諮，諮輸賂，得還越州。」陳書卷一高祖紀上作「土人李賁」，通鑑卷一五八梁紀一四武帝大同七年作「豪右」。此稱「刺史」，疑涉「攻刺史蕭諮」而誤。

〔五〕其九年李賁僭稱皇帝於交州　梁書卷三武帝紀下、南史卷七梁本紀中武帝紀下、通鑑卷一五八梁紀一四繫其事在大同十年正月。

〔六〕人相食十四五　「五」，原作「年」，據梁書卷四簡文帝紀改。

〔七〕「陳武帝永定三年九月辛卯朔」至「後二年帝崩」　陳書卷一高祖紀上、卷三世祖紀俱載陳武帝卒於永定三年六月丙午，與周書卷四明帝紀、北齊書卷四文宣帝紀、通鑑卷一六七陳紀一合。陳武帝不應卒於永定三年之「後二年」。「永定三年」當是「永定二年」之誤；「後二年」或是「後一年」之誤。查二十史朔閏表，永定二年九月辛卯朔，本段下文接「三年五月丙辰朔」，可證。又，朔日不見月，「月入南斗」前當有脱文。

〔一八〕三年閏二月己丑　本年閏二月辛丑朔，無己丑日。據劉次沅考證，下文稱「熒惑逆行，犯上相」，「己丑」應是「辛丑」之誤。

〔一九〕後二年少帝廢之應也　此句前承天嘉五年。陳書卷四廢帝紀，廢少帝在光大二年十一月，與陳書卷五宣帝紀、周書卷四明帝紀、北齊書卷四文宣帝紀、通鑑卷一七〇陳紀四合。光大二年上距天嘉五年爲四年，疑「二」應作「四」。

〔二〇〕「廢帝天康元年」至「後年慈訓太后崩」　「天康」爲陳文帝年號，此稱「廢帝」，誤。又，據陳書卷五宣帝紀、卷七皇后高祖章皇后傳、通鑑卷一七〇陳紀四，慈訓太后卒於宣帝太建二年三月丙申，上距天康元年已有四年之久，不得稱「後年」。

〔二一〕「光大元年正月甲寅」至「明年太后崩臨海王薨」　本年正月癸酉朔，無甲寅日。據陳書卷五宣帝紀、卷七皇后高祖章皇后傳、通鑑卷一七〇陳紀四，慈訓太后卒於宣帝太建二年三月丙申；陳書卷四廢帝紀、卷五宣帝紀，廢帝卒於同年四月乙卯，俱不在光大元年之「明年」。

〔二二〕甲申月犯太微東南星戊子太白入氐　此句前承光大二年十一月丙午。十一月壬辰朔，丙午十五日，無甲申、戊子日。據劉次沅考證，月犯太微屏東南星及金星入氐，在十月二十三日甲申、二十七日戊子。甲申、戊子應在十月，誤次於十一月之下。

〔二三〕十二月甲寅慈訓太后廢帝爲臨海王　「十二月」，當作「十一月」。按此句前承光大二年。本年十二月壬戌朔，無甲寅日。陳書卷四廢帝紀，廢少帝在光大二年十一月二十三日甲寅，與陳書卷五宣帝紀、周書卷四明帝紀、北齊書卷四文宣帝紀、通鑑卷一七〇陳紀四合。

〔二四〕壬子又犯右執法　此句前承五月二十七日庚辰。五月甲寅朔，無壬子，據劉次沅考證，「壬子」疑是「壬午」之誤。

〔二五〕十月癸卯月食熒惑　此句前承太建十年二月。本年十月甲子朔，無癸卯日。據劉次沅考證，太建九年十月初四癸卯，月掩火星。當是九年事誤置於十年之下。下文稱「來年三月，吳明徹敗於吕梁」，陳書卷五宣帝紀、南史卷一〇陳本紀下宣帝紀、通鑑卷一七三陳紀七俱載吳明徹兵敗事於太建十年二月，周書卷六武帝紀下、北史卷一〇周本紀下武帝紀在同年三月，與太建九年之「來年」正合。

〔二六〕十三年帝崩　「十三年」，疑當作「十四年」。陳書卷五宣帝紀、卷六後主紀俱載宣帝崩於太建十四年正月甲寅，與本書卷二高祖紀下、南史卷一〇陳本紀下宣帝紀、通鑑卷一七五陳紀九合。下文「其後十三年帝崩」同。

〔二七〕十二年二月壬寅　本年二月丁巳朔，無壬寅日。

〔二八〕其後十三年帝崩　「十三年」，疑當作「十四年」。參見本卷校勘記〔二六〕。

〔一九〕辛巳彗星見西南　此句前承太建十二年十二月。按，陳書卷五宣帝紀、南史卷一〇陳本紀下宣帝紀俱載太建十三年十二月初六辛巳彗星見，「辛巳」上當奪「十三年十二月」六字，下文稱「明年帝崩」，恰與太建十四年正月宣帝崩相契合。參見本卷校勘記〔二六〕。

〔二〇〕二月壬辰　「壬辰」，原作「壬申」，據北齊書卷四文宣帝紀改。本月乙亥朔，有壬辰，無壬申。

〔二一〕廢帝乾明元年三月甲午熒惑入軒轅　「三月」，疑是「二月」之誤。本年三月壬子朔，無甲午日。據劉次沅考證，二月十二日甲午，火星入軒轅。

〔二二〕其年十月壬申冀州刺史平秦王高歸彥反　「十月」，疑是「七月」之誤。本年十月丁酉朔，無壬申日。北史卷八齊本紀下武成帝紀繫高歸彥反事在河清元年七月，與通鑑卷一六八陳紀二文帝天嘉三年合。

〔二三〕又其二年殺太原王紹德　「二年」，疑是「元年」之誤。據本書卷二三五行志下，事在河清元年，與北史卷八齊本紀下武成帝紀、通鑑卷一六八陳紀二文帝天嘉三年合。

〔二四〕十月丙午天西北頻有赤氣　本年十月戊辰朔，無丙午日。

〔二五〕三年五月誅右丞相咸陽王斛律明月　「右丞相」，北史卷八齊本紀下後主紀、北齊書卷一七斛律金傳附斛律光傳作「左丞相」。按，據後主紀上文，二年十一月「癸酉，以右丞相斛律光爲左丞相」。當作「左丞相」。

〔二六〕四年七月誅蘭陵王長恭　「七月」，疑應作「五月」。北史卷八齊本紀下後主紀、卷五二蘭陵王長恭傳、通鑑卷一七一陳紀五宣帝太建五年俱載，誅蘭陵王在武平四年五月。

〔三七〕其年誅右丞相斛律明月明年誅蘭陵王長恭後年誅右僕射崔季舒　此處所列諸事繫年均有誤。按本卷上文，斛律明月誅於武平三年，非四年；蘭陵王長恭誅於武平四年，非四年之「明年」。又，據北史卷八齊本紀下後主紀、通鑑卷一七一陳紀五宣帝太建五年，崔季舒誅於武平四年十月，亦非四年之「後年」。

〔三八〕辛亥熒惑犯東井北端第二星　此句前承周閔帝元年五月癸卯。按，周書卷三孝閔帝紀繫其事在本年七月辛亥，據劉次沅考證，與天象合。「辛亥」前應奪「七月」二字。

〔三九〕「明帝二年三月甲午」至「其月皇后獨孤氏崩」　「皇后」，宋甲本、至順本作「王后」，周書卷四明帝紀同。又，周書卷四明帝紀，熒惑入軒轅在二年四月庚午，獨孤后崩在同月甲戌。北史卷九周本紀上明帝紀、通鑑卷一六七陳紀一武帝永定二年均記獨孤后崩於四月甲戌。周書卷九皇后明帝獨孤皇后傳亦載：「二年正月，立爲王后。四月，崩，葬昭陵。」「其月」疑是「四月」之誤。

〔四〇〕六月庚子填星犯井鉞與太白并　此句前承明帝二年三月。本年六月癸亥朔，無庚子日。據劉次沅考證，其事應在明年即武成元年六月十五庚子。「六月」上應補「武成元年」。

〔四一〕必有重德致天下　「有」，宋甲本作「以」，文意較長。

〔四二〕九月己酉月犯心中星相去一寸　周書卷五武帝紀上繫其事在七月己酉。據劉次沅考證，九月己酉與所載天象不合，建德元年七月初九己酉，月犯心中星，相距一寸。周書是，「九月」當作「七月」。

〔四三〕六月丙辰月犯心中後二星　周書卷五武帝紀上繫其事在六月甲辰。據劉次沅考證，六月丙辰與所載天象不合，建德二年六月初十甲辰，月犯心中後二星。周書是，「丙辰」當作「甲辰」。

〔四四〕十一月壬子太白掩填星在尾　「壬子」，疑是「壬午」之誤。本年十一月癸亥朔，無壬子。據劉次沅考證，本月二十日壬午，金星掩土星，在尾。

〔四五〕「五年十月庚戌」至「六年二月皇太子巡撫西土仍討吐谷渾」　「六年」疑應作「五年」。按，下文稱「至六年正月，平齊」，兩「六年」重出。周書卷六武帝紀下、通鑑卷一七二陳紀六宣帝太建八年均記皇太子贇巡撫西土事在建德五年二月辛酉。說見張森楷校勘記。又，周太子討吐谷渾之事，是上文「五年十月庚戌，熒惑犯太微西蕃上將星」的徵應，其事既發生在五年二月，則此處「五年十月庚戌」疑亦有誤。

〔四六〕六年四月　「六」，原作「七」，據宋甲本改。按，七年三月壬辰，改建德七年爲宣政元年，不得四月仍稱七年。

〔四七〕其明年五月帝總戎北伐後年武帝崩　「後年」，疑是「後月」之誤。按，此句前承周武帝建德六年十二月，「明年」即宣政元年。周書卷六武帝紀下，宣政元年「五月己丑，帝總戎北伐。

（中略）六月丁酉，帝疾甚，還京。其夜，崩於乘輿。時年三十六。」周書卷七宣帝紀：「宣政元年六月丁酉，高祖崩。」

〔四八〕七年辛丑月犯心前星　「七年」，疑是「七月」之誤。按，此句前承宣政元年六月，周書卷七宣帝紀，宣政元年「秋七月辛丑，月犯心前星」。

〔四九〕有彗星孛于虚危及奎婁　「虚危及奎婁」，本書卷二高祖紀下、北史卷一一隋本紀上文帝紀作「角亢」。

〔五〇〕日無光有死王　「有」，汲本作「主」。